第一辑

河南博物院　编

中原出版传媒集团
中原传媒股份公司
大象出版社
·郑州·

图书在版编目(CIP)数据

河南博物院院刊. 第一辑 / 河南博物院编.— 郑州 :
大象出版社, 2020. 4
ISBN 978-7-5711-0485-6

Ⅰ. ①河… Ⅱ. ①河… Ⅲ. ①博物馆-河南-丛刊
Ⅳ. ①G269. 276. 1-55

中国版本图书馆 CIP 数据核字(2019)第 282236 号

河南博物院院刊(第一辑)

HENAN BOWUYUAN YUANKAN(DIYIJI)

河南博物院 编

出 版 人 王刘纯
责任编辑 郑强胜
责任校对 李婧慧 安德华
装帧设计 王 敏

出版发行 大象出版社(郑州市郑东新区祥盛街 27 号 邮政编码 450016)
发行科 0371-63863551 总编室 0371-65597936
网 址 www.daxiang.cn
印 刷 洛阳和众印刷有限公司
经 销 各地新华书店经销
开 本 890 mm×1040 mm 1/16
印 张 10
字 数 199 千字
版 次 2020 年 4 月第 1 版 2020 年 4 月第 1 次印刷
定 价 48.00 元
若发现印、装质量问题,影响阅读,请与承印厂联系调换。
印厂地址 洛阳市高新区丰华路三号
邮政编码 471003 电话 0379-64606268

卷首语

河南博物院自1927年创建以来，始终秉承“发扬固有文化、提倡学术研究、增长民众知识、促进社会文明”的办馆宗旨，把科学研究放在业务工作的重要位置。1936年7月，以“阐扬文化，研究学术”为目的，《河南博物馆馆刊》正式创刊。时任馆长王幼侨在发刊词中说到：“……月出馆刊一册，淬砺同人，取沧海之一勺，集零锦而成裳，期宝山之过勿空，幸廉泉之饮自得，尽心焉而已，以云问世。”1936年至1938年间，共出版15辑，栏目有：论著、报告、艺文、专载、插图、公牍、史料、转载、译述等，内容丰富，琳琅萃集，“遂为中州古代文化之大观”。1938年5月，日本侵略者占领开封，《河南博物馆馆刊》被迫停刊。馆刊虽只有短短15辑，但对于当时积弱贫困的河南，在启迪民智、普及科学、保存馆史等方面，意义重大。

近年来，河南博物院着眼于博物馆事业的高质量发展，立足科研兴院。院固有期刊《中原文物》作为中文核心学术期刊，坚守学术阵地，口碑享誉业内。为了适应新时代博物馆发展趋势，加强博物馆学科建设，我们决定恢复《河南博物院院刊》。新院刊既是对原有《河南博物馆馆刊》的承继与发扬，也是对新时代文博学术成果的检视与思考，所关注的科研范围更为广泛，主要体现考古探索、文物品鉴、博物馆学、展览评议、院史专题、史学发微、文化遗产保护、艺文园地等方面的相关研究，意在展示更为丰富的学术成果，活跃学术氛围，助推文博事业蓬勃发展。

文以养德，博为教化。我们将秉承对学术的敬畏之心，不以地域而自限，以千淘万漉的责任感，服务学人，贡献智识。学术期刊的生命力弥远而久，望《河南博物院院刊》不忘初心，承前馆刊之琳琅；坚守学术，集今博物之精萃。祈愿学界同人与我们携手共进，在学术求索的道路上谱写新时代的绚丽篇章。

马萧林

目录 | CONTENTS

玉文化漫议

特约

徐光春
中华炎黄文化研究会

摘要：文章梳理了中华民族数千年传承和发展的玉文化，全面阐释玉文化的经济、宗教、礼仪、道德、政治、历史、考古、审美文化内涵，提出要结合新时代的新特点、新需求，对传统玉文化进行创造性转化与创新性发展，使之更好地为新时代发展服务，为新时代人民对美好生活向往服务。

关键词：玉文化；传承；弘扬

中国文化源远流长、博大精深、瑰丽斑斓，玉文化是中国文化中独具特色的一种文化。在中华五千多年文明发展史上，玉文化曾经发挥过开创文明、建设文明、发展文明、记载文明的重要作用，成为推动文明发展的重要力量。至今这颗璀璨的、恒久的文化明珠，依然在新时代中华文明发展的道路上散发出耀眼的光芒。

一、关于玉文化的发展历史

从远古时期到今天，中华民族爱玉、崇玉、礼玉、藏玉这种世上独有的文化传统，已绵延八千多年的历史。早在新石器时代中、后期，玉石已开始被我们的远古先民所发现、所重视。他们把这种坚硬、晶莹、美丽的特殊石头从一般的石头中分离出来，加工成比普通石器更好用、更实用、更耐用的工具、武器和饰品。于是加工玉器逐步成为一个生产部门，而玉器也逐步由单纯的用具发展成为具有丰富文化内涵的礼器、饰品。随着时间的推移、实践的丰富、玉器的发展，以玉器为载体的一门独特的文化形态——玉文化开始形成。

史学界、考古界普遍认为，生产力发展水平是确定不同历史时代的主要标准，这种看法和做法是科学的，是符合历史唯物主义的。现在我们史学界、考古界把我国古史划分为旧石器时代、新石器时代、青铜器时代、铁器时代。这几个时代的划分，遵循的正是生产力标准，正是从古人打制和使用的工具、用具的材质、功能、作用的不同来确定的。也有学者认为这种划分不完全准确，有重大遗漏。遗漏了什么呢？遗漏了在新石器时代与青铜器时代之间的一个重要时代，即玉器时代。应该说，尽管玉器的出现已有八千多年的历史，但是玉器时代的形成应该在五千年前左右，这个时期玉器已替代石器，大量出现在古人的生产、生活、礼仪之中，生产工具、生活用具、祭祀礼具的材料和使用由玉器代替石器，是生产力新发展的重要标志。这样一个以玉器为主要工具、用具、礼具的时代，应该确立为既区别于新石器时代，又不同于青铜器时代的玉器时代。而这个时代，也就是以黄帝为首的“五帝时代”，是连接新石器时代与青铜器时代的一个完整的时代，时间也就是五千年前左右。我觉得这些学者的这一看法，是有道理的，也是有根据的。这一时期大量、集中出土的各类古玉器，则是重要的物证。因此，我觉得应该把“五帝时代”确立为玉器时代。如果把“五帝时代”确立为玉器时代的话，那么，玉文化的悠久历史和玉文化在中国历史发展史上特别是中华文明发展史上的重要地位就更加突出了，要远比青铜器、铁器的影响大得多，因为玉器的发展历史比青铜器、铁器的发展历史要早得多、长得多。

事实上，玉文化的发展曾经在中国漫长的历史中发生过几次重大的历史性演变：在原始社会，玉器主要是古人的用品；在奴隶社会，玉器主要是古人的祭品；在封建社会早期，玉器主要是礼品；在封建社会后期，玉器主要是装饰品；近代以来，玉器主要是工艺品。玉器从用品变为祭品、礼品、装饰品、工艺品这几个重要的历史发展阶段看，其具体的文化内涵也不断地与时俱进、丰富发展，表现出玉文化随着生产力的发展而发展，随着时代的变化而变化，呈现出与历史同发展、与时代同进步的发展轨迹，至今仍生生不息地发展着。

二、玉文化的丰富内涵

玉文化历经八千多年的发展，积累了丰富的文化内涵，主要有：

1．经济文化。这是玉文化最早具有的文化内涵。古代先民们在使用石器为自己生产、生活服务的过程中，发现了玉石这一特殊坚硬的石料，于是在使用石器的同时，开始开发利用玉石制作各类生产工具、生活用品，使玉器作为一种新兴的生产力要素，促进了当时人类的经济生活，推动了经济生活的发展。从玉器最早进入人类的生产、生活领域所发挥的作用，所反映出的人类发展经济的意识及其方法途径，可以使我们感悟到玉器中的经济文化内涵。

2．宗教文化。宗教文化说到底是人类对神的崇拜意识、信仰意念的反映。中国宗教文化最早起源于远古时期，人类处于蒙昧、混沌状态时，人们对与生产、生活密切相关的事物产生了图腾崇拜，这种图腾崇拜也可称之为图腾文化，而图腾文化是中国宗教文化的雏形。图腾崇拜的对象相对比较宽泛，自然界有太阳、月亮，有彩虹、云霞，有风雨、雷电；地面有土地、树木、花草、动物。动物崇拜的品种最多，这方面图腾崇拜很多体现在玉器上，如玉龙、玉凤、玉龟、玉虎、玉猪、玉蛇等，以表示人类某个种族、某个部落、某个群体对它们的崇拜和信仰。这就是早期玉器中的宗教文化。

3．礼仪文化。中华民族有着深厚的礼仪传统。古代先民为了表达对“神”的崇拜，以求得到“神”的护佑或感谢“神”的恩惠，对自己崇拜、敬仰的对象要定期不定期举行祭祀仪式，大到国家和皇室的祭祀，小到平民百姓家家户户的祭拜。这些祭祀活动，需要用自己最珍贵、最珍爱的玉制品作为祭品，以表达对“神”的敬仰和尊重。以后由于玉器珍贵，更由于玉器都在非常庄严的仪式上使用，逐渐玉器制品进入皇室，从皇帝、皇后到将相大臣，区分不同的尊贵、不同的场合，佩戴使用不同品质和样式的玉器，成为封建社会特有的礼数，从而使玉器从祭品发展为礼品，也使玉器成为礼仪文化的重要载体。

4．道德文化。道德文化也可以称作思想文化。古代在制作、使用玉器的过程中，发现玉石有其他石料、金属所不具备的独特品质，如玉石质地温润、色泽灿烂、通透明亮、脆而坚硬、经久不变，并从中悟出做人的道理，借玉喻人，使玉器包含了丰厚的道德文化。许慎的《说文解字》和《康熙字典》都对玉具有“五德”有所表述。《说文解字》说：“玉，石之美者，有五德。”这五德为仁、义、智、勇、洁。仁，玉“润泽而温，仁之方也”，是说玉带给人恩泽，具有仁爱之心。义，玉“理之外，可以知中，义之方也”，是说从外看到内，玉光明磊落，具有恩义之情。智，玉“其声舒畅，专以远闻，志者方也”，是说人们敲击玉石，会发出清脆悦耳之声，且能传到远方，说明玉有智慧，也表明玉有志气。勇，玉“不挠不折，勇之方也”，是说玉具有不屈不挠的品质，有勇气。洁，玉“锐廉而不忮，洁之方也”，是说玉纯洁透明，既坚强又清廉。于是古人把玉比喻为人类道德品质，主张君子要以玉为范，做一个道德高尚的人。

5．政治文化。玉器中的政治文化主要体现在封建社会，玉器在封建王朝作为帝王将相权力和等级的标志，权力大小不同、等级高低不同，所佩戴和使用的玉器的质地和精美程度也不同，反映了封建社会森严的等级制度。这种等级制度是封建政治制度的具体体现。特别是封建王朝用品质最好、存量极少的稀有珍贵玉石让手艺高强的玉雕匠人雕刻成国玺和帝印，代表国家和皇帝的最高权力，充分展示了玉器中的政治文化。

6．历史文化。玉器是时代产物，不同时代有不同器型、不同文化内涵的玉器，也反映出不同时代的历史文化。有些具有特殊意义的玉器，还记载了特定的历史文化，如中国古代历史上著名的“和氏璧”。春秋战国时期，楚国有一个叫卞和的玉匠，在山里寻得一块璞玉，他先后拿去献给楚厉王、楚武王，因他们不识此玉，卞和被这两位国君先后以欺君之罪砍去左右腿。后楚文王继位，见卞和抱着玉石在山下痛哭，就派人问其缘由，于是卞和说自己因献玉一片忠心却受此大刑感到十分痛心，更痛心的是世上竟然无人识此宝玉。于是楚文王差人将玉石剖开，果真是稀世之玉，便命名为“和氏璧”。此后，赵惠文王获此珍宝，秦昭王得知后愿用 15 座城来换此玉璧。赵国丞相蔺相如愿亲自送玉璧换城。到秦国后见秦王无意用城换玉璧，蔺相如宁死不辱使命，以掷璧相挟。秦王见状只好妥协，让其“完璧归赵”。数十年后，秦灭赵才将“和氏璧”收归秦有。这块“和氏璧”记载了春秋战国时期如此生动的几个历史故事，堪为传承历史文化之典范。

7．考古文化。不同社会形态，在玉器上都留有不同的社会生活、文化思想的深刻印记，这是由于玉器在社会实践和发展过程中得到广泛、持续使用的必然结果。历朝历代的考古工作者，从这些千姿百态、不同质地、不同地域和各具特色的出土玉器中，可以推断出这些玉器的制作年代、使用范围、玉矿产地等，使玉器成为重要的考古佐证。如查海文化、兴隆洼文化、仰韶文化、红山文化、大汶口文化、龙山文化、河姆渡文化、良渚文化等重要的考古文化中，无一不含有玉文化的重要因素。

8. 审美文化。人类开化、文明开光，使古人类逐步形成人类所独有的审美意识。这些审美意识见诸人的行为和实践，在对天、地、人、物的看法和改造上，形成一定的审美理念、审美需求、审美形态、审美方法和审美载体，这些就上升为审美文化。人们在对玉器材质选择、形态设计、意向表达、使用目的的谋划确定过程中，充分反映了人们的审美文化。由于玉器本身的珍贵性和人们对玉器的珍爱心，在玉器上凝聚的审美文化比起其他物品来说更集中、更深刻、更精美、更持久，这也是中国人把玉作为美丽、美好、美满象征的原因。

三、新时代传承弘扬玉文化的意义

新时代党和国家的一项最重要的使命和任务是不断满足人民对美好生活的向往。在中国人的心目中，玉是美好事物、美好生活、美好日子、美好人生的象征，所以从古至今，中国人爱玉、崇玉、礼玉、藏玉，成为炎黄子孙区别于其他国家、民族的重要标志。这种美好的文化传统与当今我们对美好生活向往的追求是完全相符合的。因此，传承和弘扬玉文化是新时代我们应该履行的文化使命的题中应有之义。

要传承和弘扬玉文化，首先要重视玉文化，研究玉文化，把中华民族数千年来传承和发展起来的玉文化梳理清楚，包括发展历史、文化内涵、历史作用等。这是传承和弘扬玉文化的前提和基础。

传承和弘扬玉文化，就要遵照习近平总书记提出的对传承和弘扬中华优秀传统文化进行创造性转化、创新性发展的要求，使从远古时期就开始形成的玉文化，结合新时代、新特点、新需求，进行创造性转化、创新性发展，使古老丰富的玉文化更好地为新时代服务，为新时代人民对美好生活向往服务。

传承和弘扬玉文化，要根据玉文化本质特性和新时代发展需要，加紧培养和造就一支能把传统和创新很好结合起来的从事玉文化创作、生产、研究的专业人才队伍。有了这样一支人才队伍，中华玉文化的传承和弘扬才有保障，才有希望。

南朝刘宋“三京”地望辨正

朱绍侯
河南大学

摘要：在《宋书》中经常提到三个重要地名，即“京邑”“京”“京城”，但这“三京”各在什么地方？连历史地理专家也说不清楚。有的说“京邑”就是京口（今江苏镇江市京口区）；有的说“京城”“京”就是建康（今江苏南京市）；有的认为“京邑”“京城”在《宋书》中有时相混（即京邑、京城有时指建康，有时指京口）。之所以出现以上不同认识，是因为在《宋书》的个别篇目中，确有把“京邑”印为“京城”，或把“京邑”印成“京”的现象。或在一段文字中，“京邑”“京城”前后相连，难于分辨，就认为两名为一地。笔者对《宋书》中的“三京”地望进行了认真辨正，认为三京地名出现的个别差错，或是《宋书》作者的笔误，或是印刷中出现的错字。对此前人已有发现，如《资治通鉴》《南史》《建康实录》把“京邑”印为“京城”，把“京邑”印为“京”，就改为建康，以免误解。笔者在前人研究的基础上，把“三京”定为两个地名的别称：即“京邑”是建康的别称，“京城”“京”是京口的别称，不知方家以为然否？

关键词：京邑；京城；京；建康；京口

在较多朝代的史书中，对京邑、京城、京的地望，都可以作为京师、首都解，唯有在《宋书》中，对京邑、京城、京（合称三京）的地望，不能全作京师、首都解。这让历史学家包括中国历史地理研究者都很难辨清，故在已出版的《中国历史地理辞典》中也莫衷一是。如有的历史地名辞典在“京邑”词条下说：“即京城，又称京口。”[1] 而在“京城”条目下又说：“即今江苏镇江市，东汉建安十四年孙权建，东晋南朝时期又通称京口城。”[2] 这两个词条，实际上把京邑、京口、京城混在一起了。另一本《中国历史地名大辞典》设有“京邑”词条，其解释与上引“京邑”词条同。该辞典也设有“京城”词条，说“即京口城，又称京邑。东汉建安中孙权徙居京口，命曰京城”[3]。上引“京城”词条，文字大同小异，也是把京邑、京城、京口混在一起了。新中国成立后最早出版的《中国古今地名辞典》所设的“京口”词条，先说是“江苏丹徒县治”，后又引《元和郡县图志》说：“孙权自吴徙至丹徒，号曰京城，后徙建业。”[4] 该辞典也设有“京城”词条，引《三国志·孙权传》说：“今江苏镇江县治。”前后自相矛盾，让人无所适从。又据专门研究《宋书》地名专家胡阿祥在其所编著的《宋书州郡志汇释》中，在“秣陵令”条目下的【编者按】中说：“‘京邑’谓建康，建康亦称‘京师’，又当时‘京师’指‘京口’，今江苏镇江市，有时简称曰‘京’。”[5] 以上按语可以说是完全正确的，而接下来他又说：“‘京邑’‘京师’‘京城’‘京’容易相混。”[6] 他又未说明是怎样相混，这就使人陷入“云里雾中”。故笔者认为，应该利用《宋书》的相关资料，并与《资治通鉴》《南史》《建康实录》等古籍互相参照,以落实“三京”的真实地望，解决“三京”相混的迷雾，对“三京”地望有个正确认识。在此必须说明，笔者对中国历史地理并无研究，探讨“三京”地望纯属“班门弄斧”，不当之处，请专家指正。

一、探讨刘裕创业及称帝后的“三京”地望

东晋末年发生的最大政变，就是占有荆州的桓玄攻入建康（今江苏南京市），篡晋建楚，后为北府兵的将领刘裕所灭，之后刘裕又取得了灭南燕、败卢循、伐后秦等一系列胜利，从而掌握了东晋军政大权，最后篡晋建宋，成为南朝刘宋开国皇帝。在以上这些事件中，《宋书》中曾多次提到“三京”地名，以下笔者就引用《宋书》中的资料，辨明“三京”地望。

（一）灭桓玄，辨“三京”

1.“桓玄克京邑，收道子付廷尉，臣吏畏恐，莫敢瞻送。”[7]

2.“玄克京邑，杀元显，以（刘）牢之为会稽内史。”[8]

3.“桓玄克京邑，丹阳尹卞范之势倾朝野，欲以女嫁方明……方明终不回。”[9]

以上所引三条资料均提到桓玄攻克京邑问题，说明桓玄是从长江水路进攻首都，所攻的京邑，必定是建康。还有文中所记的道子，即会稽王司马道子，元显即道子之子司马元显。他们父子在晋末先后总揽朝政，昏乱至极，故桓玄攻下京邑，就首先制裁他们父子。又卞范之为丹阳尹，即首都建康的长官，欲与高门士族谢氏联姻，故谢方明不予理睬。这都说明京邑就是建康。

4. 桓玄攻占京邑后，何无忌劝刘裕于会稽起兵讨桓玄。刘裕说：“玄未据极位，且会稽遥远，事济为难，俟其篡逆事著，徐于京口图之，不忧不克。至是桓修还京，高祖托以金创疾动，不堪步从，乃与无忌同船共返，建兴复之计。”[10]

上引这条资料说明，桓玄攻占建康，还不敢立即称帝，主要是顾及刘裕和北府兵的态度。刘裕也因为桓玄尚未称帝，而起兵反桓玄的理由尚不充分，所以就和何无忌同返京口共商大计。桓玄闻讯，就派其亲信徐、衮二州刺史桓修同行返京，以监督刘、何的动静。文中的“桓修返京”，实指返京口，而不是返回京师，这从上下文义中自然可以判明。

5.“（桓）玄与（刘）迈书曰：‘北府人情云何？卿近见刘裕何所道？’迈谓玄已知其谋，晨起白之。”[11] 文中的北府，即北府兵军事基地京口，此处指北府兵。

6. 桓谦私问彭城内史刘裕曰：“楚王勋德隆重，朝廷之情，咸谓宜有揖让，卿以为何如?”这显然

是桓玄让桓谦试探刘裕的口气。刘裕答曰："楚王，宣武之子，勋德盖世。晋室微弱，民望久移，乘运禅代，有何不可。"刘裕说的本是假话，桓谦听后喜曰："卿谓可尔，便当是真可耳。"[12] 桓玄听后，也信以为真，遂宣布即皇帝位。

7. 元兴二年（403年）十二月，桓玄即皇帝位，篡晋建楚。元兴三年二月，"刘裕从徐、衮二州刺史，安成王桓修入朝（朝贺）"[13]。这本是掩护他们起兵讨桓玄的手段，却受到桓玄的殷勤接待，赏赐甚厚。桓玄的皇后张氏有智鉴，谓桓玄曰："刘裕龙行虎步，视瞻不凡，恐终不为人下，不如早除之。"玄曰："我方平荡中原，非裕莫可用者，俟关、河平定，然后别议之耳。"[14] 于是就把刘裕放回京口。刘裕回到京口后，就与刘毅、何无忌、魏咏之、刘道怜、孟昶等人，决定起兵讨桓玄。

8. "（王）元德、（童）厚之谋于京邑，聚众攻玄，并克期齐发。"[15] 这是王元德、童厚之谋划讨桓玄的开始，谋划的地点在京邑，即在首都建康，因此时桓玄已攻下首都，故京邑必然是指建康。

9. "（刘）毅等兵至蒋山……无不以一当百。时东北风急，义军放火，烟尘张天，鼓噪之音震骇京邑。"[16] 这是讨桓玄军先头部队进攻京邑的情况。蒋山即钟山，在今南京市中山门外，文中的"震骇京邑"，也只能是指震骇建康。

10. "（向靖）世居京口，与高祖少旧。从平京城，参建武军事。进平京邑，拔参镇军军事，加宁远将军。"[17] 这条资料是说明向靖随刘裕讨桓玄的进军路线。向靖世居京口，刘裕起兵京口，所以进军路线必从京口开始，然后才平定京邑。据此，京城必为京口，京邑必是建康。

11. "及平京邑，入镇石头，景仁与百僚同见高祖。"[18] 京邑与石头城相连，京邑必是建康无疑。

12. "高祖入京城，（臧）熹族子穆斩桓修。进至京邑，桓玄奔走。"[19] 刘裕回到京城后，桓修仍以徐州刺史身份坐镇京口，故被臧熹族人臧穆所杀，及臧熹进至建康时，桓玄已逃离京师，从此一败涂地，直至灭亡。

在刘裕讨伐桓玄的过程中，涉及京城、京邑一些记载，但其内容大同小异，都能证明京城即京口，今江苏省镇江市京口区；京邑即建康，今江苏南京市。

（二）伐南燕、灭卢循探讨"三京"地望

在消灭桓玄之后，孙恩因反晋军多次失败，投海自尽，其将领卢循、徐道覆已退至岭南，接受了东晋的官职，江南的形势趋于稳定。此时在山东中南部，由鲜卑人慕容德建立一个南燕国，都广固（今山东青州市）。慕容德死后，其兄子慕容超继帝位，经常骚扰东晋北方的边境，其势力不断壮大。刘裕就想乘灭桓玄之威，一举消灭南燕。当时朝中大臣除右仆射孟昶、车骑司马谢裕赞成外，多数朝臣认为不可。刘裕仍坚持北伐，遂于义熙五年（409年）三月抗表出征。北伐军进展非常顺利，仅用不到一年时间就攻下广固，擒慕容超，南燕灭亡。但在刚刚灭亡南燕之时，朝廷就传来一个紧急情报，说退至广州的卢循与退至始兴（今广东韶关市东南莲华岭上）的徐道覆，趁刘裕北伐、建康空虚之机，已于义熙六年（410年）二月，自岭南率军北上；同年二月，于豫章（今江西南昌市）大败何无忌军，无忌阵亡；又于五月在桑洛洲（今江西北江市东北长江中）大败晋军，刘毅狼狈逃归，卢、徐大军已近逼建康。刘裕闻此噩讯，立即从南燕撤军，以挽救建康的危急。在此过程中，也多

次提到京邑，对于了解京邑地望很有利，故引相关资料以说明问题。

1.“于时北师始还，多创痍疾病。京师战士，不盈数千。贼既破江、豫二镇，战士十余万，舟车百里不绝。奔败还者，并声其雄盛。孟昶、诸葛长民惧寇渐逼，欲拥天子过江，公不听，昶固请不止……昶恐其不济，乃为表曰：‘臣讳北讨，众并不同，唯臣赞讳行计，致使强贼乘间，社稷危逼，臣之罪也。今谨引分以谢天下。’封表毕，乃仰药而死。”[20] 此资料说明，卢循兵逼京师，朝臣危惧，多数人主张迁都江北，孟昶恐惧，饮药自杀，其严重程度可见一斑。在文中京师、都，皆指首都。

2.“自循东下，江陵断绝，京邑之间，传者皆云已没，及（索）邈至，方知循已走。”[21] 此文中所说的江陵与京邑，都是东晋的政治、军事两大重镇，京邑当然是指首都建康，所以引出如此惊恐谣传，这也说明卢循从江陵只能进攻建康，不会进攻京口。京邑不可能作京口解。

3.“（卢）循至蔡洲（今江苏南京市西南），贵游之徒，皆议远徙，唯（沈）林子请移家京邑，高祖怪而问之，对曰：‘耿纯尽室从戎，李典举宗居魏。’”[22] 这条资料说明，在京师危急之时，宦官、士族都想远离京师以避祸，唯有沈林子要举族徙居京邑。刘裕问为什么，沈林子答曰：他是学东汉的耿纯举家从军、东汉末李典举宗居魏，以忠于汉室和曹操，得到刘裕的赞赏。文中的京邑，当然也是指建康。

4.“（刘）粹家在京口，少有志干……高祖克京城，参建武军事。”“卢循逼京邑，京口任重，太祖时年四岁，高祖使粹奉太祖镇京城，转游击将军。”[23] 以上所引两条资料，第一段没有问题，京城即京口，别无可解，但第二段如不了解历史的真实情况，就容易产生误解。首先，卢循从未攻克京邑，只是进攻京邑而已；其次是“循逼京邑，京口任重”八个字紧密相连，就容易使人误解为京邑和京口是一个地方。查《资治通鉴》此处写得详细，可解上书谜团。《资治通鉴》云：“卢循至淮口，中外戒严。琅琊王德文都督宫城诸军事，屯中堂皇，刘裕屯石头，诸将各有屯守。裕子义隆始四岁，裕使咨议参军刘粹辅之，镇京口。”[24] 这就把京邑与京城紧密相连的八字给分开了，而且明言刘粹镇守的是京口，消除了京邑、京城是一地的误解。

（三）从刘裕消灭敌对势力中考辨“三京”地望

刘裕起兵时，曾在京口与刘毅、何无忌、刘藩、孟昶、檀凭之等二十七人合谋讨伐桓玄，刘裕被推为领袖。此后这二十七人，都屡立战功，有的人始终拥护刘裕为领袖，有的人因功多而骄傲，对刘裕并不心服，其中表现最突出的是刘毅及其追随者。初时，刘裕尚能宽容，及至势不两立时，刘裕就决心诛除这些敌对势力。在此过程中，曾多次提到“二京”，我仍以资料为据探讨“三京”的地望问题。

1. 义熙三年（407 年），“扬州刺史王谧薨。高祖次应入辅，刘毅等不欲高祖入”。刘穆之“即密疏高祖曰：……‘刘（毅）、孟（昶）诸公，与公俱起布衣，共立大义……非为委体心服，宿定臣主之分也……公至京，彼必不敢越公更授别人，明矣。’高祖从其言，由是入辅”[25]。此文中“公至京”，《资治通鉴》作“公至京邑”[26]。知“京”乃“京邑”，这可能是原作者的笔误，或在印刷中出现的错误。京邑是建康，京是京口。《资治通鉴》

所改是正确的。

2. “（刘）毅初当之荆州，表求东道还京辞墓，去都数十里，不过拜阙，高祖出倪堂会之。”[27] 上引资料有两点值得注意。一是“还京辞墓”，这个“京”应指什么地方？按刘毅家在京口，其祖坟必在京口，故刘毅“还京”的“京”应是“京口”。二是“去都数十里，不过拜阙”。“阙”的本意是宫阙，此处代指刘裕，这说明他根本不把刘裕放在眼里。刘裕倒是比较大度，主动至倪堂（在今江苏镇江市江宁区）去会见刘毅，其实刘裕对刘毅的傲慢态度及其野心，早已心知肚明。

3. “初，（刘）毅家在京口，贫约过常……时悦为司徒右长史，暂至京，要府州僚佐出东堂，毅已先至。”[28] 庾悦的官位是司徒右长史，其官府在首都建康，“暂至京”的“京”当然不可能是京邑（京师），刘毅所以能“已先至”，是因为他“家在京口”。综合这些条件，说明“暂至京”的“京”，只可能是京口。

4. 刘毅屡立战功，“进拜卫将军、开府仪同三司。及何无忌为卢循所败，贼军乘胜而进，朝廷震骇。毅具舟船讨之……裕与毅书曰：‘吾往与妖贼战，晓其变态。今修船垂毕，将居前扑之。克平之日，上流之任皆以相委。’又遣毅从弟藩往止之。毅大怒，谓藩曰：‘我以一时之功相推耳，汝便谓我不及刘裕也。’投书于地。遂以舟师二万发姑孰”[29]。向卢循展开进攻，结果大败而归，士卒死伤甚重，辎重盈积，全为敌军所得。这一事件说明，刘毅无自知之明，而又傲气十足。但刘裕并未因此贬抑刘毅。刘毅自知失军败阵，要求降为后将军，刘裕却让他官复原职，并兼任江州都督。刘毅上表陈辞，表面上貌似谦虚，实际上是嫌江州为“一隅之地”，不能发挥他的作为。刘裕遂又任刘毅为都督荆宁秦雍四州之河东、河南、广平、扬州之义城诸军事。荆州刺史刘毅对此仍不满足，而扣留江州及豫州文武万余人，“留而不遣”[30]。并提升其弟刘藩为副手。至此刘毅的野心已暴露无遗，刘裕遂决心诛除刘毅。首先杀了在朝的刘藩及其亲信谢混，然后亲自率大军讨伐占据荆州的刘毅。刘毅兵败被杀，刘裕终于解决一个最强大的对手，刘毅已除，但还有个同党诸葛长民也要除掉。

5.“刘毅既诛……（诸葛长民）将谋作乱。公（刘裕）克期至京邑，而每淹留不进，公卿以下频日奉候于新亭，长民亦骤（数）出。”[31] 刘裕从荆州顺流而下，可以按期到达建康，但刘裕怕在建康的诸葛长民有所动作，故意淹留不进，拖延时间，让人摸不准他到达的时间，从公卿奉新亭（在今南京城外），刘裕所抵达的京邑，肯定就是建康。

6. “及刘毅被诛，长民谓所亲曰：‘昔年醢彭越，前年杀韩信。祸其至矣。’谋欲为乱。”[32] 后听说刘裕已回京邑，遂亲自去东府拜见。刘裕“伏壮士丁旿于幕中”，然后热情接待长民，说到“素所未尽皆说焉。长民悦”。突然“旿自后拉而杀之”[33]。又杀其弟黎民、幼民及其从弟诸葛秀之等。至此刘裕又除掉一个敌对集团。

7. 刘裕诛除刘毅、诸葛长民之后，已完全控制了东晋军政大权，篡晋之势已昭然若揭。时任荆州刺史的司马休之（皇族）有抗拒之意，其子谯王文思在建康，性凶暴，擅杀国吏。刘裕恶之，遂执文思送休之处理，意欲让休之杀之。休之仅上表陈谢，而不杀文思，刘裕不悦，知休之有异志。义熙十年（414 年），司马休之与雍州刺史鲁宗之起兵反刘裕，刘裕率兵讨之。这次战争非常激烈，刘裕女婿徐逵之及王允之、沈朔之等均战死，刘裕也亲临前线奋勇杀敌，终过数月激战，“休之兵大溃，遂克江陵。休之、宗之惧北走”[34]。刘裕又击溃两大对手。

8.“高祖讨司马休之，前军将军道怜留镇东府，领屯兵。冶亭群盗数百，夜袭钟垒，距击破之。时大军外讨，京邑扰惧，钟以不能镇遏，降号建威将军。”[35] 从上引资料来看，“群盗数百，夜袭钟垒”引起“京邑扰惧”，这是京邑即建康又一铁证。

9.“三年春，高祖不豫，加班剑三十人。时道怜入朝，留司马陆仲元居守，刁逵子弥为亡命，率数十人入京城，仲元击斩之。”[36] 对上引这段文字，如不了解刘道怜居官何处，又不与《资治通鉴》对读，就会误解为“入京城”就是入建康。史实是刘道怜以太尉兼彭城内史，当时彭城治所在京口。道怜入朝，陆仲元居守京口。《资治通鉴》对此记载比较明确：“刁逵之诛也，其子弥亡命。辛酉，弥率数十人入京口，太尉留府司马陆仲元斩之。”[37] 把“入京城”改为“入京口”，就解决了把京城误认为是建康的疑问。

（四）攻灭后秦与急返京邑的地望所在

刘裕在清除司马休之、鲁宗之两大劲敌之后，马上就想消灭由羌族姚兴所建立的后秦。姚兴初建后秦时，国势一度强盛，由陕西到彭城，全都成为后秦的势力范围。刘裕在讨伐南燕时，后秦就虚张声势，要援助南燕。另外，东晋的叛逆者在国内斗争失败后，也往往投往后秦，司马休之、鲁宗之都是投靠后秦的典型。后秦弘始十八年（416年），姚兴病逝，其子姚泓立，改元永和。他在政权还未站稳，就发兵进攻东晋的襄阳，结果是大败而归，这更是引起刘裕的愤怒，决定于义熙十年（414年）讨伐后秦。战争进展很顺利，仅用一年的时间就攻下长安，后秦灭亡。正当此时，突然接到京邑的急报，留守建康的总管刘穆之病故。刘裕知道“穆之既卒，京邑任虚，乃驰还彭城”[38]。彭城的治所就在京口，但他“驰还彭城”的目的并不是京口，而是要从彭城转回京邑，去稳定建康的政局不被他人接管。由此可见，京邑就是首都建康的别称，是无可怀疑的。

二、宋文帝时期有关“三京”地望辨析

刘穆之于义熙十三年十一月病逝，刘裕于十二月就赶回京邑，次年六月自封为相国宋公。十二月杀掉晋安帝，立司马德文为帝，即宋顺宗。义熙十四年七月，自立为帝，国号宋，东晋灭亡。但刘裕寿命不永，即位不到三年，就于永初三年（422年）五月病卒。其长子义符立，史称少帝，由大臣徐羡之、傅亮、谢晦辅政。次年改元景初。但少帝是个昏庸的皇帝，他“居丧无礼，好与左右狎昵，游戏无度”[39]。又“南豫州刺史庐陵王（刘）义真，警悟爱文义，而性轻易，与太子左卫率谢灵运、员外常侍颜延之、慧琳道人情好款密。尝云：‘得志之日，以灵运、延之为宰相，慧琳为西豫州都督。’”[40] 少帝的居丧无礼及刘义真的胡言乱语，都属于叛逆行为，引起辅政大臣徐羡之等人的不满，而有废黜少帝之意。但如废少帝，按继承顺序当立义真。而义真又与少帝亲密无间，于是就决定先杀义真，再废少帝。于是三位辅政大臣又想拉拢兵权在握的檀道济共同行事。檀道济本不

愿意参加，但见三位顾命大臣已下决心，只好从命。首先宣布义真的罪状，而杀了义真，然后又以太后的诏令废掉少帝，后又杀之，并决定迎宣都王刘义隆入都为帝，是为文帝。以下就引资料来考辨文帝时期的“三京”问题。

1. 永初三年，“丙申，车驾至京城”[41]。注意：上引资料原文有误，现辨正如下：

中华本《宋书·文帝纪》的《校勘记》引孙彪《宋书考论》曰：“‘当做京邑，京城则京口矣。’《资治通鉴》作‘建康’。《宋书》京城往往指京口城，此则指建康。”按孙彪《宋书考论》的前半部分全对，而后半部分则说：“《宋书》京城往往指京口城，此则指建康。”说明孙彪还不敢十分肯定京城就是京口城。笔者认为《宋书》往往把京邑误为京城，是作者的笔误，或在印刷和流传中产生的错误。在任何朝代，都不会在邻近和狭窄的区域范围内，让一个地名在两地混用。俗语说“无错不成书”，这句话在此处是完全适用的。

2. 文帝即位之后，徐羡之等也深知杀王弑帝罪重，怕文帝报复，故仍握权不放，并想到荆州乃军政重镇，恐文帝任用别人，乃以帝命任谢晦行都督荆、湘七州诸军事、荆州刺史，欲居外为援。“精兵旧将，悉以配之。”[42] 文帝表面上对三位辅臣仍很尊重，徐羡之、傅亮也假意上表让权归政，文帝都不允许，并进位徐羡之为司徒，傅亮加开府仪同三司，谢晦为荆州刺史、卫将军，以安定三人之心。尽管如此，三人仍忐忑不安。如谢晦赴荆州之前，私下问蔡廓曰：“吾其免乎?”廓曰：“卿受先帝顾命，任以社稷，废昏立明，义无不可，但杀人二昆而以之北面，挟震主之威，据上流之重，以古推今，自免为难。”[43] 晦始惧不得去。及发新亭，顾望石头城，喜曰：“今得脱矣。”[44] 其实谢晦高兴得过早了。宋文帝始终未忘三个辅政重臣弑君之罪，如不诛除，对自己也是极大的威胁，虽表面优容，内心却耿耿于怀。元嘉二年（425 年）五月，当徐羡之、傅亮第三次上表归政时，文帝立即批准，三年正月即“下诏暴羡之、亮、晦杀营阳、庐陵王之罪”[45]。随即逮捕杀之，并表示亲征谢晦。但谢晦是个很难对付的人，他是久经沙场的一员猛将，又占有形胜之地荆州，如果没有智勇双全的统帅去讨伐，恐怕会一败涂地，于是他就想起用有勇有谋的檀道济为将。檀道济虽参与废少帝之事，但他是被动参加，情有可原，檀道济也愿意为文帝效力。于是檀道济就成为讨伐荆州的统帅。谢晦知道文帝已处死徐、傅二人，就主动“遣妻曹及长子世休送女还京邑”[46]，以表示对文帝的忠心。同时又向京邑连发檄文，表白自己一贯忠于朝廷的决心，并指责掌权的王弘、王华挑拨他们与朝廷的关系[47]。但此时朝廷的先头部队已抵达荆州，谢晦只好应战。初战小胜，但檀道济主力军一到，形势大变。因为谢晦根本没有想到文帝会起用他的“同伙”领兵来伐，而荆州士兵见中央军来势凶猛，皆四散奔走，谢军大败。谢晦在逃跑中被俘，槛送建康处死。另外，本文中谢晦送家属回京邑，是向宋文帝讨好，故京邑是指建康，而不是京口。

宋文帝诛除三大权臣之后，政治稳定，经济发展，一度出现“元嘉之治”的繁荣景象。但此时的北魏已统一北方，并经常侵袭刘宋的北方边境，宋、魏摩擦不断。元嘉二十七年（450 年），文帝想乘强盛之机进行北伐，结果大败而归。“魏军追击之，还者万余人，麾下散亡略尽，委弃军资器械山积。”[48]

北魏乘胜南侵，拓跋焘率大军直抵瓜步（江苏南京六合区）而返。魏军撤退时烧杀掠夺，淮北六州人民深受其害。但宋文帝还想报复，于元嘉二十八年（451 年）六月，又派萧思话率军北伐，仍是大败而归，从此刘宋实力渐衰，而形成北强南弱的趋势。元嘉三十年（453 年）二月，刘宋发生政变，太子刘劭杀死其父文帝而自立为帝，从此刘宋内乱迭起，刘宋兴盛时期彻底结束。

三、孝武帝时期“三京”问题的探讨

孝武帝时期首要任务是平定元凶刘劭的政变，本文的目的是从中探讨“三京”的帝王问题，还是先引资料再做考辨。

1. 元嘉二十六年，“世祖镇寻阳，子业留京邑。三十年，世祖入伐元凶，被囚侍中下省，将见害者数矣，卒得无恙”[49]。从“子业留京邑”，又“被囚侍中下省”，知京邑必为建康，这应该是容易辨明的。

2. “世祖入讨，劭屯兵京邑，使铄巡行抚劳。”[50] 元凶刘劭杀其父于建康，他并没有离开，“屯兵京邑”，自然就是屯兵建康，这应该是毫无疑义的。

3. “冲有学义文辞，劭使为尚书符，罪状世祖，亦为劭尽力。世祖克京邑，赐死。”[51] 世祖克京邑，是为解决当时的主要问题。刘劭防守的京邑，当然就是建康。

4. “前右卫率檀和之戍石头，侍中营道侯义綦为征虏将军、晋陵南下邳二郡太守，镇京城。”[52] 时晋陵郡治京口，刘义綦是以晋陵太守的身份镇京城，就是镇京口。

5. “又安东将军诞，平西将军遵考、前抚军将军萧思话、征虏将军鲁爽、前宁朔将军王玄谟，并密信俱到，不契同期，传檄三吴，驰军京邑，远近俱发，扬旍万里。”[53] 这条资料说明刘诞、鲁爽等四人都分别接到元凶刘劭杀父的密信，不约而同地“驰军京邑”讨伐刘劭，他们驰军的京邑是建康，绝不是京口，这是不言自明之事。

6. 元嘉三十年（453 年），各路大军兵至新亭（今江苏南京市南）时，世祖也至新亭，在众臣拥护下即皇帝位，史称孝武帝。大军很快攻下京邑，活捉刘劭，并将其处死。刘劭的党羽及其弟刘濬也一并被诛除。

在进攻建康及诛除刘濬的过程中，有条资料对“三京”的认识容易产生误解，故特引原文，并做些必要的说明。

①“时濬入朝，遣还京，为行留处分。至京数日而巫蛊事发，时二十九年七月也。……濬还京，本暂去，上怒，不听归……明年二月，濬还朝。”[54] 这条资料值得注意之处有二：一是“濬入朝，遣还京”。入朝当然是入建康。“遣还京”，就不可能是京邑，而一定是京口，因当时刘濬是镇北将军，镇守京口故也；二是“明年二月，濬还朝”，说明文帝还是让刘濬回到了建康，所以当刘劭发动政变时，刘濬正在建康并参与了政变。

②“（三十年）五月甲戌，辅国将军申坦克京城。乙亥，辅国将军朱修之克东府。丙子，克定京邑，劭及始兴王濬诸同逆并伏诛。”[55] 这条资料中除对“申坦克京城”可以理解外，对“乙亥，辅国将军朱修之克东府。丙子，克定京邑”就难以理解。以内东府（丞相府）在建康城内，不克定京邑，怎会先克东府呢？据中华书局本《宋书》

卷六《校勘记》曰："丙子各本及《南史》作'丙申'，《建康实录》作'丙子'。按是月癸酉朔，初二日为甲戌，初三日乙亥，初四日丙子，二十四日丙申。按上文，初二日甲戌克京口城，初三日乙亥克东府。克定京师，当在初四日丙子。《元凶传》四日建康破，当作丙子是。今据《建康实录》改。"对于《宋书·校勘记》文字，笔者一一核实无误，这说明乙亥克东府，只是对建康的局部占领，明日即克定京邑。如据双方兵力来考察，二凶绝对不可能坚持到二十多日的丙申才失守京邑。笔者引用这段文字，除为辨明史实之外，主要说明京城就是京口，京邑就是建康。

经过这次战役，二凶及其亲信已全部被诛除，孝武帝的地位已完全稳定。但孝武帝却是一个"尽民命以自养的昏君"[56]。他在位期间，胡作非为，劣迹斑斑，史臣对他的评价很低，本文不是为他作传，故点到而已。

四、前废帝及明帝时对"三京"的考辨

孝武帝于大明八年（464年）闰五月病故，太子刘子业继位。子业自幼性情乖谬，任性胡为，即位后"凶悖日甚，诛杀相继"，不到一年时间即诛杀亲王、同姓侯及大臣二十余人，并与其姊山阴公主"淫恣过度"[57]，丑不堪言。在政治混乱、人人自危的情况下，湘东王刘彧与左右阮佃夫、王道隆、李道儿等十一人密谋废帝。刺杀子业于华林园竹林堂，共立刘彧为帝，即宋明帝。其实明帝是荒淫无道、凶暴好杀之主，这些暴行并不在本文研究范围之内，不能备述，仍以摘引资料以落实"三京"地望。

1. 前废帝任命兴宗为"南郡太守，行荆州事，不行"[58]。兴宗外甥袁顗"劝兴宗行，曰：'朝廷形势，人所共见。在内大臣，朝夕难保。舅今出居陕西，为八州行事，顗在襄、沔，地胜兵强，去江陵咫尺，水陆通便。若朝廷有事，可共立桓、文之功，岂与受制凶狂，同年而语乎？今不去虎口，而守此危逼，后求复出，岂得哉？'兴宗曰：'吾素门平进，与主上甚疏，未容有患。宫省内外，人不自保，会应有变。若内难得弭，外衅未必可量。汝欲在外求全，我欲居内免祸，各行所见，不亦善乎！'时京城危惧，衣冠咸欲远徙，后皆流离外难，百不一存"[59]。从这段引文来看，蔡兴宗与袁顗二人的议论，可知蔡兴宗老谋深算，但它与本文无关。本文关注的重点，在"京城危惧，衣冠咸欲远徙"这句话。从本文内容来看，袁、蔡对话的地点是在首都建康，那么"京城危惧"就该是建康危惧了。因为京口（京城）并不会有那么多衣冠之士，只有京邑才是衣冠人物集中的地方。所以笔者认为，京城当是作者的笔误，或在印刷、流通时产生的错字，实际是"京邑危惧"才合道理。查《资治通鉴》《南史》《建康实录》都没有记载"京城危惧"四个字，可能因不合实际而删除。

2."前废帝永光元年，除黄门侍郎，出为山阳王休祐右军长史、南梁郡太守。休祐入朝，琰仍行府州事。太宗泰始元年，以休祐为荆州，欲以吏部郎张岱为豫州刺史。会晋安王子勋反，即以琰督豫司二州南豫州之梁郡诸军事、建武将军、豫州刺史，以西汝阴太守庞道隆为琰长史，殿中将军刘顺为司马。顺劝琰同子勋。琰家累在京邑，意欲奉顺，而士人前右军参军杜叔宝、前陈南顿二郡太守皇甫道烈、道烈从弟前马头太守景度、前汝南

颍川二郡太守庞天生、前睢阳令夏侯季子等，并劝琰同逆。琰素无部曲，门义不过数人，无以自立，受制于叔宝等。”[60] 殷琰出任豫州刺史，家口在京邑（即京师建康），而首都已被明帝所控制，故不想从逆，但又不能自立，被迫胁从。

3.“值桂阳王休范逼京邑，蕴领兵于朱雀门，战败被创。”[61] 朱雀门是京师宫城的南门，故知休范所攻的京邑，一定是建康。

4.“桂阳王休范为乱，奄至京邑，加勔使持节、领军，置佐史、镇扞石头。”[62] 石头城在建康，刘休范“奄至京邑”，又增加一项京邑即是建康的史证。

5.“诞为南徐州刺史，在京，夜大风飞落屋瓦，城门鹿床倒覆，诞心恶之。”[63] 这条资料是记述竟陵王刘诞任南徐州刺史时的一个梦境。按南徐州治所在京口，故此文中的“在京”，是指京口，故知此“京”是京口的别称，与京师建康无关。

6.“戾明道等，昔亲为贼，罪应万死，休若至西，大信遇之，乃潜将往不启京。”[64] 这条资料是宋明帝想杀巴陵王休若的一个借口。文中的“不启京”的“京”，容易被误解为京师建康，但如果参照《资治通鉴》《南史》来研究，就会得出此“京”实指京口的结论。因为巴陵王刘休若曾于泰始十年被任为南徐州刺史，治所在京口。故此“京”即京口也。

7.“休若至京口，建安王休仁又见害，益怀危虑。上以休若和善，能谐缉物情，虑将来倾幼主，欲遣使杀之。虑不奉诏，征入朝，又恐猜骇，乃伪迁休若为都督江郢、司、广、交、豫州之西阳、新蔡、晋熙、湘州之始兴四郡诸军事、车骑大将军、江州刺史，持节、常侍、开府如故。征还召拜，手书殷勤。使赴，七月七日，即于第赐死。”[65] 为了杀死亲兄弟，保住其子的政权，明帝真是用尽心机，帝王之家如此残酷，令人咋舌。此处值得注意的是，《宋书》的作者已将“京”改为京口，不须再作考证了。

8. 元徽四年（476 年），“秋七月戊子，征北将军、南徐州刺史建平王景素据京城反。己丑，内外纂严。遣骁骑将军任农夫、领军将军黄回北讨……黄回等至京城，与景素诸军战，连破之。乙未，克京城，斩景素，同逆皆伏诛。其日解严。丙申，大赦天下，封赏各有差。原京邑二县元年以前逋调”。这段资料容易引起疑问。因为克京城，并不见京邑有什么特殊贡献，为什么要免除京邑二县的户调呢？这就让人误认为京邑就是京城。研究南朝刘宋历史的人都知道，只有京邑才有建康、秣陵二县，京口是没有此二县的。查《资治通鉴》《南史》和《建康实录》在引这段文字时，均未记“原京邑二县元年以前逋调”这十一个字。据笔者推测，这十一个字应是错讹，故被删去。

9.“时上流反叛，上遣都水使者孔璪入东慰劳。璪至，说顗‘以废帝侈费，仓储耗尽，都下罄匮，姿用已竭……若拥五都之锐，招动三吴，事无不克’。顗然其言，遂发兵驰檄。顗子长公，璪二子淹、玄并在都，驰信密报。泰始二年正月，并逃叛东归。遣书要吴郡太守顾琛。琛以母年笃老，又密迩京邑，与长子宝素谋议，未叛。”[66] 本文中的“密迩京邑”，是说吴郡与京邑很近。查《南史·孔顗传》作“顗以母年笃老，有密迩建邺”[67]。建邺是建康旧名，同时也说明京邑就是建康，不可能把京邑理解为京口了。

“刘秀之，字道宝，东莞莒人，司徒刘穆之从兄子也，世居京口。”[68] 元嘉三十年，“元凶弑逆……迁使持节、督益宁二州诸军事、宁朔将军、益州刺史。折留俸禄二百八十万，付梁州镇库，此外萧然。梁益二州土境丰富，前后刺史，莫不（营）聚蓄，多者致万金。所携宾僚，并京邑贫士，出为郡县，皆以苟得自资。秀之为治整肃，以身率下，远近安悦焉”[69]。上引本段文字中，“所携宾僚，并京邑贫士”最难理解。因秀之世居京口，他所携的宾僚，怎么会尽是“京邑贫士”呢？按京口原是个小地方，原称“京口里”，人口少，土地荒废，居民尽是北方移民，刘裕起兵成功，情况才有所好转，但直到元嘉二十年三月，还“募诸州乐移数千以实京口”[70]。说“并京口贫士”才符合实际，说“并京邑贫士”，则让人难以理解。京邑是首都建康，是贵族、官僚、士族聚居地方，怎么会有那么多的贫士呢？说秀之所携宾僚“并京邑贫士”，是不符合事实的。笔者认为“京邑”乃“京城”之误，理由不再重复，也不可能是两地别名“相混”的原因。

小结

为了辨正“三京”地望，共引用几十条资料，写了一万多字的文章，连笔者自己都感到有些厌烦，但不引证较多的资料，不作详细考辨，就轻易否定专家的成说，不是太轻率了吗？其实笔者抄录“三京”资料共有一百多条。本文用上的还不到半数。还有一见其原文，就知其地望的，如“檄至京邑”“传首京邑”“卒于京邑”“留之京邑”“入质京邑”“京邑讹言”。从《宋书》中上下文义来分析，一看便知京邑就是建康者，一概没有收录。还有，建康和京口都有几个别名，如建康又称京师、京邑、京都、都、京畿、京辇、建邺等。如京口，又称京城、京、北府、北京（因在建康之北故称）、建邺等。本文探讨的重点是京邑、京城、京的地望问题，其他别名不见有争议，故不予论证。

本文经过一番论证，认为“三京”是两个重要地名的别称。“京邑”是建康的别称，“京城”“京”是京口的别称。在《宋书》中，也确有把“京邑”写为“京城”，把“京邑”写成“京”的个别情况。有的地方由于“京邑”与“京城”上下文紧密相连，文辞又过简，使读者认为“京邑”与“京城”是二名一地之义，所以有的学者持“三京”可以相混的意见。持这种意见的学者，其基本认识，是把《宋书》中的错字、漏字，当作《宋书》作者的原意如此。其实不管任何朝代，在区域划分时，都不会允许两地相邻很近、区域又狭窄的范围内，使用相同的别名，这种设想是不能成立的。笔者认为《宋书》出现的失误，是《宋书》作者的笔误，或在印刷、流通过程中造成的错误。笔者有这种设想，是从自己常犯的错误中领悟出来的。笔者也出书，发表过文章，在出版前生怕出错，校对一遍又一遍，但出版后一看，还是有错字、漏字，甚至有串行、掉句，让自己感到无奈。俗话说“无错不成书”，这是大实话，对中国古籍同样适用，对《宋书》中“三京”的个别失误，笔者认为也应该这样看。

---

[1][2] 中国历史地名辞典［M］. 南昌：江西教育出版社，1999：529.

[3][4] 臧励和等. 中国古今地名大辞典［M］. 北京：商务印书馆，1982：424-425.

[5][6] 胡阿祥. 宋书州郡志汇释［M］. 合肥：安徽教育出版社，2006：11.

[7]（南朝梁）沈约. 宋书［M］. 北京：中华书局，1974：1312.

[8]（南朝梁）沈约. 宋书·武帝纪上（卷1）［M］. 北京：中

华书局，1974：3-4.
[9]（南朝梁）沈约. 宋书・谢方明传（卷53）[M]. 北京：中华书局，1974：1523.
[10][11][12][31]（南朝梁）沈约. 宋书・武帝纪上（卷1）[M]. 北京：中华书局，1974.
[13][14]（宋）司马光. 资治通鉴（卷113）[M]. 北京：中华书局，1992.
[15][20][21]（南朝梁）沈约. 宋书・武帝纪上（卷1）[M]. 北京：中华书局，1974.
[16]（唐）房玄龄等. 晋书・刘毅传（卷85）[M]. 北京：商务印书馆，1958：572.
[17]（南朝梁）沈约. 宋书・向靖传（卷45）[M]. 北京：中华书局，1974：1493.
[18][19]（南朝梁）沈约. 宋书・谢景仁传（卷52）[M]. 北京：中华书局，1974：1493.
[22]（南朝梁）沈约. 宋书・自序（卷1）[M]. 北京：中华书局，1974.
[23]（南朝梁）沈约. 宋书・刘粹传（卷45）[M]. 北京：中华书局，1974.
[24]（宋）司马光. 资治通鉴（卷115）[M]. 北京：中华书局，1992.
[25][38]（南朝梁）沈约. 宋书・刘穆之传（卷42）[M]. 北京：中华书局，1974.
[26]（宋）司马光. 资治通鉴（卷114）[M]. 北京：中华书局，1992.
[27]（南朝梁）沈约. 宋书・胡藩传（卷50）[M]. 北京：中华书局，1974.
[28]（南朝梁）沈约. 宋书・庾悦传（卷52）[M]. 北京：中华书局，1974.
[29][30]（唐）房玄龄. 晋书・刘毅传（卷85）[M]. 北京：商务印书馆，1958.
[32]（唐）房玄龄. 晋书・诸葛长民传（卷85）[M]. 北京：商务印书馆，1958.
[33][34]（宋）司马光. 资治通鉴（卷116）[M]. 北京：中华书局，1992.
[35]（南朝梁）沈约. 宋书・刘钟传（卷49）[M]. 北京：中华书局，1974.
[36]（南朝梁）沈约. 宋书・长沙景王道怜传（卷51）[M]. 北京：中华书局，1974.
[37]（南朝梁）沈约. 宋书・谢景仁传[M]. 北京：中华书局，1974.
[39][40][41][42][45]（宋）司马光. 资治通鉴（卷120）[M]. 北京：中华书局，1992.
[43]（南朝梁）沈约. 宋书・蔡廓传（卷57）[M]. 北京：中华书局，1974.
[44][46][47]（南朝梁）沈约. 宋书・谢晦传（卷44）[M]. 北京：中华书局，1974.
[48]（宋）司马光. 资治通鉴（卷126）[M]. 北京：中华书局，1992.
[49][57]（南朝梁）沈约. 宋书・前废帝纪（卷7）[M]. 北京：中华书局，1974.
[50]（南朝梁）沈约. 宋书・南平王铄传（卷72）[M]. 北京：中华书局，1974.
[51]（南朝梁）沈约. 宋书・殷淳传附弟冲传（卷59）[M]. 北京：中华书局，1974.
[52][53][54]（南朝梁）沈约. 宋书・二凶传（卷99）[M]. 北京：中华书局，1974.
[55][56]（南朝梁）沈约. 宋书・孝武帝纪（卷6）[M]. 北京：中华书局，1974.
[58][59]（南朝梁）沈约. 宋书・蔡兴宗传（卷57）[M]. 北京：中华书局，1974.
[60]（南朝梁）沈约. 宋书・殷琰传（卷87）[M]. 北京：中华书局，1974.
[61]（南朝梁）沈约. 宋书・王蕴传（卷85）[M]. 北京：中华书局，1974.
[62]（南朝梁）沈约. 宋书・刘勔传（卷86）[M]. 北京：中华书局，1974.
[63]（南朝梁）沈约. 宋书・竟陵王诞传（卷78）[M]. 北京：中华书局，1974.
[64][65]（南朝梁）沈约. 宋书・巴陵哀王休若传（卷72）[M]. 北京：中华书局，1974.
[66]（南朝梁）沈约. 宋书・后废帝本纪（二）（卷84）[M]. 北京：中华书局，1974.
[67]（唐）李延寿. 南史・殷孝祖传附族子琰传（卷39）[M]. 北京：商务印书馆，1958.
[68][69]（南朝梁）沈约. 宋书・刘秀之传（卷81）[M]. 北京：中华书局，1974.
[70]（宋）司马光. 资治通鉴（卷125）[M]. 北京：中华书局，1992.

文物品鉴

从郑州商城商代铜器窖藏坑出土铜鼎试说窖藏坑的性质

陶　亮　郭飞飞
河南博物院

摘要：自 20 世纪 70 年代以来，郑州商城城垣外侧相继发现了三个铜器窖藏坑。这些窖藏坑位于地势较高之处，出土的青铜器体量较大，纹饰精美，是商代前期青铜器的精品之作。有的窖藏坑留有朱砂等痕迹，根据这些情况判断，铜器窖藏坑应为祭祀坑。从祭祀坑出土的铜器来看，唯有铜鼎不可或缺，并且方鼎都是两两对应出现，合于文献中帝王郊天时以先王配祭的情况。可见，郑州商城发现的三个铜器窖藏坑应该是商王室郊天或者祭祀天帝的遗迹。

关键词：窖藏坑；祭祀坑；郑州商城；郊天；冥；坛；墠

1974—1996 年间，在郑州商城的内城外侧相继清理出南顺城街、张寨南街和向阳回族食品厂三个青铜器窖藏坑。（图 1）关于这三个窖藏坑的性质，学者们观点不一，主要有“祭祀说”[1] 与“窖藏说”。“窖藏说”又根据窖藏铜器的具体原因，分为以陈旭为代表的“王室动乱说”[2] 和以宋国定等为代表的“王室遇险临时掩埋说”[3]。

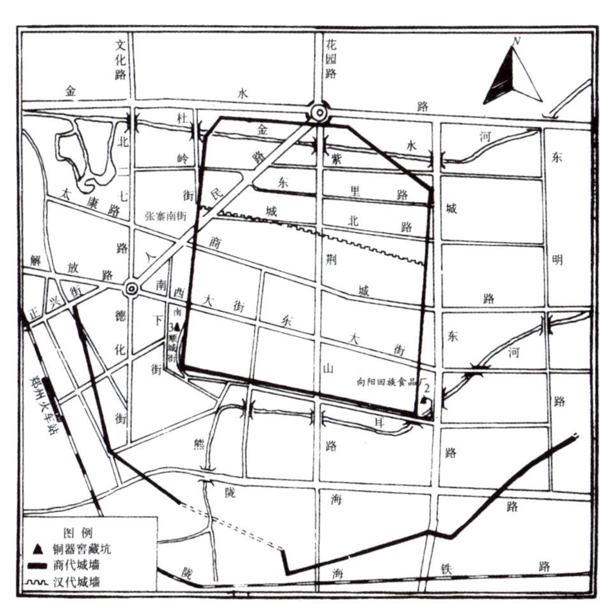

图1　郑州商城商代铜器窖藏坑位置示意图

但是细较“祭祀”与“窖藏”两说，“祭祀说”的理由显得更为充分。安金槐先生对此给出五点理由[4]：1. 三个窖藏坑地点大致相同，都位于郑州商城城垣外不远的较高地带；2. 三个窖藏坑形制结构和窖藏深度大致相同；3. 三个窖藏坑所窖藏的主要青铜礼器品种及其在坑底的摆放情况大体相似；4. 窖藏坑内青铜器形体一般都较大，绝大多数是同时期的墓葬中所没有的；5. 南顺城街窖藏坑发现了黑色碳化层和红色颜料痕迹，应与窖藏坑内青铜器上下铺设木板并撒朱砂有关。安金槐所提出的五个理由都是基于窖藏坑埋藏所具有的成分所做出的分析，其理由可以说是相当充分的。张国硕对于两种原因导致的“窖藏说”（《郑州商城铜器窖藏坑性质辨析》一文称为“动乱说”，但是动乱是导致“窖藏”的诱因，因此本文将其归为“窖藏说”）进行了分析辩驳，同时举出四点理由来论证窖藏坑具有祭祀性质[5]：1. 三处窖藏坑方位基本相同，目的性强，皆位于郑州商城内城城墙及护城壕外侧附近和外城垣之内；2. 三处窖藏坑皆位于城外地势较高之处，又都位于护城河岸边和城垣附近，视野开阔，十分便于举行大型公共礼仪活动，所在地势环境符合野外或露天祭祀场所的要求；3. 埋藏成因和程序有较大的一致性；4. 窖藏铜器均有王室重器，铜器摆放有序，埋藏时举行有一定的礼仪活动。因此，窖藏坑的功能是作为祭祀活动的遗留当无疑义。

但是对于三个窖藏坑到底祭祀何方神灵，安金槐并没有具体指出，张国硕则认为“因三处铜器窖藏坑的方位皆邻近城垣与护城壕，目的性很强，故商王祭祀的对象很可能就是城垣与护城壕，即后代的‘城隍神’。商王多次举行城隍之祭的原因可能与商代中期社会动乱、自然灾害频发、国势衰微有关，祭祀的目的是祈求鬼神保佑商王朝都城乃至国家的安全”[6]。对于祭祀城垣与护城壕的说法，似有值得商榷之处。首先，在商代甲骨文、金文等资料中还没有发现过关于祭祀城垣与护城壕的记载，张国硕对于三个窖藏坑祭祀对象为城垣和护城壕的推测只是基于窖藏坑的方位邻近城垣和护城壕而已。其次，即便商代有关于城垣和护城壕的祭祀，那么对于这种祭祀的规格是否达到如此隆重的地步？我们从窖藏坑出土的这些重器来看，体量大、纹饰精，多数是同时期墓葬中所难以见到的器物，足以代表商代前期青铜器铸造的高水平，谓之王室重器也不为过。我们可以设想，商代即便有对城垣和护城壕的祭祀，其规格也必不会超过对上帝神、自然神、祖先神的祭祀。以这些重器来祭祀城垣与护城壕，是否显得过于隆重与超规格？因此，对于祭祀城垣与护城壕的说法，理由并不足以让人信服。

那么，三个窖藏坑的祭祀对象究竟是谁呢？

我们先看一下先秦时期的祭祀遗迹及其举行祭祀的地点。先秦时期遗留下来的祭祀遗迹大概分为两种[7]，一为祭坛，二为祭祀坑。先说祭坛。《礼记·祭法》：“是故王立七庙，一坛一墠。曰考庙，曰王考庙，曰显考庙，曰祖考庙，皆月祭之。远庙为祧，有二祧，享尝乃至。去祧为坛，去坛为墠，有祷焉祭之，无祷乃止。去墠曰鬼。”可见当时周王祭祀祖先之处基本分成三个等级，最高等级是立庙祭祀，受祭者是周王的直系祖先，包括始祖后稷，文、武王以及时王的高、曾、祖、父，称为七庙。七庙以外的先人只坛祭，即在野外扫出一块空地，立一高台进行祭祀。再者就是在野外扫出一块空地的墠祭，而且不是常祭，有所祈求时才进行祭祀。宗庙之祭在城内，坛、墠之祭多在郊外。《礼记》记载的虽是周代的制度，但立坛、庙进行祭祀的传统却可溯至新石器时代，如在辽宁朝阳牛河梁红山文化遗址中就发现了女神庙（图 2）、祭坛（图 3）等。而且这种祭坛遗址在新石器时代晚期至青铜时代早

图2　牛河梁红山文化女神庙

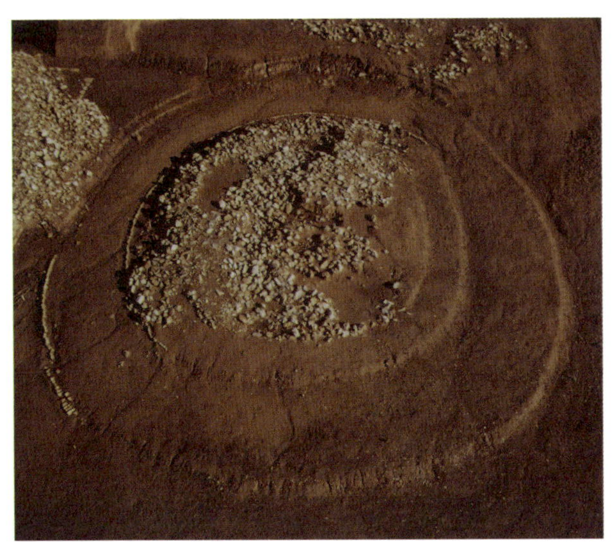

图3　牛河梁红山文化祭坛遗址

期的中国广大地域内都有发现，内蒙古赤峰地区城子山遗址[8]，属于夏家店下层文化，相当于中原夏代至商代前期；甘肃永靖大何庄遗址[9]，属齐家文化，相当于夏代；浙江瑶山[10]、汇观山祭坛[11]以及安徽含山凌家滩祭坛[12]，时代略早于夏代；汉水流域则是湖南澧县城头山古城祭坛[13]。这些祭坛遗址有一个共同点就是大部分与墓葬（冢）结合在一起，似乎也证实了坛、庙遗址与祖先祭祀有关的文献记载是有依据的。郑州商城周边的三个铜器窖藏坑附近却缺少墓葬遗迹，似与祭祖所用的墠、坛、庙无多大关联。再说祭祀坑。祭祀坑在商末周初发现较多，比较集中的像辽宁地区喀左北洞、义县花尔楼等处“窖藏坑”，湖南宁乡一带大量出土的青铜器群，也属于此类。这些祭祀坑的共同点或瘗埋于名山之侧（如辽宁喀左），或瘗埋于大河之旁（如湖南宁乡），专家们多认为这些祭祀坑是用于祭祀名山大川的。这种祭祀活动一般都是依傍名山大川举行，这样看来，郑州商城铜器窖藏坑似乎与望祭山川的作用相去甚远。

郑州商城发现的三个窖藏坑都位于商城城垣的外侧而非城内，这点很重要。若要对照西周的国野之制来定义的话，三个窖藏坑所处位置当为郊的范畴。商周时期有哪些祭祀活动是在城郊举行的呢?《尚书·召诰》记载：“越三日丁巳，用牲于郊，二牛。”原因是成王郊天告立（即位），周人以始祖后稷配祀天，因此用二牛的牲礼。这就说明了周人祭天场所是在郊外，而且根据《礼记·郊特牲》“兆于南郊，就阳位也”的记载，郊天明确在南郊。周人所举行的郊天活动，大体上可分为春、冬二季，分别起到祈（祈求丰收）、报（感谢天恩）的作用[14]。祭天之处，礼书称为圜丘，即人工所起的圆形高台。考之郑州商城三个铜器窖藏所在之处也是高台地，与此有契合处。由此可见，郑州商代铜器窖藏坑很有可能是商代郊天祭祀的遗迹，地点虽不似周代礼书所说在都城南郊，有可能是商周异制的原因。郊天的祭祀活动在古代只有天子才能举行，封国及与国只可助祭，因此这是极能体现天子权威的活动，窖藏坑出土的形体厚重的大方鼎与大圆鼎等，似乎也只有以王室之尊才可享有，也只有郊天之大型祭祀活动才配使用。我们在这三个铜器窖藏坑中发现鼎是唯一不可或缺的礼器，可见鼎在这一时期已经成为最重要的礼器。如果以方鼎作为商代祭祀中最重要的礼器进行考察的话，我们会发现祭祀坑中方鼎都用偶数，且形制两两相对。南顺城街出土的四件铜方鼎，也可分为两组，一组口底基本等大、柱足、腹饰兽面纹，另一组口大底小、锥柱状足、器身饰乳钉纹。这或许是跟商周时期以先祖配祭上天的传统有关。《国语・鲁语上》记载："夏后氏禘黄帝而祖颛顼，郊鲧而宗禹；商人禘舜而祖契，郊冥而宗汤；周人禘喾而郊稷，祖文王而宗武王。"据此，商人郊天是以先公冥配祭的。这或许也可从另一个方面证明郑州商城青铜器窖藏坑是郊天祭祀活动的遗留。[15] 当然，从严格意义上来说，以天作为最高神是周人的观念，而在商人观念中的最高神是帝，商人最隆重的祭祀礼仪未必是郊天（卜辞中极少见对"天"的祭祀），而可能是祀帝。但不管是郊天还是祭祀"帝"，上述几个窖藏坑极可能是商王室用于祭祀最高神所遗留的。

再从三个窖藏坑出土的铜鼎上面大部分都有兽面纹（南顺城街出土的最小两件方鼎没有兽面纹）这一点来看，也是具有特殊意义的。这一时期鼎身出现兽面纹，是铜鼎发展历史上极为重要的一个环节。兽面纹的具体含义学者们一直争论不休。学者们根据兽面纹的具体形象做了不同形式的划分，但是大多数学者所根据的都是商代后期以来的兽面形象。如果考察商代前期兽面造型，大体上很相似，且极为抽象，无法与现实生活中具体动物形象比附，不像商代后期那样可以把兽面纹具体到像牛、像羊、像虎，或者像鹿，甚至是像枭鸟等。因此，商代前期这种兽面形象完全是抽象的、超现实的。这种兽面形象可从商以前找到线索，如红山文化兽面纹玉牌饰（图 4）、良渚文化玉琮兽面纹（图 5）、龙山文化玉圭兽面纹（图 6）以及夏代嵌绿松石兽面纹牌饰（图 7）等。古人之所以把兽面形象做得如此抽象，绝非因为对于具体的形象无法把握，只需看看新石器时代诸多像生的玉雕、泥塑动物甚至人物多么惟妙惟肖便可明白这一点。原因在于兽面纹是从自然界具体动物形象中概括、提升出来的，具备神徽性质，

图4　红山文化兽面玉牌饰

图5　良渚文化玉琮兽面纹

图6　龙山文化玉圭兽面纹

图8　献侯鼎铭文拓片（天鼋族氏铭文）

图7　二里头遗址嵌绿松石兽面纹铜牌饰

具有人神沟通职能。为什么兽面具有这种功能呢？应该是源于原始信仰中的图腾观念。图腾可以是植物也可以是动物，但根据古籍文献的记载，一般以动物居多，如黄帝称有熊氏，一般认为是以熊为图腾的部落；也有认为黄帝是有能氏，能指的是一种三足鳖，是以水生动物为图腾；文献载黄帝为轩辕氏，学者考证即是天鼋氏，铜器族氏铭文中有大龟天鼋之形（图8），或以为就是黄帝部落后裔。又黄帝与蚩尤战于阪泉之野，率虎豹熊罴与之战，指的也是率领以虎、豹、熊、罴为图腾的部落跟蚩尤作战。《山海经》中又多有兽（禽）首人身乃至人首兽（禽）身的神怪形象，多为各部族的祖先，这也是将祖先形象与信仰的图腾相结合的例子，如《山海经・大荒东经》载："有人曰王亥，两手操鸟，方食其头。"王亥是商人的先公，曾到有易氏部落去贩牛。我们知道商人的图腾是玄鸟，《诗经·商颂·玄鸟》谓：“天命玄鸟，降而生商。”《山海经》记载的王亥形象正好是商人以玄鸟作为图腾的最好注解。因此商代前期铜鼎上的这种兽面纹应该是源于图腾崇拜的带有神徽性质的形象，这种兽面形象不一定是商人本身的图腾信仰，而是长期流传在中原各部族间，并被普遍接受的神徽。或许也正是由于兽面形象的抽象性，不具体指向某一图腾，易于为各族所接受。《左传·宣公三年》：“昔夏之方有德也，远方图物，贡金九牧，铸鼎象物，百物而为之备，使民知神奸。故民入川泽山林，不逢不若。魑魅罔两，莫能逢之。用能协于上下，以承天休。”历来学者对于铸鼎象物中“物”的解释有不同看法，或认为是万物品类，或说是献祭上天的牺牲。但其实应该指的是具有神徽性质的兽面纹。我们分析一下“物”所具有的功能：1.“使民知神奸，故民入川泽山林，不逢不若，魑魅罔两，莫能逢之。”表现了“物”所具备的护佑功能，而这与神徽功能一致，也是与图腾的功能一脉相承的；2.“用能协于上下，以承天休。”起到的是沟通人神的作用，这也是学者们对于兽面纹功能的一致认可。所以源于图腾崇拜的具有神徽性质的兽面纹与铜鼎的结合，显示鼎由一般性礼器向礼制重器的转化。文献所说的“铸鼎象物”就是指在鼎上铸出这种徽识，是铜鼎发展历史上极为重要的一步，也是用铸有兽面纹的铜鼎作为最高祭祀规格的一种表现。

因此，从窖藏坑出土的铜鼎的两两对应配置、铜鼎上的兽面纹出现等情况来看，郑州商代铜器窖藏坑明显具有祭祀坑的功能，并且其祭祀对象应该是商人的最高神，也就是郊天或者祭帝这种祭祀活动的遗迹。

---

[1] 安金槐. 关于郑州商代青铜器窖藏坑性质的探讨［J］. 华夏考古，1989（2）；安金槐. 再论郑州商代青铜器窖藏坑的性质与年代［J］. 华夏考古，1997（1）；张国硕. 郑州商城铜器窖藏坑性质辨析［J］. 中原文物，2018（1）.

[2] 陈旭. 郑州杜岭和回民食品厂出土青铜器的分析［J］. 中原文物，1986（4）；陈旭. 郑州商城窖藏大铜方鼎的思考［C］//2004年安阳殷墟殷商文明国际学术研讨会论文集. 北京：社会科学文献出版社，2004.

[3] 宋国定，王文华，曾晓敏. 商代王室重器在郑州重见天日［N］. 中国文物报. 1996-04-21；河南省文物考古研究所，郑州市文物考古研究所. 郑州商代铜器窖藏［M］. 北京：科学出版社，1999：102.

[4] 安金槐. 再论郑州商代青铜器窖藏坑的性质与年代［J］. 华夏考古，1997（1）.

[5] 张国硕. 郑州商城铜器窖藏坑性质辨析［J］. 中原文物，2018（1）.

[6] 张国硕. 郑州商城铜器窖藏坑性质辨析［J］. 中原文物，2018（1）.

[7] 李零. 入山与出塞［M］. 北京：文物出版社，2004：17.

[8] 内蒙古敖汉旗城子山与鸭鸡山祭祀遗址［M］// 2000年中国重要考古发现. 北京：文物出版社，2001：14.

[9] 中国社会科学院考古研究所甘肃工作队. 甘肃永靖大何庄遗址发掘报告［J］. 考古学报，1974（2）.

[10] 浙江省文物考古研究所. 余杭瑶山良渚文化祭坛遗址发掘简报［J］. 文物，1988（1）.

[11] 浙江省文物考古研究所. 浙江余杭汇观山良渚文化祭坛与墓地发掘简报［J］. 文物，1997（7）.

[12] 安徽省文物考古研究所. 安徽含山凌家滩遗址第三次发掘简报［J］. 考古，1999（11）.

[13] 湖南省文物考古研究所. 澧县城头山古城址1997—1998年度发掘简报［J］. 文物，1999（6）.

[14] 张鹤泉. 周代郊天之祭初探［J］. 史学集刊，1990（1）.

[15] 郜向平. 郑州商城遗址的商墓与商城［J］. 中原文物，2018（3）.

“爰”戈

张晓蔚　石晓霆
河南博物院

摘要：青铜戈是夏商周时期的主要格斗兵器，安阳戚家庄东地出土的“爰”戈，器型独特，明显有别于当时流行的戈的形制。该形制的戈出土数量较少，且多出自贵族或者富裕平民的墓葬，综合来看应是商代社会阶层较高的人使用的明器。

关键词：格斗兵器；青铜戈；铭文“爰”；明器；

安阳市博物馆田野考古部（现安阳市文物考古研究所）于1981—1984年在戚家庄东地进行了全面的钻探发掘工作，共发现6座殷代墓葬，其中M269是这一地区保存较为完好的中型贵族墓葬。该墓葬出土了10件内刻有铭文“爰”字的青铜戈，河南博物院藏的这件“爰”字戈的考古编号是M269∶17。（图1）

图1　“爰”戈

青铜戈是夏商周时期的主要格斗兵器，以击为主，兼具揞、勾等打击方式。根据现有考古资料及传世文献推断，夏商周时期的格斗兵器发展史分为两个时期，第一个时期是以戈为主；第二个时期是以剑为主。从夏代后期至春秋晚期，戈一直是最主要的格斗兵器。主要表现在四个方面：1. 出土数量众多，如安阳郭家庄殷墟第三期偏晚的M160大墓，出土格斗兵器221件，戈就有119件；2. 使用者有国君、贵族和平民；3. 仅有一件兵器随葬，随葬兵器多为戈。这种现象不仅出现在平民墓葬中，国君、贵族的墓葬中也是如此。如河南平顶山应国墓地西周晚期的M95墓为戈1的配置，根据墓葬的规模和礼器中盨、盘、壶上带有“应伯”字样的铭文，可以推测这是西周晚期应国的一位国君之墓；4. 有多件兵器陪葬的，戈贴身随葬。春秋后期以后，剑的地位超过了戈，但戈依旧是军队中主要的格斗兵器之一[1]。

青铜戈根据内的形状可分为直内、曲内和銎内三大类，“爰”戈属曲内戈。

“爰”戈的器形较为独特。从锋部来说，商代较为常见的戈锋主要有圆舌形锋、尖舌形锋和圭首形锋等几种形式。（图2）“爰”戈的锋迥异于这几种流行的戈锋，戈锋上刃为平滑曲线，

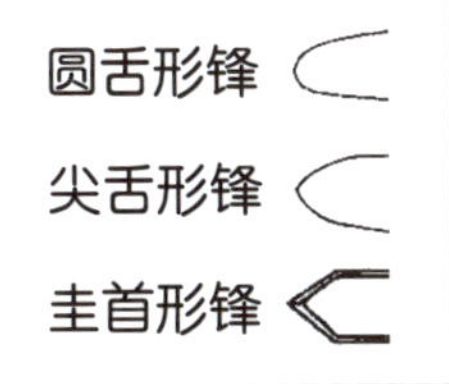

图2　商代流行的几种戈锋

图3 “爰”戈的锋

图4 “爰”戈内后部镂空钩喙歧冠鸟纹

图5 “爰”戈内后部另一面鸟身上的“爰”字

下刃为直线，具备了圭首形锋的部分特征。(图3)

“爰”戈的中有棱线状脊，无阑。商代流行直援，而“爰”戈的援上刃向上微拱，援下刃向内凹，整个戈援向下微曲，这一点有异于当时流行的戈援模式，整体上与甘肃灵台白草坡西周早期M1墓中出土的戈的援形制一致。

“爰”戈内前部较窄，素面无纹饰，内后部为镂空钩喙歧冠的鸟形。(图4)《诗·商颂·玄鸟》中说：“天命玄鸟，降而生商。”《史记·殷本纪》中记载：“殷契，母曰简狄，有娀氏之女，为帝喾次妃。三人行浴，见玄鸟堕其卵，简狄取吞之，因孕生契。”这两条资料证明商人以玄鸟为自己的始祖。青铜器上的鸟纹或由此而来。“爰”戈鸟纹冠喙大、身尾短，一面鸟身饰云纹，一面鸟身上有一阳文“爰”字。(图5) 该墓有“爰”字的铜器除了铜戈外还有鼎、罍、斝、簋、觚、爵等，发掘者认为“爰”是墓主之名或墓主所属的族徽[2]。

该形制的戈出土数量不多，分布不广，除了殷墟269号墓出土的10件外，1969—1977年在殷墟西区发掘的商代墓葬M613中出土有该形制的戈，该墓葬属于殷墟二期。(图6) 该墓长3.54米，宽1.8米，面积约6.37平方米，墓中出土有青铜鼎、瓿等礼器，还出土有青铜觚爵一套[3]。

安阳刘家庄M15∶5号戈，片状戈援，长32.1厘米（殷墟四期），该墓面积不大，约3.92平方米。由于该墓被盗无法从随葬器物判断墓主身份，但从有一殉人、有棺有椁的情况看，墓主有可能为低级贵族或较富裕的平民[4]。(图7)

1983年，考古工作者在陕西长安县（今西安市长安区）发掘的墓葬83SCKM1中出土了两件该形制的戈，长18.7厘米，属张家坡一期，在武王伐纣之前。(图8) 该墓受到近代墓葬扰动。但从发掘的情况看，该墓面积约7.98平方米，有二层台，一棺一椁。且有两名殉人，两名殉人也有木质葬具，据此可断定墓主属于贵族阶层。其族属，发掘者推测为周人。这座墓葬为先周墓葬[5]。从形制看，这些戈都属于曲内戈，

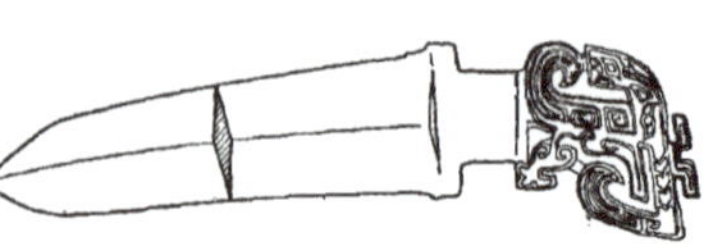
图6 殷墟西区613:3号戈

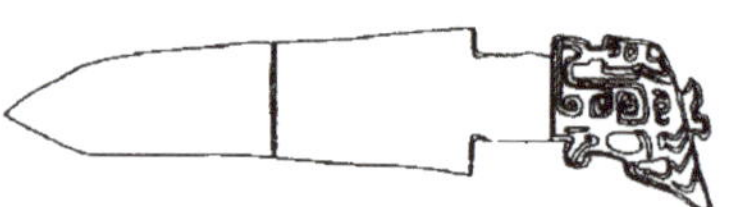
图7 安阳刘家庄M15:5号戈

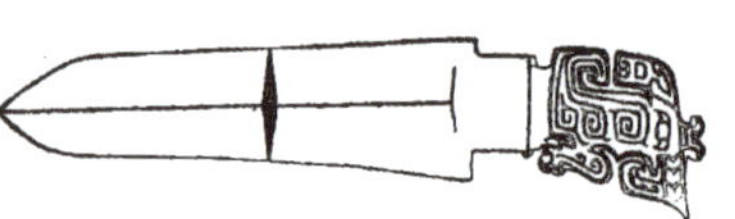
图8 陕西长安县（今西安市长安区）墓葬83SCKM1出土的戈

皆为明器，但又有一些差别，如安阳刘家庄 M15 的戈的戈援为片状，其他地方的戈援呈菱形。内后部的镂空歧冠鸟纹也有细微的差别。

从目前的考古发掘情况来看，该式戈存在于殷墟二期至四期，除了商人使用外，周人也在使用。从墓主的社会阶层来看，安阳 M269 墓主属于中等贵族。安阳 M613 和陕西长安区 83SCKM1 的墓主也属于贵族阶层，安阳刘家庄 M15 的墓主至少属于较富裕的平民。综合几座墓葬的情况看，该形制的戈应该是商代社会阶层较高的人使用的明器。

相对于当时流行的戈，“爰”戈形制精美，体形硕大，但其并非实用兵器，而是明器。关于明器，《礼记·檀弓下》记载：“孔子谓为明器者，知丧道矣，备物而不可用也。”可知明器为专用随葬品，模仿实用品而制，基本上不具备实用器的功能。那么为什么认为“爰”戈是明器呢？原因有二：其一，“爰”戈质量轻，长度长。“爰”戈长 34.5 厘米，重量只有 230 克。同墓所出的一件实用戈，长约 25.1 厘米，重量约 370 克。相对于铁而言，青铜的韧性与延展性较差，就是俗话说的比较“脆”。制作戈时要使青铜的硬度与韧性和延展性保持一定的平衡，这样的兵器才能适应激烈的近身格斗，因此一定质量的青铜铸出铜戈的长度与厚度必须控制在一定范围内，才可以作为兵器。以小质量的铜块铸成外形长大的戈，必然使戈的整体变薄，使青铜本来就差的韧性与延展性雪上加霜，稍有碰撞，必然折断，根本无法应用于激烈的近身格斗；其二，“爰”戈没有上下阑。阑的作用是将戈与柲紧紧固定在一起，以便在激烈的格斗中戈不会滑脱，没有阑的“爰”戈无法做到这一点。

从现有的考古资料来看，商代青铜兵器的明器化现象出现在商代后期。最早明器化的青铜兵器就是戈。陕西师范大学历史文化学院郭妍利教授认为明器化的铜戈最先出现在社会级别较低的人墓葬中，商代铜料缺乏，底层人士不得已用明器戈随葬。之后，随葬明器戈的风俗自下而上向上层人士的墓葬中扩展。而上层人士墓葬中使用明器戈的原因与晚商时期的社会时尚有关 [6]。

“爰”戈出自殷墟戚家庄 269 号墓，该墓出土兵器较多，戈达 13 件，其中 10 件戈上带有“爰”字铭文 [7]。

根据该墓出土器、青铜器的形制、纹饰、器物组合等判断，M269 应属于殷墟三期偏晚阶段，确切年代应属武乙时期 [8]。从墓中出土丰富的随葬品的情况看，墓主应属当时的一个贵族。该墓墓底面积 6.46 平方米，属于中等贵族的范畴。随葬青铜器中有觚 3 爵 2，3 件觚中，2 件觚形式相同，2 件爵也形式相同，因此这应是两套觚爵的配置，两套觚爵应属于中等贵族的配置，结合其墓葬规模，墓主应是武乙时期的一位中等贵族。墓中随葬的这些明器戈和矛应是用来表明墓主领军身份的。此外，该墓还出土青铜钺 2 件，进一步说明了墓主人应是商军中有一定级别的军官。

“爰”戈内刻的“爰”字是武丁时期与商王室关系密切的一个氏族的名称 [9]。综合各方情况推测，殷墟戚家庄 269 号墓墓主应是出自商代后期与商王室关系密切的“爰”族的一位中等军事贵族。

墓中出土了成组的兵器，其中戈、矛各有 10 件，形制相同，说明这 10 件戈和 10 件矛应是成组配置。杨升南先生认为“商军是采用十进制”编制的 [10]，因此这 10 件戈和 10 件矛应代表商军的两个基本单位。

格斗兵器的打击力量主要有直力、横力两种，商军中格斗兵器多根据直、横两种力量来设计。因此在“商周鼎革之际，古人就将兵器的实用技术概括为‘击’与‘刺’两大类，这既是兵器分类，也是技术分类”[11]。“刺”用直力，刺兵很明显指的就是矛之类兵器。“击”用横力，钺之类兵器当属击兵。作为横、直两力皆可使用的戈属于哪种兵器呢？关于使用戈的传世文献除上述记载外，《韩非子·奸劫弑臣第十四》也记载：“崔子之徒以戈斫公而死之。”《左传·襄公二十八年》记载：“卢蒲癸自后刺子之，王何以戈击之，解其左肩。”《左传·定公四年》记载：“王寝，盗攻之，以戈击王。”《左传·襄公十八年》记载：“公以戈击之，首队于前。”“范鞅门于雍门，其御追喜以戈杀犬于门中。”这几条记载中“襄公十八年”的追喜杀犬这一条中的“杀”字是一个泛用字，无法表明用的是直力还是横力。《韩非子》中“以戈斫公”的“斫”字，《说文解字》的解释是：“击也，从斤石声。”“斫”与“击”一样用的是横力。

早于戈、矛组合出现的是钺、戈组合，特别是在商代比较流行。郑州南顺城街白家庄期与殷墟一期之间的窖藏坑中就有戈2钺1的组合，但戈、钺皆属击兵，这样的组合应用于实战很难互相配合，而且出土钺的数量远远不能和戈相比，这样的组合中的钺应该是军权的标志，因此这种组合非实战中的兵器组合。而戈、矛组合则是实战用格斗兵器组合。传世文献和考古发掘皆证明了这一点。

《尚书·牧誓》记载周军在牧野之战开始之前的动员中曾说：“称尔戈，比尔干，立尔矛。”从这条传世文献可推测当时布阵方式应是持戈、盾的士兵在前排，持矛士兵在后，这样将击兵、刺兵合理地搭配起来。

同时随葬戈、矛的墓葬在商代后期多起来。这种组合在小型墓葬中不多见，在上层社会成员的墓葬中比较多见。如安阳郭家庄殷墟三期偏晚的M160墓中出土119件戈和97件矛，此外还有钺3件、刀2件[12]。从各种兵器的数量上可以看出当时戈与矛是商军主要的格斗兵器。从墓中小兵器的组合上可以看出商代后期军队是持戈士兵与持矛士兵混合编组的，如M160椁室东南角有一例钺1戈4矛8的兵器组合[13]。这样的编组方式将击、刺兵器较好地组合起来，提高了单位的战斗力。成书于战国时期的《司马法·天子之义第二》中云：“兵不杂则不利。”意即不同兵器的组合使用才能发挥军队最大的战斗力，戈、矛组合是“兵不杂则不利”这一理念的早期实践。

---

[1] 石晓霆. 黄河中下游地区青铜格斗兵器研究［D］. 郑州：郑州大学，2013.

[2][7][8][9] 安阳市文物工作队. 殷墟戚家庄东269号墓［J］. 考古学报，1991（3）.

[3] 中国社会科学院考古研究所安阳工作队. 1969—1977年殷墟西区墓葬发掘报告［J］. 考古学报，1979（1）.

[4] 安阳市文物工作队. 1983—1986年安阳刘家庄殷代墓葬发掘报告［J］. 华夏考古，1997（2）.

[5] 中国社会科学院考古研究所丰镐发掘队. 长安沣西早周墓葬发掘记略［J］. 考古，1984（9）.

[6] 郭妍利. 论商代青铜兵器的明器化现象［J］. 考古与文物，2006（6）.

[10] 安阳市文物工作队. 殷墟戚家庄东269号墓［J］. 考古学报，1991（3）.

[11] 安阳市文物工作队. 殷墟戚家庄东269号墓［J］. 考古学报，1991（3）.

[12][13] 中国社会科学院考古研究所. 安阳殷墟郭家庄商代墓葬［M］. 北京：中国大百科全书出版社，1998.

小议染器与染食法

——从河南博物院藏汉透孔云纹铜染炉说起

向　祎
河南博物院

摘要：河南博物院藏有汉代透孔云纹铜染炉，其器物组合已不完整，仅存炉体。文章梳理了染炉的定名、源流、器类组合及功用，认识到有相当部分的染炉组合因分散，今已不可辨识。进而辨析以染炉为代表的染器与酒器、温食器的异同，兼论染食法等食用法。

关键词：染炉；染器；染食法

河南博物院藏汉透孔云纹铜染炉（图1），温食器。炉体呈长方形，现存高11.3厘米，宽10厘米，长17厘米。底长8.7厘米。四壁下小上大，呈二层台阶状，两个透空的炉体围栏呈弧形，用以支撑耳杯。炉体四周各有一组至两组排列为棱形的四个小孔，其作用是烧炭时可进入空气以助燃，并便于出烟通风。在炉壁的一面外侧刻有“□□四斤三两”6字，前两字不可识。器底中心是四个为一组的小孔，用以漏下烧过的炭灰。炉体一侧底部正中有一方形孔，用来插入“之”字形器柄。器物底部有四矮蹄形足。河南博物院所藏之染炉，不仅缺柄与上部的耳杯，还未见其下承接炭灰的托盘，仅存炉体。

图1　汉透孔云纹铜染炉（炉体）

染炉，也称染器。也有

学者细分染器为染炉与染杯。目前看，一套完整的染炉是由耳杯、炉体、托盘组合而成的：炉上之耳杯名为染杯，用以放置豉酱，以供染食；炉体名为染炉，用以存放炭火，以加热染杯中的豉酱；染炉之下尚应有一浅口托盘，用以承接染炉中的炭灰等杂物。即《陶斋吉金录》中所记："制作精工的染器，除杯、炉外，尚附承盘。"

染炉的前身可追溯至西周早期的鼎形温食器[1]。鼎形温食器构造比较特殊，其容纳食物的部分呈鼎形，足下接盛炭火的托盘或炉灶。该构造可明确此类器物为温煮食物的器具，且此类器大多形制较小，通高常在20厘米上下，就体积而言，也不会是炊器，温器器下虽以炭火加热，但与一般鼎腹下燃木有别，加热的温度与强度皆低于柴火，基本是为了在就食时保持食物温度，故多数学者仍称之为"温器"。温器功用与染炉大同小异，时代早于汉代流行之染炉，或可视为染炉之滥觞。目前所发现的鼎形温食器，形制既有圆鼎下附圆托盘呈开放式加热模式，也有方鼎下接方形闭合式炉体以作房屋形，具四壁、门、窗等形，以便装盛炭火、通风通烟及漏出炭灰，形制精美，寓匠心于实用。有研究认为，鼎形温食器在演变过程中，容器部分（鼎部）逐渐简化为耳杯或浅盘，最终消失，炭盘（炉身）部分逐渐独立并简化。方形温鼎最终演变为方形燎炉，带盘温鼎则演变为圆形带盘温炉和方形带盘温炉。[2]

秦汉时期，染炉呈现出长方形炉体与耳杯相配合加热、其下兼具清洁之用的承盘的规制，并流行一时。最初对染炉功用的认识比较混乱：有学者望其名而生义，定其为"古代染丝、帛所用的工具"，又因其体积较小，继而推衍"这种工具并不能适用于大规模的染色，只能在贵族的家庭手工业中使用"[3]。目前此一观点已基本不被学界接受。另有学者认为染炉之技术功用确为温器无疑，但主要用于温酒，应归属于酒器。今人针对此疑问，试以实验考古[4]：取谷物酒、低度酒、高度酒等若干样本，在铝制的耳杯中分别对样本进行加热实验。实验结果表明：对酒加热时，温度上升很快，几分钟内甚至可以升至燃点，达燃烧状态。低度酒在燃烧时会产生强烈异味，降低美味度，基本不能再做饮用。尽管此实验所取耳杯材质与青铜染杯不同，加热方式亦不尽完备，可能与染炉实际使用情况有差别，但综合考虑目前所见资料中，染器出土时多与食器一起放置，如未经盗扰的咸阳马泉汉墓中，染杯即与铜鼎等食用器具归类排列，加之国家博物馆所藏染炉上有刻铭"清河食官"，言明此器归典膳的食官掌管，且青铜耳杯直接经炭火加热后，导热性能好，无法徒手取拿……综合若干例证，此实验可以作为实证染器并非酒器的佐证之一，应将染器归于温食器比较科学。

染器之所以与其他温食器相区别，盖因其特殊的染食之功用。所谓染食，究竟为食何物？目前学界对主食为肉食一说并无异议。那么又为沾染何物辅肉而食？林巳奈夫在《漢代の文物》中认为：染为调味，而杯则为放置盐等调味佐料之用。染，除常有之义外，亦指豆豉。豉是从远古的菹和醢的工艺发展而来，古名"幽菽"，是用煮熟的大豆发酵后，加盐、姜等暴晒制成的一种食物，有咸、淡两大类，不仅具有调味之用，且淡豆豉还可入药。目前所知，中国制作豉的时间不晚于春秋时期。战国时，楚地即盛行豉之美食；

至汉，豉就是时人习用的副食品之一，成为流布海内的日常必需调味品：“通邑大都，酤一岁千酿……蘖曲盐豉千荅。”《吕氏春秋·当务》中记载“齐之好勇者”二人，“于是具染而已。因抽刀相啖，至死而止”。高诱注：“染，豉酱也。豉，嗜也，五味调和须之而成，乃可甘嗜也。故齐人谓豉，声如嗜也。”《说文》释为：“豉，配盐幽尗也。从尗支声，豉，俗枝从豆。”《玉篇·支部》：“枝，以调五味也，今作豉。”《释名·释饮食》中记载：“豉，嗜也。五味调和，须之而成，乃可甘嗜也。故齐人谓豉声如嗜也。”晋代张华在《博物志·豉法》中记载：“外国有豉法，以苦酒浸豆，暴令极燥，以麻油蒸，蒸讫复暴，三过乃止，然后细捣椒屑，随多少合之，中国谓之康伯，能下气调和者也。”康伯被认为是制作豉法之人，故以其名来代指豆豉。目前所考，豉与酱是汉代两种重要的饮食调味品，上自庙堂，下至民间，十分普遍。酱特指用食盐腌制的肉酱；豉即指用煮熟的大豆发酵制成的豆豉，并多见以“盐豉”的表述方式，或许是因为“盐”和“豉”都是当时最常用的饮食调味品，也可能是因为“豉”的制作是以“盐”作为主要原料的。古人食豉，不仅仅为食之增味，又因豉具药性。李时珍解释说：其豉调中下气最妙。黑豆性平，作豉则温。既经蒸，故能升能散。得葱则发汗，得盐则能吐，得酒则治风，得薤则治痢，得蒜则止血，炒熟则又能止汗，亦麻黄根节之义也。

染器中的染杯，杯浅而小巧，如果蘸染之说成立，笔者觉得更有可能是专门盛放豉汁而用，以方便蘸食。豉汁与酱清一样，是酱豉经长时间存放后，于表面渗浮出的一层汤汁，在唐宋时期酱油产生之前，可谓是酱油的初级形态，成为中国人饮食生活中重要的生香、着色、增味的调味品之一。

关于食用的种类，学界并无异议，应为肉类食物配合豉料（汁）之用。但关于染食的具体食用方法，却是说法不一。黄盛璋认为，上古音“染”与“沾”同在淡部，声母同为舌音，染可引伸为沾，故后世有“沾染”一词。

染食法是调制饮食阶段产生的一种食用方法，来源于沾染佐料调味助食，后发展至使用专门的染器加热佐料，不断在染杯中染而食之，与后来的涮食、蘸食法更为接近。东汉后，染器不见，染食法逐渐消亡，瀹食法承接而起，不断改进发展，形成了后世的涮食法。据此，瀹食法承上启下，完成了从染食到涮食的过渡。

孙机先生对此蘸染豉料（汁）的食用方法并不认同，他认为，古人食肉无往而不染，所以无需特指蘸染而食，进而提出染器应是濡食法的食用工具。他先生认为，我国自先秦至汉，制肉食主要有烹煮、炮烤二法，如《楚辞·招魂》所记“胹鳖炮羔”，《盐铁论·散不足篇》所称“燔炙满案，臑鳖脍鲤”。胹即濡之法，此法制肉食在汉代较为常见。但见《礼记·内则》云：“欲濡肉，则释而煎之以醢。”郑玄注：“凡濡，谓亨（烹）之以汁和也。”即濡肉时，先把肉煮到可食的程度，然后放入调味品中烹煎，增加其滋味。染器中的染杯即用来放置调味品，经染炉持续加热，以烹煎事先煮过的肉食，增味增香，乃可进食。

无论是蘸染而食，还是烹煎而食，体现的是食用方式的不同。综合以上可以推测：染器是专盛以豉料（汁）并持续加温，为配合蘸食或烹煎肉类食物而设的食用器具。染杯以盛豉料（汁），其下以染炉装炭火，小火温热之，最下以托盘承接炭灰。古人在此器的设计上既考虑了加热温食的速效性与实用性，又考虑了炭火燃烧后的炭灰收集、清洁问题，功能兼具，小巧而实用。

有汉一代，染器应是一种使用较为普遍的温食器，但因染炉上的耳杯与秦汉时一般耳杯形制无异，且大多并无铭文，一旦与炉体分离，即作一般耳杯对待，所余之染炉即不明所用。其下的浅口托盘亦与其他铜盘无异，分离之后很难明晰其组合形式。加之东汉以后，染器渐消，时人对其认知较浅，致使现在很多出土的染器炉、杯、盘各自分离，既不明其当时之模样，亦不能作为一套完整器匹配。

随着考古资料的不断丰富和相关研究的持续深入，对染炉定名、器类组合及功用的认识逐渐厘清。

容庚在《秦汉金文录》中录有一件染炉，炉底铭文“平安侯家染炉”（图2），据此铭文，方使此类器有了定名之依据。

汉以后，青铜器逐渐退出时人的生活，青铜染器也随之消逝于历史长河之中。染器或因青铜材质逐渐被取代的原因而退出历史舞台，或因饮食习惯的改变而不再流行，其源或可觞于商周时期的鼎形温食器，其流却变化万千、百花齐放于中国博大精深的食礼文化之中。

染炉是汉代专供享用肉食的器具，汉代人究竟都食用哪些肉类呢？根据文献记载、考古出土

图2　平安侯家染炉及铭文拓片

实物等资料综合来看，汉代人主要的食用肉类分畜类、禽类、以鱼为主的水产三大类。畜类主要有猪、牛、羊、狗及兔、鹿、熊、豹、蛇等；禽类主要有鸡（包括鸡蛋）、鹅及鸮、鹌鹑、野鸭、雁等；水产品不仅有鲤、鲐、鲋、龟等淡水产品，还有鲸鱼、斑鱼等海产品。[6]

染炉之功用究竟是专用于某一特殊的肉类，还是适用于绝大多数肉食，目前已不可考，但由其形制之精巧、功用之细化，可以想见华夏食礼之风源渊流长，博大精深。

［1］朱凤瀚. 中国青铜器综论［M］. 上海：上海古籍出版社，2009：109-112.

［2］杜娟. 商周时期青铜温鼎研究［D］. 兰州：兰州大学，2015.

［3］史树青. 古代科技事物四考［J］. 文物，1962（3）.

［4］李开森. 是温酒器，还是食器——关于汉代染炉染杯功能的考古实验报告［J］. 文物天地，1996（2）.

［5］扬州博物馆. 江苏邗江县姚庄汉墓M102汉墓［J］. 考古，2000（4）.

［6］张孟伦. 汉魏饮食考［M］. 兰州：兰州大学出版社，1998.

庄严妙相

——河南佛教石刻造像概说

王景荃
河南博物院

摘要：河南地处中原，是华夏文明的发源地，自夏代至宋代三千多年间，河南一直是中国政治、经济、文化的中心，先后有二十多个王朝在这里建都或迁都于此，几度形成政治文明的巅峰与辉煌。随着丝绸之路的开通，诞生于古印度的佛教于东汉初传入中原腹地，流传广布，辐辏八方。河南佛教遗存十分丰富，佛教寺院、石窟造像、石刻造像等遍布全省，璀璨斑斓，异彩纷呈。除著名的龙门石窟、巩义石窟等大型石窟外，另有义马鸿庆寺等四十余处小型石窟分布在豫西、豫北山区。与此同时，那些可以单独供养、移运便利的石刻造像，也在民间广泛流行，成为石窟造像以外重要的艺术载体，其辉煌的艺术成就可与石窟艺术相媲美。本文从河南佛教石刻造像的分布及产生背景、石刻造像的分类和石刻造像的题材及艺术特征等方面对河南佛教石刻造像进行阐述。

关键词：河南；佛教；石刻造像；题材；艺术风格

古代河南，是中国最早兴起的文明起源地区，位于黄河中下游，北依河北、山西，南靠湖北，东面与山东、安徽为邻，西边与陕西接壤，是《禹贡》所列九州之中的豫州。所谓形胜之地，辐辏八方，文明流变，于斯为胜，四海所宗，化成天下。在中国五千多年的文明史上，河南有着前后相承的文化血脉，从裴李岗文化初现文明曙光，历仰韶文化、龙山文化，以其海纳百川的博大胸怀，吸引诸多文明竞相汇合于此。自夏代至宋代三千多年间，河南一直是中国政治、经济、文化的中心，先后有二十多个王朝在这里建都或迁都于此，几度形成政治文明的巅峰与辉煌。

随着丝绸之路的开通，诞生于古印度的佛教便沿着丝绸之路传入中原腹地。东汉明帝于永平十一年（公元68年）为印度高僧竺法兰、聂摩腾修建佛教传入中国后的第一所寺院——洛阳白马寺，两位高僧在此译出中国第一部佛教经典《四十二章经》，使洛阳成为中国佛教最早兴盛之地。此后佛教便在中原地区流传广布，辐辏八方。河南佛教遗存十分丰富，佛教寺院、石窟造像、石刻造像等遍布全省，璀璨斑斓，异彩纷呈。特别是北魏孝文帝太和十八年（494年）迁都洛阳后，原以平城为中心的雕佛造像之风南移，从此以洛阳为中心的中原地区便开始了大规模的凿刻佛像。除官方开凿著名的龙门石窟、巩义石窟等大型石窟外，另有义马鸿庆寺等四十余处小型石窟分布在豫西、豫北山区。与此同时，那些可以单独供养、移运便利的石刻造像，也在民间广泛流行，成为石窟造像以外重要的艺术载体，其辉煌的艺术成就可与石窟艺术相媲美。

一、河南佛教石刻造像的分布及产生背景

河南佛教石刻造像是在石窟造像的影响下开始盛行的，与石窟造像一样多分布在太行山南麓的豫北地区，包括辉县、淇县、浚县、焦作、沁阳、新乡、修武等地；以洛阳为中心的嵩洛地区，包括偃师、洛阳、新安、登封、巩义、荥阳、郑州、新郑、禹州、襄城等地。豫北、豫西以及嵩岳山区丰富的天然石灰岩材质，不仅方便为开凿石窟提供原材料，同时也为那些无力开窟造像而又崇仰佛教的信众提供了便利条件。当孝文帝迁都洛阳后，在都城附近开凿龙门石窟和巩义石窟之际，河南北部地区率先开始了石刻造像。河南现存雕刻年代最早的几件造像如《皇甫德造像》《张难扬造像》《阎勍之造像》，均雕刻于北魏宣武帝景明年间，并且均出自黄河以北的辉县，从而说明在河南的佛教造像中，石窟造像最早开始于黄河南岸的洛阳龙门，而石刻造像则从黄河北岸的辉县最先发端。

黄河以北的豫北地区，是河南早期佛教石刻造像的诞生地和集中地，而最早雕造石刻造像的辉县，位于河南省北部太行山南麓，这里是北魏迁都洛阳时的必经之路，也是当时迁洛南渡黄河前驻跸栖憩的地方，同时也是宣武帝之母高氏殉难之地。高氏为宣武帝元恪之母，据《魏书》载："密有母养世宗之意。后自代如洛阳，暴薨于汲郡之共县，或云昭仪遣人贼后也。"[1] 共县即今之辉县市。当宣武帝元恪继位后，便开始在龙门进行大规模的开窟造像活动，即命大长秋卿白整，仿平城武周山灵岩寺石窟，于洛河以南伊阙山为高祖孝文帝和文昭皇太后造石窟两所，即今之龙门宾阳中、南二洞。"去地一百尺，南北一百四十尺"[2]，从此开始在都城洛阳龙门大力营造石窟为先帝造像。从龙门石窟古阳洞景明年间的造像可以看出（古阳洞内有明确纪年的景明年间的造像龛15个），当时为皇帝和皇后造像掀起了高潮。在皇室凿窟造像的影响下，作为当时皇帝生母殉难地的共县（今辉县），也跟随着皇室，掀起了雕佛造像的高潮，不仅为皇帝祈祷，也为皇后祈福，以慰高氏在天之灵。虽然共县地处太行山区，石材丰富，便于开窟造像，但民间财力有限，凿窟造像难成其就，便以这种石刻造像的形式为皇帝造像，祈愿天下太平。于是从辉县开始的石刻造像之风很快辐射豫北大地，河南现存和流失海外的大部分北魏造像，均出自豫北地区。

洛阳周围的嵩洛地区，古人以为居天下之中心，是华夏文明中心区。东汉时期，洛阳成为"丝

绸之路”的一个新起点，诞生于恒河流域的佛教文化，随着“丝绸之路”的开通经西域东来[3]。汉明帝为印度高僧修建白马寺，使洛阳成为当时的译经中心。在东汉至西晋长达250年的时间里，洛阳一直是中国佛教文化的中心。汉末，西域人安世高、支娄迦忏、竺佛朗、支曜、安玄等人，在这里先后译出了《阿含经》《般若经》《般舟三昧经》的许多单品经典。中国第一位西行求法的高僧朱士行，从洛阳出发，于永安三年（260年）到达于阗，求取“正品梵书胡本九十章，六十余万言”。西晋时，门阀士族、达官显贵多有信佛之辈，洛阳佛寺达42所。“八王之乱”后，洛阳残破，晋室南渡，五胡逐鹿中原，后赵石勒、前秦苻坚、后秦姚兴利用佛教进行统治，肇启佛教政治之用，使佛教迈入国家正教之门。北魏迁都洛阳后，洛阳不仅是当时的政治、经济、文化中心，也是全国的佛教中心。由于北魏帝室狂热信佛，佛教发展达到空前繁荣的阶段。以洛阳为中心的北方地区掀起了兴建佛寺、佛塔，开窟造像的高潮。截止魏都迁邺时（534年），洛阳有佛寺一千三百六十七所。杨衒之在《洛阳伽蓝记》中说：“迨皇魏受图，光宅嵩洛，笃信弥繁，法教愈盛。王侯贵臣，弃象马如脱屣；庶士豪家，舍资财若遗迹。于是招提栉比，宝塔骈罗，争写天上之姿，竞摹山中之影。金刹与灵台比高，广殿共阿房等壮。岂直木衣绨绣、土被朱紫而已哉!”[4] 史籍载冯熙一人于州郡造寺竟达七十二所[5]，天下佛寺之多由此可见。南朝高僧不断北来，“时佛法经，像，盛于洛阳，异国沙门，咸来辐辏，负锡持经，适兹乐土”[6]。宣武帝立永明寺，建房一千余间，居“百国沙门三千余人”[7]。京都洛阳当时被外国僧侣誉为“佛国”。由于皇室崇奉佛教，以洛阳为中心的豫西地区开始了大规模的开窟造像活动，不仅开凿了著名的龙门石窟，还在其周围开凿有巩义石窟、渑池鸿庆寺石窟、偃师水泉石窟等中小型石窟群。在开窟造像的影响下，民间的石刻造像也随之兴盛起来。

二、河南佛教石刻造像的分类

通常所谓的石刻造像是相对于石窟造像而言的，主要指石窟造像以外的用天然石材雕造的佛教造像，包括背屏式造像、造像碑、单体造像等。

背屏式造像是指带有莲瓣形背光的造像，多在莲瓣形背光前雕一佛二菩萨三尊，主尊或立或坐，背光雕刻繁复，内容丰富。它是河南早期石刻造像的主要形式，自北魏景明年间一直延续到北魏末年。在这35年间，河南的石刻造像主要流行背屏式一佛二菩萨三尊造像，且多分布在黄河以北地区，黄河以南较为罕见。由于造像形式比较统一，因而形成了具有鲜明地方特点的河南派造像。关于河南派造像，早年的奥兹瓦尔德·希廉曾依地域将中国雕刻进行了分类，在河南派造像群中，有现藏美国大都会美术馆的三尊像以及波士顿美术馆藏洛阳白马寺的菩萨坐像等4件。其后松原三郎在《中国佛教雕刻史论》第九章《东魏雕刻论》中指出其具有的“情感的特性”，“整体上浑圆的雕刻手法，以及整体上舒展而优雅的光背纹样”[8] 是河南派造像的特点。石松日奈子在《北魏河南石雕三尊像》一文中，将河南现存的和流失国外的21件背屏式三尊像进行比较，“确认了河南出土的石雕三尊像多身……根据对这些造像特征的考察，判明了数件出土地不明的作品亦属同一系统，同时还判明了传说为河南出土而被列为另类的一系列造像”。同时认为在此前统称为“河南派”的诸多造像中，表现出几种相异的作风[9]。这些相异的作风来自造像内容和雕刻手法在各个不同时期的具体表现，而背屏式三尊造像作为北魏晚期“河南派”造像的主流则是不争的事实。随着北魏王朝的衰败，这种背屏式造像逐渐被具有明显汉民族特点的造像碑所替代。

造像碑就其碑体形式可分为四阿顶方柱体、方形扁体以及螭首扁体、镶嵌于墙体上的横长方形卧式造像碑、千佛碑等。据赵明诚《金石录》记载的前赵光初五年（322年）佛图澄造释迦像碑，是现知年代最早的一通造像碑，但碑体形式不明。而现存最早的有明确纪年的造像碑是藏于日本书道博物馆的北魏延兴二年（472年）《黄口相造像碑》，为四阿顶方体造像碑，由方形碑座、方柱体碑身、汉四阿式屋顶碑首组成[10]。这种四阿顶方体造像碑，碑体较小，四面雕凿像龛，故有“四面石造像”或“四面造像龛”之称。这种碑体造型对后世造像碑形体的影响极大，视为北齐时四方柱体造像碑的鼻祖。如河南博物院藏北齐武平三年（572年）《佛时寺造像碑》（图1）、隋开皇三年（583年）《邴法敬造像碑》等，均为四阿顶方体造像碑杰出之作。碑体为四方柱体，四面雕造像龛，每面三龛，上下叠列，每龛均为一单独的主题，内容丰富。上有仿木结构的九脊单檐歇山式碑首，下有方形碑趺。这种四阿顶方体造像碑，继承了北魏石窟中心塔柱的造型，并在碑体上端施以仿木结构的四阿式屋顶为碑首，既具防止雨水浸蚀佛像的功能，又具极强的装饰效果，加之高大的方柱体碑身配以稳重大方的四方体碑趺，使整体造型显得宏伟气派，庄严而豪华。造像题材丰富，刻工精细，气势宏伟，堪称此类造像碑之代表作。

图1　佛时寺造像碑

方形扁体造像碑是北魏晚期开始出现的一种造像形式，如1976年在河南荥阳大海寺旧址出土的北魏孝昌元年（525年）《道晗造弥勒像碑》，就是这种方形扁体碑的杰出之作，这种造像碑形是由塔节式造像碑演变而来，碑体变四方柱体为四方形扁体，由于碑体的变化，决定了造像碑只能以正面雕像为主，其余三面造像为辅，使主题更加突出。该碑正面大龛内雕交足弥勒，其余三面或在数个小型龛内雕佛造像，或雕佛传故事，或刻供养人像和造像题记等，内容较之塔节式造像碑更加丰富，同时可看出早期造像碑的演变过程。这种四方形扁体碑与北魏时期的塔节式造像碑一样，多放置于寺院的重要位置，成为寺院的装饰性建筑。然而，《道晗造像碑》碑首雕出的二龙交缠，则为其后流行的螭首造像碑的肇始。

随着佛教造像汉化的推进，中国传统文化也较多地融入佛教造像艺术中，不仅造像风格和雕刻内容具有中国传统的审美情趣，其造像形式也渐趋中国化。就石刻造像而言，早期的那种背屏式造像、四方体或扁方体造像碑逐渐被中国魏晋时期用于记事的螭首扁体碑所替代，如果说早期的四方柱体造像碑还带有印度支提塔的某些特征的话，那么，这种螭首扁体碑可称为完全中国化了的造像碑，在东魏、北齐时代十分流行，且雕刻极为精美。它由碑首、碑身、碑趺组成，碑首呈半圆形，也有极少的圭形，均有雕刻精美的螭龙盘绕，多为六螭缠绕在一起，龙首向下，口衔碑身两侧。碑首中间或镌额铭，或雕像龛。碑身以正面像龛为主，碑阴及两侧或刻造像记，或雕千佛龛，也有线刻佛传故事和供养人像者。方形碑趺上多为浅浮雕的神王像，内容极为丰富。这种螭首造像碑始自北魏晚期，盛行于东魏、西魏、北齐、北周，成为北朝晚期的一种主要的造像碑形式。

与此同时，长方形扁体造像碑在北魏时期出现，碑体为长方形，其厚度较四方形扁体碑更薄。它是借鉴了中国汉代传统的记事碑的造型来进行雕像刻记的一种形式，因碑体较薄，故只能在正面雕龛造像，其余三面或减地线刻供养人像，或刻造像题记。除此之外，北魏至北齐还出现一种横长方形造像碑，这种碑仅在碑之正面中间位置雕刻造像，造像周围刻造像记文，或以线刻表现，如河南博物院藏北魏正光四年（523年）《刘根造像碑》，正面中间线刻释迦说法图，两边刻造像记文和题名。或在中部凿一拱形佛龛，龛内雕佛造像，如河南博物院藏天保三年（552年）《刘子端造像碑》（图2）等。由于这种横长方形造像碑为单面雕刻且无法单独竖立，多镶嵌于寺院的墙壁或塔壁上，成为信徒对佛祖表达虔诚心愿的一种简单的方式。

北朝晚期还出现一种四阿屋顶式扁体造像碑，虽然数量很少，但作为造像碑的一种形式，也是十分重要的。碑体造型变北齐时豫北地区流行的四阿式方柱体为四阿式扁体，如原存河南洛宁牛曲村千佛寺的北周保定五年（565年）的《北周千佛碑》，碑身为扁体，上有仿木建筑的九脊单檐歇

图2　刘绍安造像碑

图3　阿弥陀佛造像

图4　张难扬造像

山顶式碑首，下有覆莲装饰的长方形座，像龛雕刻仍以正面为主，其余三面满刻千佛。整体造型虽具秀雅之美，但却少了北齐四面柱体造像碑所显示出的雄浑之气。

单体造像是指以圆雕形式雕造的单身佛、菩萨造像，多见于唐代以后的石刻造像。佛像多为坐姿，以释迦和弥勒坐像居多，释迦多结趺坐于八棱形束腰须弥座或圆形束腰仰覆莲座上，如河南博物院藏《阿弥陀佛造像》。(图 3)

三、河南佛教石刻造像的题材及艺术特征

河南佛教石刻造像自北魏景明年间开始流行，历经北魏晚期、东魏、北齐、北周，至隋、唐而不衰。在这四百余年间,石刻造像也同石窟造像一样，伴随着时代的变迁和信仰的变化，其造像题材和艺术特征也在不同时期有着不同的表现，从中可看出佛教造像在中原地区的发展和演变。

1. 北魏晚期造像

河南北魏晚期的石刻造像主要以黄河以北地区的莲瓣式背屏三尊像为主，其造像题材和艺术特征在各阶段的表现不尽相同。北魏景明年间造像，均为莲瓣式背屏一佛二菩萨三尊造像，主尊或立或坐，头部长而大，高肉髻，刻波浪起伏的发纹，额上正中发纹呈右旋涡轮状。面相清瘦，颈部细长，平腹削肩，躯体纤细，双手施无畏与愿印，着双领下垂式通肩大衣，右侧衣带甩向左臂绕肘外飘，覆于膝上的袈裟下摆皱褶清晰，并垂于台坐上方，如《张难扬造像》(图 4)，这种服饰衣纹与官方开凿的龙门石窟中所见同时期华丽的垂衣表现相去甚远。在艺术风格上，不管是佛、菩萨，还是飞天、供养人，其形态趋向于清癯秀美，早期的那种挺拔雄伟的气魄、丰圆粗壮的身躯和饱满敦厚的面型已不存在，表现出的是一种清癯削瘦的“秀骨清像”。这种病态美的“秀骨清像”，成为景明年间佛教石刻造像的典型风格。

熙平年间的莲瓣式背屏三尊像，较前期造像有较大变化。造像肩部开始向着圆厚饱满发展，景明、正始时期佛像颀长的颈部在此时也逐渐缩短，显示出一种力度。如熙平二年（517年）《王毛郎造像》（图5），佛的双领下垂式通肩大衣，呈直平阶梯式衣纹较前期更显细密舒展。右衣带从胸前甩向左臂绕肘外飘，束裙的腰带垂于微隆的腹前，裙下摆衣褶重叠，外飘形如燕尾，俨然南朝飘逸潇洒的士大夫形象。菩萨头戴花瓣式冠，帔帛绕肩在腹前交叉后绕肘外飘，肩部的帔帛较前期宽大且向上翘起，犹如当时流行的妇女帔肩。头后的宝缯向两侧平展，折角后垂于两肩，成为此时菩萨造像的显著特征。尤其是莲瓣形背光，较前期更加高大，且顶部较前期更尖，整体似一舟形，故又有“舟形背光”之称。背光的装饰由前期的浅浮雕或减地平雕向纯线刻过渡，开始出现减地线刻或阴线刻，线条纤细而有力。正面的雕刻内容承袭了前期的高浮雕莲花瓣、禅定坐佛、飞天、火焰纹等题材，但为了使画面充实完美，便在主尊桃形头光上端的空白处填补上二龙交缠的图案，这种龙图案是佛教中所指的护法神天龙八部中的龙神，在熙平年间的造像中开始出现，成为此后北魏晚期造像中常见的题材。特别值得注意的是，飞天的刻画显示出一种由裹足到露足的演变过程。正始年间的飞天整体造型承袭了景明年间的飞天姿态，虽仍呈跪姿，但有的躯体大幅度地反躬，两足举向上方，裹于衣内的足部开始自裙下摆处露出足尖。而到了熙平年间，飞天的足部自裹覆的裙摆中露出，躯体下方开始出现小块的云朵，似乘云从天而降，这种乘云的飞天成为其后的固定形式，且越往后，云的表现亦逐渐变得长而华丽。背面雕刻变前期的减地平雕为纯阴线刻，内容也与前期相比有所变化，除了线刻供养人像外，在上部刻一株大树，枝叶繁茂，树干粗大，叶如羽翼，果似茄形，果上有鳞状纹。根据树下帐形龛内供奉的交脚弥勒分析，此树应与弥勒有关。据《弥勒上生经》和《弥勒下生经》记载，弥勒生于南天竺婆罗门家族，继释迦牟尼之佛位，为补处菩萨，先佛入灭，生于兜率天内院，经四千岁（即人间五十六亿七千万岁），下生人间，于华林园龙华树下成正觉。此树应是“龙华树”。这种题材在熙平年间开始出现，成为此后造像背光雕刻的定制。

图5　王毛郎造像

神龟年间的莲瓣式背屏三尊像与前期相比有很大变化。从河南淇县神龟年间（518—520年）《田迈造像》（图6）可以看到，佛的高肉髻已变得扁平，面相已变前期的清瘦为长方，“秀骨清像”的风格

图6　田迈造像

在这里已大大减弱，向着方颐丰圆发展。双领下垂式袈裟紧贴躯体，稀疏流畅的衣纹具有“曹衣出水”之韵，前期浅浮雕具有起伏感的衣纹表现多被平面阴线刻代替。菩萨的装饰趋向简洁，袒露的上身只斜披一串璎珞，帛带不再披肩，而是绕肘下垂，下身的长裙紧裹两腿，裙腰向外翻折。这种菩萨装饰对后世影响极大，特别是隋唐时期的菩萨造像多以此种装束出现。背光雕刻较前期更为丰富而精细，将释迦多宝二佛并坐像雕在背光的中心位置，变前期环绕主尊头光一周的七佛，成一排雕刻于释迦多宝的佛座上。飞天的身姿已变前期的跪姿成U形，双足外露，天带后飘成不规则形，且以高浮雕表现。这种高浮雕表现的飞天成为北齐飞天的雏形。顶部雕刻的多宝塔以及下方的横空贯出口吐莲花化生的龙与释迦多宝的内容是一致的，反映的是《法华经》中的“宝塔品”，成为此后佛教造像的重要题材。而背面的雕刻内容与熙平二年的《王毛郎造像》基本相同，但在龙华树上方出现了“衔蛇之鸟”，树之两边刻有天人手持圆形物，内刻三足乌和蟾蜍，象征着日、月。这种题材在神龟及正光年间的造像中多有表现，如同地出土的《吴晏子造像》（神龟元年）、日本大阪市立美术馆藏《王显宗等造像》（神龟年间）、瑞士瑞特保格美术馆藏《杨文憘造像》（正光元年），背光雕刻与此相同，可谓是中国传统的升仙思想与佛教信仰相结合，反映了当时人们对美好生活的向往和渴望。这种日、月图形在熙平之前的造像中尚未见到，成为神龟、正光年间佛教造像的又一显著特征。

正光年间的造像碑雕刻也很精致，出现了《刘根造像碑》（图7）、《翟兴祖造像碑》之类的造像精品。《刘根造像碑》于清光绪年间在洛阳城东韩旗屯村出土，碑中造像部分不是用北魏惯用的浮雕来表现，而是采用了中国传统的减地阴线刻技法刻出“释迦说法图”，使之成为一幅完美的佛教教义的宣传画。这种线刻画是富有经验的艺术匠师们运用锋利的刀笔，在光滑的石面上雕刻出来的，它既不同于白描，也有别于阳线版画，是我国传统美术作品中的一种独特的艺术形式。

2. 东魏时期造像

河南现存东魏时期的石刻造像主要分布在郑州周围及黄河以北的新乡等地，以螭首扁体造像碑为主，著名的有登封会善寺的天平二年（535年）《嵩阳寺伦统碑》、河南博物院藏武定元年（543年）《道俗九十人造像碑》（图8）等。它们均由螭龙盘绕的碑首、竖长方形碑身和方形碑座组成，这是东魏石刻造像的一大特点。这种石刻造像形制上的

图7　刘根造像碑

图8　道俗九十人造像碑

变化，反映了佛教造像由外来形式向中国汉化的过程。东魏造像碑不仅在造型上与前期不同，而且在雕刻内容上也与前期有较大的变化。碑身正面或凿一龛，或凿数龛，龛形既有早期的那种以菩提树枝组成的拱形龛，也有龛楣饰火焰纹的尖拱形龛，还有用帷幔流苏装饰的帐形龛。龛内多雕一佛二弟子二菩萨，有的在龛外雕二辟支佛或二力士。碑阴及碑侧刻千佛或线刻佛传故事。特别是在东魏造像碑中还出现了大量的神王形象，这些神王形象在北魏时期的石窟中有较多的出现，多雕刻于石窟壁龛的佛像座下（如巩义石窟寺等），而在造像碑中则多刻于方形碑座的四周，如《嵩阳寺伦统碑》《北周村造像碑》的碑座四面均刻八位神王，有些碑座神王像还刻有神王名字榜题，如伊萨贝拉·斯切瓦特·嘎特那美术馆藏《骆子宽造石佛立像》[11]，可为推知其他处神王名称的珍贵标尺。它与北魏时期造像座下多刻供养人像以及其所乘坐的车马等反映当时社会生活的内容相比，更增加了宗教的神秘性，这是东魏造像碑雕刻的一大特点。对北朝晚期造像碑产生着极大的影响。

在艺术风格上，北魏晚期形成的“秀骨清像”式艺术风格，在此时已不明显，呈现出的是一种中国化的健壮之美。佛的面部较为丰满，肩部饱满圆润，四肢躯干分明，身躯呈圆柱状，立体感很强。衣着紧裹躯体，衣纹浅显，没有大起伏的立体感很强的衣褶。前期流行的潇洒飘逸的南朝士大夫形象亦被敦厚朴实的中原人形象所代替。双领下垂式通肩大衣和圆领袈裟并用，内着僧祇支，右侧衣襟在腹前上绕搭左肘下垂，覆座的裙裾厚重舒展，与北魏时期繁缛的衣褶相比，显得简单明了。菩萨帔帛在身前交叉下垂，有的穿环，有的不穿环，有的双肩有圆形饰物。力士均有尖桃形头光，宝缯上扬，面相凶悍威武。神王戴宝冠，宝缯垂肩，帔帛绕肘飘荡，足着长靴。多以手中执物显示其身份名称。供养人或梳高髻，或戴高冠，褒衣博带，着云头大履，手持莲花。飞天雕刻愈来愈少，身下多饰流云。在这些形象的塑造中，将佛的慈祥、菩萨的善良、弟子的谦恭、力士的勇猛、飞天的活泼都刻画得惟妙惟肖、完美动人，呈现一种写实敦厚之美。可视为佛教造像完全中国化的重要过程。

3. 北齐、北周时期造像

北齐是北朝唯一的汉人统治的王朝，当时的文宣帝高洋将都城建在了邺城（今河北临漳），由于政治、经济、文化中心的迁移，当时盛行于洛阳周围的雕佛造像之风也随之北移，便在河北响堂山进行了大规模的开窟造像，河南安阳小南海三窟就开凿于此时。虽然河南境内的北齐石窟较少，但此时的石刻造像却遍布全省，数量之多是其他时期无可比拟的。北齐、北周的石刻造像主要分布在郑州、洛阳、新乡、许昌等地区。这些造像碑不仅有 5 米多高的宏伟巨制，也有高不盈尺的玲珑小品。在碑的造型上主要流行东魏盛行的螭首碑和四阿顶方柱体造像碑，代表作品有河南登封天保八年（557 年）的《刘碑寺造像碑》（图 9）、河南博物院藏的天保十年（559 年）《高海亮造像碑》、保定五年（565 年）《北周千佛碑》、天统四年（568 年）《张伏惠像碑》和《周荣祖造像碑》《鲁思明造像碑》《佛时寺四面造像碑》《宋始兴造像碑》《刘绍安造像碑》以及现存偃师商城博物馆的平等寺《崔永仙造像碑》《韩永义造像碑》《僧道略造像碑》

图9　刘碑寺造像碑

《高润造像碑》等。它们或一碑数龛，或一碑一龛；或浮雕，或线刻；或长篇记文，或佛传故事，内容丰富，五彩缤纷，是东魏造像碑的继承和延续。

北齐时代的造像碑雕刻不仅在形式上多姿多彩，而且雕刻内容也较前期更为丰富，交足弥勒、善跏趺坐弥勒、释迦说法、释迦多宝、思惟太子、观世音、辟支佛等造像题材最受欢迎，同时在造像中还出现了大量的佛经和佛传故事，如维摩诘变、乘象入胎、九龙浴太子、太子观耕、逾城出家、白马吻别、涅槃变、阿难乞乳、阿修罗王等，以及神王、伎乐飞天、供养人像、礼佛图，这些丰富多彩的题材汇集在一起，使造像碑雕刻更具趣味性。场面宏大的伎乐题材，又使北齐的造像碑雕刻更加丰富而生动。其龛像组合是主龛多为一佛、二弟子、二菩萨、二辟支佛、二力士九尊组合，成为北齐河南佛教石刻造像组合的固定形式，具有明显的时代特征。

北齐时期的石刻造像在艺术特征上较前期有新的变化，在人物塑造上，体现出我国北方民族那种淳朴健壮的形体美。北魏晚期盛行的秀骨清像中原风格已渐消失，代之而起的是向唐代以形写神、丰满健美的风格过渡。佛的面相呈椭圆形，但不像早期佛像圆而胖，面型稍显圆润，发髻也不高，眉弯似弧，鼻短翼宽，面容和蔼，微露笑容，颈部较粗，两肩宽平，胸部隆起。所谓犍陀罗艺术风格已大大削弱，在一定程度上反映了我国北方民族特具的健壮的形体、朴实的神情、敦厚的面相以及世俗的风度。佛的装束，上身外着敷搭双肩式大衣，内着僧祇支，下着裙，覆座的裙褶密而整齐，衣纹浅显。菩萨的造型也多厚重之感，体态丰满健壮，胸腹隆起，衣饰华丽。头戴花蔓冠或化佛冠，冠两边的宝缯不再外展而向下垂至肩上，帔帛在腹前交叉且多不穿环。开始出现帛带在身前横贯两道的新装束，如《宋始兴造像碑》等，身姿也开始向后微倾，成为唐代菩萨站姿的肇始。系裙的绦带宽大如绅，有的还在带上刻出各样的人物及花朵装饰。飞天的装束较为简单，一般上身着短襦，下身着长裙紧裹躯体，天带在身后形成桃形，双足外露，上身直起，下身平展，飞翔的姿势呈“✓”形，显出轻倩窈窕之态，给人以曲线婉妙、轻盈柔情之感。那些弹琴奏乐、手舞足蹈、散花喷香、供奉圣果的伎乐天和供养天，两两相当，姿态婀娜，潇洒自如地在空中翱翔。佛座多为叠涩束腰须弥座，或方形或圆形，稳重大方，对隋唐佛座影响极大。

在雕刻技法上，北齐、北周时期的造像在北魏直平刀法的基础上有所发展，虽然在衣纹的处理上仍保留直平刀法，衣褶呈阶梯状，但较之北魏，已经圆润多了。漫圆刀法和圆刀法的广泛运用，使衣纹的转折处多呈弧线。佛、菩萨的胸、腹、手臂等形体解剖均用圆刀法雕出形体轮廓，使肌体丰满圆浑，富于弹性感。其他部位为大片凸起的光洁面，形体及衣纹的细部，复杂的层次多衬一两条凸凹的浅浮雕或线刻表示，变装饰意味的浅刻为写实的高浮雕。多种技法的运用，使北齐的佛教造像呈现出雄浑而巧丽、刚劲而柔和的特点，创造出佛教艺术新的意境。

4. 隋代造像

隋唐时代，在佛教造像方面是继北朝后的又一个空前繁荣的时期。隋代的统治虽然只有三十多年，但由于是继佛教盛行的南北朝之后，特别在全国统一、经济发展的条件下，需要把佛教作为统一思想的工具，因此佛教造像仍很盛行[12]。隋文帝开皇元年（581 年）正值北周武帝毁佛不久，文帝杨坚立即下诏复兴佛法，修复周武时所毁的佛寺、佛像。接着还再三下诏，将散存民间的佛像交付寺院安置和修妆，并严禁毁坏偷盗佛像等行为。至隋仁寿四年（604 年）的二十余年间，共雕铸各种材质的佛像十万六千多躯，整修旧像一百五十万八千九百四十余尊。但由于后来一武一宗两度灭佛，加上兵燹和火灾摧残，毁损甚多，只有小型的铜造像和石雕造像遗存尚多，且颇有可观的精品。在河南现存的石刻造像中，隋代造像在数量上虽然较少，但却很精美。如河南博物院藏隋开皇二年（582 年）《荀国丑造像》（图 10）、开皇三年《邴法敬造像碑》（图 11）等。其造像形式继承了北魏莲瓣式三尊像与北齐的四方柱体造像碑的造型，《荀国丑造像》堪称隋代莲瓣式三尊像的代表作品，这种莲瓣式三尊像背光造型与北

图10　荀国丑造像

图11　邴法敬造像碑

魏河南北部流行的背屏式三尊像极为相似，但背屏装饰不再有北魏背屏式三尊像繁复华丽的雕刻，而为两株高大的菩提树，树上分三层雕佛像八尊：上层为交足弥勒，下两层为禅定七佛。主尊释迦牟尼跌跏趺坐于长方形束腰须弥座上，面相丰满而稍长，姿态雍容而自然，高耸的肉髻尚有北魏造像遗风，而那流畅简练的衣褶线纹又恰似唐代佛像的做法。因此，这尊隋代莲瓣式三尊造像，在上承北魏晚期造像风格，下启盛唐造像作风中，无疑是一件过渡时期的重要作品。然而，开皇三年的《邴法敬造像碑》却是北齐时期豫北地区流行的四方柱体造像碑的延续。这件造像碑原存滑县大吴村，与《佛时寺造像碑》的原存地浚县相邻，两地相距很近，两碑仿木结构的九脊歇山式碑首和雄浑的四方柱体碑身及每面均凿三个佛龛完全一致，具有相同的地域风格。其雕刻内容也基本相同，但其艺术风格和表现手法较北齐更加细腻，人物造型优美，衣饰线条流畅自然，体躯比例正确合度，在脸型及身段上既残留着北朝秀骨清像和服饰容曳的审美特点，又具有向未来的盛唐丰腴型发展的某些迹象，特别是脸型的偏圆，已不再是北朝末期的传统，而是全国统一后融合了南北文化向更加旺盛的方向发展的一个良好开端。

5. 唐代造像

唐代佛教兴盛，较隋尤甚，造像之风也更盛于隋。从河南龙门石窟奉先寺卢舍那大佛的雕刻上，可看出唐代佛教造像的空前规模。在官方开凿造像的同时，民间的石刻造像也不甘落后，造出了众多美轮美奂的艺术作品。河南唐代石刻造像主要分布在豫西、豫北以及嵩岳地区。除部分保存在佛教寺院外，另一部分近年出土的石雕佛像多保存在博物馆和文物管理部门。1976 年 3 月郑州市文物部门在荥阳市东大海寺遗址发掘出一处大型佛教石刻窖藏，出土北魏至唐代石雕造像 42 件，除《道晗造像碑》系北魏孝昌年间作品外，其余皆为唐代作品。其中菩萨造像 18 尊，均为圆雕立像，造型高大，尤以《十一面观音造像》《天王菩萨造像》《观音菩萨造像》《狮子吼菩萨造像》《阿弥陀佛造像》等最为精美。这批造像分别藏于河南博物院和郑州市博物馆，成为石刻家族的珍品。唐代的石刻造像与前期有很大的变化，不管是造像形式还是雕刻题材，都具独特的时代风格。前期那种一佛二弟子二菩萨的组合形式在此时却较少出现，更多的是单体的或坐或立的佛、菩萨等。然而这些石刻造像在大唐帝国近三百年间各时期所表现出的艺术风格也不尽相同，初唐时期（618—712 年）的佛像雄伟瑰丽、遒劲有力，在生动真实的刻画中，特别显得气魄宏伟，富有活力。高肉髻，额上刻三个右旋式涡轮纹，方额圆颐，颈饰三道蚕纹，胸部肌肉大块隆起。佛之着装不仅有双领下垂袈裟和通肩袈裟，而且出现了扁衫式袈裟，身前衣纹呈 U 形排列。菩萨或戴宝冠或束发髻，颈饰蚕纹，帔帛绕肩在身前横贯两道，有的斜披珞腋，有的披挂珠串璎珞，裙褶紧裹两腿。腿部衣纹呈 U 形排列。虽然身姿微向后倾，还没有能像盛唐那样具有动人的魅力。河南在这一时期的石刻造像不多，其代表作品有荥阳大海寺出土的唐显庆二年（657 年）《阿弥陀佛造像》，巩义出土的咸亨三年（672 年）《阿弥陀佛造像》，龙门石窟研究院藏《半跏趺坐菩萨像》（图 12）、《如来立像》（图 13）等，从这些造像中已能看到盛唐前期的兴盛气象。但入盛唐（713—765 年）后，佛像的制作已相当精纯，技法圆熟。人物的个性化和高度的写实性相结合，表现了当时雄健豪放的时代精神，在佛的庄严和威力中充满着青春的活力，达到了前所未有的成熟与完美。如龙门石窟研究院藏《如来立像》等，面相饱满丰润，外形柔和。那椭圆形的脸庞、细长的弯眉、挺直的鼻梁和曲线柔美的鼻头，特别是微睁下视的双目和那从微微内收的嘴角流露出来的慈祥而温和的微笑，将整个雕像统一在一种宁静、庄严而温馨的意境中，呈现一副贵族妇女的典型形象。衣服紧窄，紧贴躯

图12　半跏趺坐菩萨像

图13 如来立像

体，有刚从水中出来的韵味。整体造型典雅秀美，雕刻细腻，特别是面部表情的刻画，将佛的慈祥、和善的性格表现得淋漓尽致。并运用写实手法，将佛冠以现实人物的特征，原先那种神秘虚幻的神气已荡然无存，使人更感亲切，这是佛教造像完全中国化的重要标志。

在盛唐时期的造像中，另一种倚坐式的弥勒佛像开始有较多的出现，前期流行的头戴宝冠、交足而坐的弥勒菩萨，是弥勒尚未下生人间，而在兜率天宫说法的形象，反映了人们对弥勒生活在那金碧辉煌的繁华世界的向往。而盛唐时期流行的这种倚坐式弥勒佛，则是人们对弥勒下生信仰的反映。此时的弥勒已完全变为佛的装束，如河南博物院藏《弥勒倚坐像》，用汉白玉雕刻而成，头饰右旋式发髻，已不再是前期流行的宝冠。面相方圆，外形柔和，五官完全是汉族人特征。颈上三道蚕纹，是唐代佛像的显著特征。宽敞厚重的通肩袈裟，在褶纹的处理上具有很强的写实性。足踏两朵莲花，倚坐在方形束腰须弥座上。这种倚坐式的弥勒，是盛唐时期较为流行的造像题材。

中晚唐时期（766—907年）由于受“安史之乱”的影响，大唐帝国国势渐衰，此时的佛教造像陷入了因袭成规，呈现柔媚纤丽或萎靡无力的风格。总体上已失去了初盛唐时期积极创造、追求完美的精神，而显示出某种格式化的趋势。然而在河南的石刻造像中却有不少雕刻精美的单体造像存世，如1976年在荥阳大海寺遗址出土的雕于长庆元年（821年）的大批菩萨造像，头绾高髻，斜披珞腋，帛带在身前横贯一道或两道，胸部肌肉呈块状隆起，薄裙蔽体，衣纹呈“U”形排列。姿容美丽，丰腴健美。这种体魄魁伟的菩萨像，虽还具有盛唐时期丰腴绚丽而又洗练的风格，但其站立的姿势较为挺直，只有极个别的造像身躯呈S形站姿。面部和其他显露肉体的部位如颈、胸、手等，块面转折也较生硬，不像盛唐时期菩萨造像柔和自然而富于曲线美。然而人体各部位的比例却很适度，并运用高度概括的手法把衣带等绕在躯体上的襞纹表现得疏密匀称、圆润流畅，堪称唐代中晚期菩萨造像的上乘之作。在此值得一提的是，在这批造像中还有一件《十一面观音造像》（图14），与陕西西安安国寺出土的《三面八臂神王造像》等同属于密宗造像，为研究密宗在河南的发展以及盛唐、中唐佛教造像艺术中不同的艺术风格提供了实物资料。

从河南北魏至唐代的佛教石刻造像看，不论其造像形式、雕刻内容还是艺术风格，都具有突出的地域特征。这些民间石刻造像同官方石窟造

图14　十一面观音造像

像一样，凝聚着历代雕刻工匠们的聪颖睿智，蕴含着佛教信众的虔诚，成就了中国雕塑史辉煌的一页。然而这些石雕艺术品在经历北周武帝建德三年（574 年）和唐武宗会昌五年（845 年）以及后周世宗显德二年（955 年）三次大规模的灭佛后，特别是经过"文革"的摧残，多已遭到破坏，有的残肢断臂，有的缺头少足，有的被垒砌成石坝，有的被瘗埋在地下。随着近年文物事业的发展，那些湮埋在地下沉睡多年的石刻造像陆续被发现，那些散存在荒野沟壑的残缺不全的佛教艺术品也多已收集到博物馆进行展览保护。这些已失去宗教功能的佛教石刻造像，不仅为我们研究佛教在河南的发展状况以及佛教造像的演变提供了丰富的实物资料，同时也带给人们更多的艺术享受。

---

[1]（北齐）魏收. 魏书·孝文昭皇后高氏传［M］. 北京：中华书局，1974.

[2]（北齐）魏收. 魏书·释老志［M］. 北京：中华书局，1974.

[3] 杨爱国. 山东汉代石刻中的外来因素分析［J］. 中原文物，2017（1）.

[4][6]（北魏）杨衒之·洛阳伽蓝记［M］. 北京：中华书局，2010.

[5] 汤用彤. 汉魏两晋南北朝佛教史［M］. 北京：中华书局，1983.

[7] 温玉成. 中国石窟与文化艺术［M］. 上海：上海人民美术出版社，1993.

[8]（日）松原三郎. 中国佛教雕刻史论［M］. 日本吉川弘文馆，1995.

[9]（日）石松日奈子著，刘永增译. 北魏河南石雕三尊像［J］. 中原文物，2000（4）.

[10] 丁明夷,邢军. 佛教艺术百问［M］. 北京：中国建设出版社，1989.

[11] 金申. 中国历代纪年佛像图典［M］. 北京：文物出版社，1994.

[12] 董亚梅. 安阳隋张盛墓出土佛教用具考［J］，中原文物，2019（4）.

河南博物院藏碑刻墓志价值综述

谭淑琴
河南博物院

摘要：本文通过对河南博物院藏碑刻墓志内容深入细致的研究，结合相关历史文献及前人研究成果，从史料、书法、文学及语料等四个方面论述了院藏碑志的价值。希冀提高观众在历史学、书法艺术、汉语言文学及文字学、词汇学等方面对碑志内容有全方位和立体的认识。

关键词：碑刻；墓志；价值

古代石刻的类型，根据雕刻的主要内容与形式可分为文字石刻和造型艺术石刻两大类。文字石刻可以根据石材是否经过人类加工制作分为两种，在天然石块上或原石壁崖上雕刻的文字称作刻石，没有固定的外部形状，如石鼓文。碑志则属于经过人类的艺术加工、具有一定规则形状、具有时代的连贯性和使用的普遍性的文字石刻，在古代石刻中占有重要地位。

清人叶昌炽在《语石》中说："凡刻石之文皆谓碑。"故碑文可泛称碑志。但碑刻与墓志是有区别的。明人张鼎思在《琅琊代醉篇·碑志》中云："碑犹立于墓，道人得见之，志乃藏于圹中，自非开发，莫之睹也。"由于碑、志在内容上、文体格式上、发展演变上有密切的文化渊源，所以人们往往把二者并列起来进行研究考证。清人姚鼐《古文辞类纂》将墓志列为"碑志"，在《古文辞类纂序目》中说："碑志类者，其体本于诗，歌颂功德，施于金石。"今人褚斌杰《中国古代文体概论》列有"碑志文"一类。在传统的金石学中，对于石刻的研究以文字考释、史料校勘与考证为主。自宋代以来有许多金石学著述偏重于碑志文字石刻的收录与研究。在这方面，宋代欧阳修、赵明诚有开创之功。近世罗振玉、赵万里、马衡等，无不以大量篇幅收录河南碑志石刻，使碑刻墓志成为金石学的一个重要分支。当今包括碑志研究在内的古代铭刻学亦是考古学的一个分支门类。

碑刻墓志自诞生以来，作为一种特殊的文献形式，靠其时代性强、地域性强、保存持久等一系列特点，占据着其他形式的文献所不可取代的学术地位，在历史学、经学、文学、文字学、书法艺术等众多学科中都具有极为重要的价值。河南碑刻墓志出土数量极其庞大，时间跨度久远，始于汉魏，历经南北朝、隋唐五代、宋金元明清，可谓汉代以来中原地区两千多年来的一部石质的人物传记与历史记载史。同时也是中国书法艺术发展演变的真实体现。河南博物院自1998年新馆建成至今，不断扩大收藏，陆续征集省内各地碑志70多件，其中不乏名人佳作，其价值不可估量。下面从史料、书法艺术、文学及语料四个方面具体介绍院藏碑志的价值。

一、史料价值

院藏碑志起自东汉，历魏晋南北朝，经隋唐至宋元明清。碑志主人身份或为帝王宗室，或为朝中宰辅，或为文臣武将，或为名不见经传的县令主簿，或为官员正妻、皇后乳母，其中上层社会人物占有相当大的比重。他们往往担任重要官职，在正史中有传记或在传记中提及。他们的生平事迹及有关历史事实在碑志中能较翔实地记录，从而涉及当时政治、军事、经济、文化等诸多领域，有补缺史书、印证史实的重要价值。

东汉永平四年（公元92年）《袁安碑》的碑主袁安（《后汉书》有传），是东汉末年豪强袁绍的四世祖，官至司徒，卒于官舍，陪葬皇陵。碑文所载其姓氏、籍贯、官阶升迁及死葬年月，与传记均吻合，可补证史书。洛阳出土的《徐义墓志》，从一个乳母的角度反映了西晋末年皇后贾南风与晋惠帝外祖父杨骏争权的史实，志载乳母徐义巧妙周旋，保护了主人贾南风，因功而被封为“美人”。此志中有关徐义三次晋级封号以及卒后朝廷赏赐及隆重的殡葬礼遇，可佐以研究东晋后宫等级制度和丧葬礼仪，志中所记历史人物与事件涉及西晋“八王之乱”的史实，可与《晋书》互为参校，证史补史。

南北朝时期是民族文化交融与重组时期。北魏孝文帝迁都后，进行改制，全面汉化，极大地促进了北方各民族的融合与统一。太和二十年（496年）魏孝文帝下诏把复姓改为音义相近的单音汉姓，他说：“北人谓土为拓，后为跋。魏之先出于黄帝，以土德王，故为拓跋氏。夫土者，黄中之色，万物之元也，宜改姓元氏。”[1]此后拓跋氏皆改为元氏。同时规定随迁洛阳的鲜卑人“死葬河南，不得还北”，一律以洛阳为原籍，“于是代人南迁者，悉为河南洛阳人”。洛阳出土北魏宗氏墓志皆为元姓墓志，志中凡述其地望皆为河南洛阳人，如院藏《元怀墓志》记载元怀：“讳怀，字宣义，河南洛阳乘轩里人。”《元苌墓志》记载志主：“姓元，讳苌，字於巅，河南洛阳宣平乡永智里人也。”（图1）是改制的实物证明。其

图1　北魏《元苌墓志》中元苌自称“河南洛阳人”

中元苌，《魏书》有附传，曾跟随魏孝文帝御驾南征。志中载其卒后没有归葬洛阳长陵祖茔，而是葬在生前居所附近的河内轵城，反映了当时族葬观念的变化。志文内容涉及北魏孝文帝迁都洛阳前后的诸多历史事件，有重要的证史补史作用。北魏入主中原后，断北语，以汉语为唯一通行语言，南朝的儒学、玄学也逐渐被北魏上层所接受。志文中多处体现出鲜卑族人对汉文化的喜好，这在北魏晚期墓志中反映较多，如北魏《元乂墓志》言志主“学综坟籍，儒士攸宗”“少好黄老，尤精释义”，儒、释、道三教皆有涉猎。《元延明墓志》称其曾与“故任城王澄、中山王熙、东平王略，竹林为志，艺尚相欢。其诗赋铭诔，咸颂书奏，凡三百余篇，注《五经宗略》《诗礼别义》”。元乂、元延明正史有传，以志校史，多异，如《元延明墓志》云其著“《帝皇世纪》《列仙传》等合一百卷”。传失载，可补传略。

北齐神武帝高欢曾是东魏权臣，东魏《窦泰墓志》的志主窦泰为北齐勋戚，高欢心腹。窦泰受高欢重用，帮助高欢消灭尔朱氏，奠定了东魏的统治。其后迁官加封达十多次，成为富贵骄横之重臣。关于窦泰死因，《北齐书·窦泰传》《魏书·孝静帝纪》《资治通鉴》皆言其战败自杀。志文对其死因以“蜂虿有毒，困兽难犯，凶器死官，忘身偿节”，隐讳不言。志文所载窦泰事迹涉及北魏“河阴之变”等重大历史事件，可与正史互为参校。窦泰妻娄黑女，史无传，从《娄黑女墓志》可知其出身鲜卑贵族家庭。其志首题称其为“窦公夫人皇姨”，文中又称其有“从母”之名、“长君”名号。可知娄黑女是高欢之妻娄昭君（501—562年）之姐妹，《北齐书·窦泰传》曰：“泰妻，武明娄后妹也。”墓志所记与史载相合。

隋《蒋庆墓志》的志主蒋庆，史无传，据志可知其曾在秦王（隋文帝杨坚第三子杨俊）手下任职，生平事迹涉及隋朝诸多历史事件，如隋炀帝“雁门之围”、第一次东征高句丽的“辽东伐罪”等，对补证《隋史》有重要的文献价值。隋《口猛墓志》的志主历北魏、东魏、北齐及隋四朝，曾担任太守、刺史等职。卒后“葬于长陵（魏孝文帝）之右”，由此可知士人隔朝任官及政治待遇等情况。虽不知志主的全名，正史中也无从查考，但从他出生于北魏景明年间，称“皇族之琼枝”，历任高官与陪葬于长陵的待遇可知其身份的显贵，或为元氏支系，可补正史中的缺漏。隋《杨异墓志》中志主杨异，是东汉名臣“关西孔子”太尉杨震的后代，隋文帝杨坚的族弟。曾任西南道兵部尚书，出总管吴泉括婺四州诸军事、吴州刺史，封昌乐县开国公。其事见《隋书·杨异传》。志传互考虽有差异，但事迹基本相同，可互补其缺。

隋末唐初，战争频仍，政治混乱，朝代更替。正如唐《李密墓志》中所说“群盗并起，民不聊生”。李密，《旧唐书》有传，大业十二年投瓦岗军，深得首领翟让信任，成为瓦岗军首领。武德元年因兵败率部西投李渊，渊呼密为兄，封邢国公，拜光禄卿，授上柱国。武德元年十一月，李渊召密单骑还朝，密惧及祸，乃谋叛，后被李渊射杀于嵩县熊耳山，卒年37岁。瓦岗军将领、黎阳守臣徐世绩表请收葬，于武德二年葬于黎阳山（今浚县大伾山）。关于李密何时葬于黎阳，两《唐书》均无载。此志可补史之缺。安史之乱是唐由盛而衰的转折点，《崔祐甫墓志》记曰：“属禄山构祸，东周陷没。公提挈百口，间道南迁。”这是安禄山攻占洛阳，建立割据政权史实的证明。安史之乱后，国家动荡不安，唐后期形成了藩镇割据的政治局面。唐《郭超岸墓志》载自建中末年，“淮右阻兵，逆臣构祸，贼将暨晃，侵我王畿”，郭超岸曾为节度使李希烈属下，后暗中勾通间谍，导引官军，反正夺城。反映了中央与地方藩镇割据势力的斗争。

隋唐时期，是中外交流非常频繁的时期。由于政治和战争原因，大量的高句丽人来到中国，最终和华夏民族相融合并成为华夏民族的一部分。唐泉男生、扶余隆墓志，为朝鲜人在唐为官、死葬北邙的实例。从《泉男生墓志》可知，唐高宗时高丽的灭亡，是因这个家族内部的分裂，祸起萧墙，严重削弱了高句丽力量的缘故。百济太子扶余隆归唐后，曾被高宗送回朝鲜半岛任带方郡王，此时新罗强盛，扶余隆不敢入旧国，寄居高丽，不久又逃回中原。墓志称其“深知逆顺，奉珍委命，削衽归仁。归唐后，任熊津都督，封百济郡公”。这些出土的遗民墓志，只是代表了朝鲜半岛遗民的一部分。当时朝鲜来唐的遗民远非这些。这两方墓志代表了当时外来人口的庞大群体[2]。为研究唐时中国与朝鲜半岛诸国的关系提供了史料。唐代中央政权与边疆地区少数民族，如突厥、契丹、吐蕃等战事较多，这在唐代不同时期的墓志中都有记载。开元年间《张休光墓志》记载了志主张休光身披甲胄、手持弓箭转战沙漠边塞，最终战死疆场的英雄事迹。张休光，史无传，志可补史缺。

博陵崔氏为唐代望族。洛阳出土崔暟、王媛夫妻墓志及其孙崔祐甫墓志，记录了祖孙三人的生平事迹。官员的入仕经历、历任官职是他们骄傲的资本，记述这些辉煌的历程在墓志中占了大量的篇幅。《崔暟墓志》载其“十八岁,以门胄齿太学”；十九岁，“精春秋左氏传登科，冠曰慈明”。唐代太学为官办学府，生徒多为五品以上的官员子弟，说明崔暟是以国子监太学明经出身入仕。崔暟孙《崔祐甫墓志》记载志主崔祐甫幼年凭贵胄子弟可入崇文馆就学，但他不屑门荫入仕之道，曰：“此朝廷赏延所及，非身扬名之道。”“年二十五，乡贡进士高第。”说明科举在唐以后已成为做官的正途，士人多以进士擢第为荣。官僚政治已摆脱贵族政治走向成熟。这些对研究古代职官的选拔、任用、职掌与管理制度等诸多方面都提供了重要史料。王媛为崔暟正妻，《王媛墓志》记载其深谙持家、治家之道，在家中能奉上接下、善事公婆、相夫教子、忍让谦和，在丈夫身处逆境时能辅佐丈夫维护家族的团结，“使六亲邕邕，二族交泰”，可谓“备修妇道”的代表。古代女性多不入传，此志是了解唐代官宦人家正妻生活状态及中唐贵族女性生活真实的记录。

据史书记载郭氏始祖虢叔被封于山西太原阳曲，郭氏一族遂世居太原繁衍生息。根据洛阳出土唐代郭姓人物墓志，发现郭姓无论居住于何处都认同并州太原为其郡望，而唐代洛阳是太原郭氏移民的主要居住地。院藏三方唐代郭姓墓志可佐以证明。如唐《郭超岸墓志》称其郡望：“其先太原之茂族”；唐《郭珽之墓志》称：“其先太原人”；唐《郭提墓志》称：“并州太原人也。”

洛阳先后出土武周墓志四百方之多，是现能见到的武则天时期造字的原始资料。总共可以见到武氏造字 18 个，其中月字为两写，一为“匨”，一写“𠥱”。加上武氏名讳“曌”字，一共有 20 个。“曌”字因避讳不用，其余皆在墓志中可看到。武氏造字《资治通鉴》有记载，但不全面。院藏武

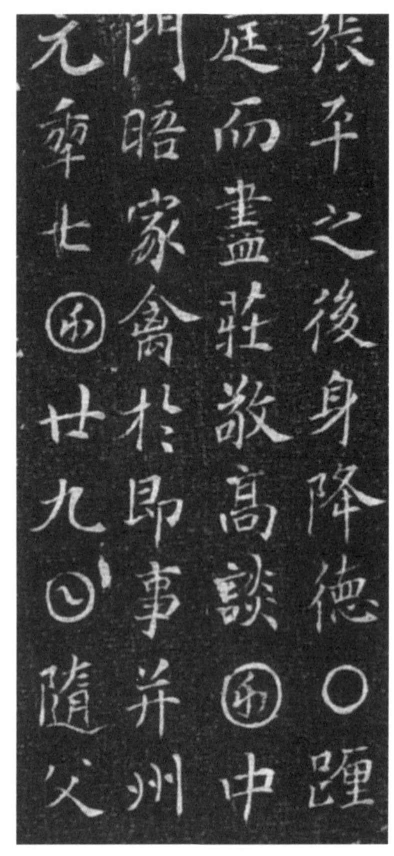

图2 唐屈突季札墓志中武则天造字（“年”“日”“月”“星”）

周时屈突季札（图2）、张寿及王绰墓志，皆有武则天造字，时代特点鲜明，是武周统治时期政治状况和个人生活状态的真实写照。

北宋统治时期，周边同时存在几个少数民族政权，如契丹族建立的辽国和党项族建立的夏国，民族矛盾相当严重。北宋高级官员墓志反映当时政府对边防战事和外交的记述较多。如北宋《王拱辰墓志》记载志主王拱辰曾以特使、国信使身份，数次出使契丹（辽国），多次参与宋与辽、西夏之间的外交活动。北宋《王尚恭墓志》涉及西夏开国皇帝被杀事件，志文引用王尚恭生前话语，来说明他在防御西夏、歼敌制胜方面的谋略与才干。北宋商业发达，贸易兴盛，创印“交子”，是我国使用纸币的开始，宋《苏适墓志》中记有“时方废铁币，小民乏食，相率遮道”之事，反映出当时纸币“交子”代替铁币在市场流通后对社会产生的影响。宋代实行给宗室“优之以爵禄，而不责以事权”，不使其参与朝政、不得为将官的政治措施。《赵頵墓志》为北宋宗室墓志，赵頵为英宗之子、神宗之兄，志中记载英宗对待赵頵与荆王赵灏“虽二王子爱，非大朝会未尝进见。宫廷无祈请，诸孙无横恩。是以内自宗室，外至姻戚，绝豪发之私，四海称至公焉”。说明经过隋唐科举取士到宋代官僚政治的开放性和非世袭性特征的形成，皇亲国戚的任用受到了限制。

元武宗在位时，系统推行面向七品以上官员的封赠制度。元《张思忠神道碑》的碑主张思忠本人无历官事迹可言，正史无传，据碑中所载：“赠典致以子，赐碑致以孙。”可知此碑是张思忠之孙张惟敏任吏部尚书时奉敕建立。碑中撰者欧阳玄，篆者张起岩，书者康里巎巎，皆为当时名人，《元史》俱有传。封赠碑记载官员先人或因子贵或因孙贵所受皇恩，封赠官职多是虚衔，目的在于“光宗耀祖”，此碑是研究元代赠官赐碑制度的实物资料。元初统治者为了巩固政权，注意发挥汉族地主的作用，对汉人采取笼络办法。元大德六年（1302年）《宁玉墓志》的志主行伍出身，被元朝官员辟署为官，在元朝初年向南方扩张的战争中立下汗马功劳，因功累迁官职，最后爵位海上万户。元初开国元勋宰辅大臣缺传甚多，宁玉在《元史》中缺传，亦为一重大缺漏。此墓志涉及元朝建立前后许多重要战事，对我们研究元朝政治、经济、军事、航运具有重要的历史价值。明朝高级官员墓志涉及周边民族关系事例较多。明朝成化年间边疆多事，弘治十二年（1499 年）《王越墓志》记载了明朝重臣王越多年征戍西北边疆，一生三次出塞，在成化年间多次与蒙古鞑靼部作战之事。王越，《明史》有传，志文涉及许多战役，可与《明史》相参证，补正史书之讹。明弘治六年（1493 年）《王伯禄墓志》的志主为王越之女，未嫁因病而亡，王越亲自为亡女撰写志文，是当时官员家庭生活及女性生活遭遇的真实描述，也是正史中关于王越传记的史料补充。

金石学和现代史学对碑志的史料价值多注重与史书文献资料互证，让志文来证史、补史和纠史，使史家对这段历史的重构从平面走向立体，从单一走向多元，为中古史的研究带来了突破性的进展。

二、书法艺术价值

中国的书法艺术与石刻文字有很深的渊源。在纸张发明之前，殷商甲骨文、两周金文、秦汉竹简帛书以及石刻文字依次承载着华夏灿烂的文明，其中只有石刻文字成为永久存在的文字载体。中国历史上每一个时代的文字形体及书体风格，都在石刻中充分体现出来。历代碑志的书丹篆额者多是书坛巨擘或名人雅士，有些名拓被书法爱好者视若拱璧，成为人们临摹与研究的重要内容，故清末叶昌炽在《语石》中说：“吾人搜访著录，究以书为主，文为宾。”院藏河南出土碑志年代起自东汉，历经魏晋南北朝、隋唐、宋元明清，时间跨越近两千年，篆书、汉隶、晋隶、魏碑、唐楷、唐隶、宋行楷等各种书体墨拓清晰，历历在目，反映了中国古代不同时期的书法艺术特征和文字发展、演变的历程。

我国自秦李斯创立小篆统一文字以来，便开始了文字简化的步伐。汉隶兴起后，篆书多见于碑志的题额和志盖，以示庄严隆重并与正文相区别。东汉《袁安碑》通篇刻写古篆，篆法古朴厚重，间架准确并合乎自然，在碑中甚为罕见。汉代传世篆书碑刻甚为少见，《袁安碑》为近世所出篆书碑中最完整者，是研究我国汉代篆书演变的实物。隶书是我国文字形体与书法演变的重要阶段，上继周秦，下启魏晋，是篆字的变体，亦为楷书的前身。东汉隶书为通行书体，每一种汉碑因书法各异，皆为风格独特的艺术品，正如清王澍在《虚舟题跋》中说：“隶法以汉为极，每碑各出一奇，莫有同者。”东汉《甘陵相尚府君之碑》，罗振玉《雪堂类稿笔记汇刊》评曰：“书法至精劲，为汉刻中上品。”第一位书法理论家蔡邕，他以标准汉隶刻写《熹平石经》，以为楷模，其书为隶书成熟期方整平正一路，结体谨严，字字中规入矩，一丝不苟。院藏《熹平石经》残石，存字虽不多，但可窥汉石经书体的真实面貌。院藏《正始石经》残石存字较多，三体中古文下刻的篆书、隶书为当时正规书体，明人赵崡《石墨精华》云：“古文用蝌斗鸟迹体，篆用史籀、李斯、胡母敬体，隶用程邈体。”从夏商周三代，直至汉魏，两千五百余年的书法艺术，通过三种字体，全部浓缩到石碑上，这在石刻史上是绝无仅有的，对研究中国文字沿革变迁及古文字识读有重要价值。洛阳所出晋碑、晋志以楷入隶，有尚韵之美，西晋《徐义墓志》书体严谨端庄，气象雍容。与汉隶相比，加强了方折顿挫。横画为方整的折刀头，撇笔收笔出方棱角；左右对称的两竖不再垂直而是分张外拓；右钩不再是又长又重的弯钩而是短小平挑接近楷法。这是当时洛阳、偃师一带流行的书体，具有显著的时代和地方特点。

北朝墓志主要为元氏宗室墓志。由于选石精良、镌刻精细，充分表现了书者的笔韵和刻工的刀法，志文已近楷书，被称作“魏碑体”。“魏碑体”是在隶书的基础上发展流行的一种介于隶书与楷书之间的字体。这种书法作品是鲜卑族受中原文化影响的结果，因而具有勃勃的强劲气息和质朴的浑重气魄，风格独特，成为后来唐楷的发端。北朝墓志文多是史臣奉敕或亲友作书刊石，但因“罕署书者之名”，书家多不见闻。元氏宗室墓志中的魏碑体风格各异，其书风大致可分为雄强与秀美二派。太和、景明，迁洛未久，书体雄强厚重，端方峻整，是魏碑的主体风格；正光以降，渐趋秀整，书体秀逸、平和雅致，有南朝书风。总的趋势是向隋唐楷体过渡。院藏北魏宗室墓志佳作云集，能够体现两种不同的艺术风格。《元苌墓志》《司马悦墓志》《元怀墓志》雄强大气；《元乂墓志》《元延明墓志》则秀雅平和。其中《元怀墓志》，书刻精妙，结字端正而疏朗，用笔秀润而挺拔，颇似龙门《尉迟造像记》《元详造像记》。罗振玉在《松翁近稿》中评曰：“此志大书，端劲秀拔，魏宗室诸志中之极佳者，诚非虚誉。”

北魏后期及东魏、北齐至隋代的书法出现了一个短暂的复古现象，即隶书又重新流行。尤其是在东魏、北齐的统治中心邺都范围内出土的墓志几乎皆为隶体，风格划一，这在东魏《窦泰墓志》《娄黑女墓志》、北齐《石信墓志》《范粹墓志》上表现得很充分，说明北朝在楷书过渡中的不稳定性，楷书的基本形式和法度尚不完备。隋代的书法成为北碑向唐碑过渡、楷书法度化建设过程的中间环

图3 《杨异墓志》局部

节。隋《杨异墓志》中的楷书（图3），字形略显扁方，方圆结合。方笔写得严峻厚实，圆笔则表现秀媚挺拔，笔法精劲含蓄、淳雅婉丽。上承北魏书体，下启唐朝新风，可称隋代正书作品中的精品，其书法价值可与隋代《董美人墓志》相提并论。

隋唐以后，科举取士，书法成为取士的一个重要条件。至唐太宗，由于他极力重视、推崇书法，并且亲自参与书法实践，使人们对书法的喜爱成为社会风尚。楷书至唐时最终完成了形式与法度的构建，成为官方正体。唐代不仅楷书水平登峰造极，而且真草篆隶行，百花齐放，名家辈出，谱写了中国书法史上最为辉煌的图卷。此时碑志石刻多镌书者、撰文者姓名。欧阳通为唐代著名书家欧阳询之子，《泉男生墓志》为其晚年杰作，精美小楷，规范谨严，是“欧体”正规楷法。唐代由于唐玄宗李隆基写得一手优美的隶书，上行下效，隶书写碑在唐代复兴。唐人以楷法作隶，与汉隶相比，渐失浑朴苍劲的风骨，但却整齐、规范，姿态横生，别有一种特殊的韵味。盛唐《张庭珪墓志》，书丹者徐浩，字季海，唐代书法家，隶法精熟。肃宗时授中书舍人，四方诏令多出其手。此志隶书，线条瘦劲有气骨，笔法雄健老练，为其48岁时所作，是继河南登封《嵩阳观圣德感应颂碑》之后

又一书法珍品。此外院藏徐浩之子徐珙隶书崔暟、王媛、崔祐甫等家族墓志，张若芬书《张休光墓志》等，皆为唐代隶书佳作。篆法中废千余年后，到唐代李阳冰出，始行改观。唐李阳冰被誉为继“小篆之祖”李斯之后的第一能手，他的真迹篆书《崔祐甫墓志》盖“运笔如蚕吐丝，骨力如绵裹铁”，是为神品。宋代朱长文在《续书断》中把他与张旭、颜真卿并列归于神品。在唐时颜真卿所书的碑刻，李阳冰多题其额，欲成联璧之美。观其书法风貌，确是从《泰山刻石》《峄山碑》诸碑中而来。李阳冰篆书留传的碑刻多为宋代重刻，已经不能完整保存其点划的美感，此为李阳冰篆书原刻，完好如新，丝毫未损，实乃凤毛麟角，极其珍贵难得。

北宋时，汴京为政治中心，西京洛阳为文化中心，碑刻墓志大多出自名家之手。此时苏轼、黄庭坚、米芾、蔡襄行草溢扬，不拘法度，追求意趣，占据宋代书法的主流。三苏后人所书《苏轼墓志》《苏轼妻黄氏墓志》，跳出了唐人尚法、挥毫严谨的圈子，体现宋代书坛轻松自由的尚意风格。而苏轼之兄苏辙楷书《王拱辰墓志》则中规入矩，仍然恪守晋唐法度。隶书至宋，问津者极少，隶书的冷落，使隶体艺术本身亦更为凝滞僵化。此时隶楷虽呈衰退之势，唯有司马光胆敢独造，卓尔不群，所书《王尚恭墓志》堪称宋代隶书佳作。元代全能书家赵孟頫一人主盟书坛，其篆隶真草无不臻妙，其书名为“赵体”。元大德十年《渔庄记碑》即出其手。元代少数民族书家康里巎巎，其书以圆秀胜人，名重一时，《张思忠神道碑》为康里巎巎奉敕所书，陶宗仪《书史会要》评其书曰：“刻意翰墨，正书师虞永兴，行草师钟太傅、王右军，笔画遒媚，转折圆劲，名重一时。评者谓国朝以书名世者，自赵魏公（赵孟頫）后，便及公也。”河南所存康里巎巎书迹不多，除此碑外，还有少林寺《大元重建萧梁达摩大师碑叙》及滑县《宋讷墓碑》。明清为封建社会的晚期，从书法史上看，明朝偏重帖学，而碑学少有问津，书学均在“台阁体”下，如明《陈妙宝圹志》即为当时官方流行的书体。清代咸丰、同治后，碑学由极衰而变极盛，由于墓志的特殊功用，书刻仍以端庄、谨严、肃穆的正书为主，缺乏艺术个性，风格较为单一。近代林则徐书自柳颜入，尤擅小楷，为世所重。院藏林则徐撰写《般若波罗蜜多心经》即为精巧小楷。

三、文学价值

碑志石刻是巨大的文学宝藏，有重要的文学价值。有许多铭刻，语言精练，文辞优美，不失为优秀的文学作品。由于碑志石刻的主人多为皇室贵族、达官显要，故历史上撰写碑志的大多为名人名家。东汉蔡邕是第一个大量撰写碑铭的名家，《唐语林》说：“前汉碑甚少，后汉蔡邕、崔瑗之徒，多为人立碑。魏晋之后，其流浸盛。”[3] 蔡邕亦自称：“吾为碑铭多矣。”[4] 但唐以前碑志多不署撰者姓名，唐代前期，墓碑多署撰书者姓名，墓志则仅有极少数著名作者有署名，至武后时期署名逐渐增多，玄宗以后，大多数墓志均具署撰书者的姓名。此时有许多文人以为他人撰写碑文而自豪。碑刻墓志的写作成为一种社会性的文学活动。唐代的白居易、元稹、柳宗元、韩愈等著名文学家都写过为数不少的碑志，其中以韩愈为最，一生撰写碑志七十多篇。据统计，近代新出土的碑志文可增补《全唐文》及

《全唐文补遗》五千余篇散文[5]。所以这些碑志的文学价值在古代文学的研究方面不可估量。

碑志的文体时代特点很强。南北朝是骈体文的全盛时期，在碑刻墓志中多以骈四俪六记事抒情。这种文体，形式上以韵文为主，讲究四六对仗；声韵上，讲究运用平仄，韵律和谐；修辞上，注重藻饰和用典。如果运用得当，能增强文章的艺术效果，但是由于过度注重形式技巧，往往束缚内容的表达，从而削弱了碑志叙事写人的功能，人物缺乏鲜明生动的形象。作为一种应用文体，不可避免地走上程式化的道路。这种僵化的文体一直延续到初唐，至中唐韩愈倡导古文运动开始大为改观。他打破了传统的写作模式，把碑志由应用文体带入了文学散文领域[6]，创作出一批成功的文学散文碑志作品，取得了非凡的艺术成就，具有深远影响。宋以后的碑志文体以平铺直叙的散文为主，骈体文很少见，这与唐后期古文改革运动有很大关系。院藏墓志中，北魏元延明、元乂、元怀、元苌墓志多为四六骈句，其中《元延明墓志》长达一千九百多字，叙事周详，是当时骈体文的代表佳作，赵万里在《汉魏南北朝集释》中评曰："此志文字尔雅，辞采遒丽，魏志中所罕见。惜无由知谁作矣。"

院藏唐宋以后墓志不乏名人佳作，《李密墓志》撰文者魏徵，两《唐书》有传，曾在隋末李密领导的瓦岗农民起义军中主管军中的文书。文中魏徵对李密给予了很高的评价，并把他以楚国"项羽"作比，惋惜之情溢于言表。志文所载与《全唐文》所录《唐故邢国公李密墓志铭》大同小异，《全唐文》所收多448字，与墓志相校多为修饰补充之语。《崔暟墓志》（图4）的撰写者吴少微、富

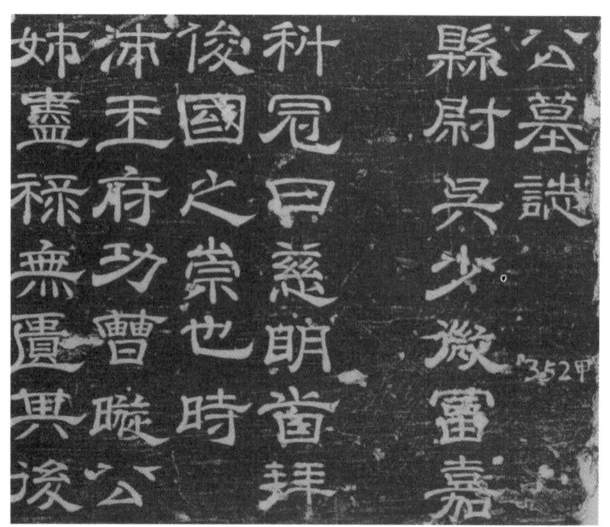

图4 《崔暟墓志》局部

嘉谟为唐代散文家。他们反对浮华的骈体文，使文坛风气为之一变，时人争慕，号称"富吴体"（或"吴富体"）。此志通俗易懂，描述人物、事件具体，通篇散发着散文的气息，是唐大历以后在墓志体裁上革新的代表作。近人岑仲勉盛赞此志："今读其文，诚继陈拾遗（陈子昂）而起之一派，韩、柳不得专美于后也。"[7] 两人的文章散佚较多，此墓志是了解"富吴体"弥足珍贵的实物资料。北宋《王尚恭墓志》的撰文者范纯仁，为名相范仲淹次子，北宋哲宗时官拜宰相。志中写尚恭死后，其门人请范公为其撰写志文，范纯仁在志中言："（吾）与公游既久，知公为详，不得辞，遂铭其墓且以寓其哀焉。"北宋《赵頵墓志》的撰志者范祖禹在志言语开篇以诚惶诚恐的心情表述元祐八年十月奉哲宗之命为魏王撰写墓志文一事，志载："臣承命，惧弗克任重，惟职在文字，不敢辞。是用询玉牒，摭行状，论次魏王之事。"此时许多墓志撰者在志文开篇说明受人之托写墓志，说明墓志写作有职业化的倾向。《王越墓志》的撰志者李东阳为明朝重臣，《明史》有传，官至文渊阁大学士，

主持文坛十余年，“高才绝识，独步一时”。此志四言铭文总王越一生，语言精练，读来抑扬顿挫，从中可窥其诗文特点。王越之女《王伯禄墓志》乃王越为亡女亲作，王越在志文中用断肠摧骨之语，痛悼其女早亡，语言感情真挚，读来催人泪下。

明末清初书画家王铎撰写的墓志十分罕见。他47岁时为友人父母亲撰的《孙养素夫妇合葬墓志》中，以“年侄”自称（图5），以“小子”自谦，由于孙养素以子贵，故此志在记述其子孙征兰的成就及与王铎的交往上占了相当大的篇幅。文章避虚就实，语言特色鲜明，别具一格。以往我们注重王铎的书画成就，读罢此文，我们对明末翰林院庶吉士的才华有了新的认识。

图5　王铎撰写《孙养素夫妇合葬墓志》中自称“年侄”

唐以后随着北朝骈四俪六格局的突破，志文的叙事功能加强，抒情成分减少，行文骈散相间，错落有致，明白晓畅，文字的数量也大大增多。有的文字达三四千言，描写人物性格鲜明生动，有的还增加了一些人物对话，使行文具有人物传记的特征。此时唐人敢于突破前人刻石的习惯，不仅把志文刻在正面，也刻于志盖的背面，院藏唐崔暟、王媛墓志的正文即撰刻于志盖背面。此时的志石也顺应需要加大了尺寸，《崔暟墓志》边长100厘米。北宋墓志更加趋向长篇大作，《王拱辰墓志》边长达140厘米，志文洋洋洒洒近四千字。改变了以往墓志中有“恨量石裁文，书德不尽”[8]之叹。

总之，以传世文献与出土文献为基础，尽可能对文学展开多样化研究，应该是21世纪文学研究开阔新视野的重要途径之一。著名学者傅璇琮说：“我们可以充分利用建国以来的考古成果，从文学研究角度来从事考古成果的分析研究，开辟一门文学考古学。”[9]

四、语料价值

石刻文字具有丰富的语料价值，能够为汉语言文字学研究提供真实可靠、时地分明的语料和字料，因而具有十分重要的语言文字学价值，在文字学、音韵学、词汇学、语法学等研究中都能发挥很大的作用。在考古学的前身金石学中，对于石刻的研究以文字考释、史料校勘与考证为主，对于历史研究与儒学文献的考证有很大的帮助。即便在今日，凡墓葬发掘中所出墓志，在发掘报告中对其著录与考证必不可少，但对其中包含的大量语言学信息，研究者甚少，除证史补史和书法艺术外，前人在基础领域多着眼于“字”的辨识。如罗振玉父子以及秦公等人有关碑志“别字”或

“异体字”的研究等，而对墓志“词语”的汇集整理研究，则十分鲜见。偶见有所涉及，也不深入考释，如罗振玉《雪堂金石文字跋尾二》中就《元倪墓志》指出：“铭后记高祖以下名位，并及祖母及母。乃称祖母曰祖亲，而母则曰母祖亲，殆当时之俗称与?”当代学者黄敏在《汉魏时期新生亲属称谓略证》中考证指出：祖亲非笼统的称谓，是确指祖母[10]。如北魏《元诱妻薛伯徽墓志》(525年）中称：“祖初古拔，祖亲西长公主。”北魏《元昭墓志》称：“曾祖亲太妃刘氏，祖亲太妃赫连氏。”这些称谓反映了那个时代的生活用语和词汇特征。院藏明末清初书画家王铎为友人父母亲撰写的《孙养素夫妇合葬墓志》中，以“年丈”称呼同年进士孙征兰，并以“年侄”自称，是明末清初特有的称呼，为研究当时的语言习俗与王铎本人的社会活动提供了宝贵的资料。

语言是文化的反映，墓志中的词语含有浓厚的文化色彩，对于我们正确理解志文大有裨益。从词汇学的角度看，中古墓志本身就是一个语言宝库，蕴含着丰富的语言宝藏，对于研究汉语的词汇史有重大的价值。近年来，这方面的研究取得了可喜的成果。罗维明先生从语言学的角度对墓志进行深入的研究，出版了第一部采用墓志材料进行语言学研究的论著[11]。在书中他指出中古墓志中许多特殊的词为辞书所失载，如墓志中可用“家门”指父亲，用“大门”指祖父，用“天地”指父母，用“良人”指妻子，用“终天”指丈夫，用“移天”指出嫁，等等。院藏墓志中不乏此类特殊词语，如北齐《娄黑女墓志》言其结婚曰：“永言秦晋，移天作合。”反映了古代社会夫尊妻卑等级制度。墓志中有许多委婉语，比如用“玄石”“幽石”“翠石”“琬琰”等来美称墓志石，院藏北魏《司马悦墓志》中记有“式刊玄石,永祀标贤”；北齐《娄黑女墓志》记有：“恐陵移谷换,敬镌琬琰,寘彼岩阿”。(图6）唐《郭提墓志》中记有：“陵谷或徙，琬琰长存。”古人对坟墓也很忌讳，常用“坟堂”“玄堂”“泉堂”“泉宫”“玄房”来指墓穴,用“泉扉”“泉门”“幽扃”“泉闼”来指墓门。如北魏《元延明墓志》中有：“一捐朱邸，永闭玄房。”北魏《元怀墓志》中称：“坟堂有改，金石无亏，树之泉闼。”这样也就不难理解院藏唐《姚懿玄堂记》名称的特别了。这些特色词既反映了我国古代的伦理观念，也为中古汉语词汇研究提供新的语言证据，可以补充《辞源》《汉语大词典》之缺，对于辞书的编撰有重要价值。另外，语讳学也是语言学的一个分支，是世界各民族普遍存在的心理现象。碑志文中的避讳现象俯拾皆是,形式多样,如改字、空字、缺笔等。如院藏唐《温邈墓志》中的开成景辰应为“丙辰”，避唐高祖李渊之父李昞名讳，“虎”字缺笔避祖父李虎名讳；唐代志文中“世”字皆缺笔，为避唐太宗李世民名讳；碑志文中凡遇到君主或尊长的名字通常采用空格的办法来避讳等。墓志词语及避讳研究对考古工作者准确地释读墓志，进而从整体上理解墓葬制度和墓主生平及文化背景,都会起到重要的辅助作用。事实上,古人在墓志中刻意或不经意所使用的词汇、文字及称谓,往往真实地反映了当时人们对待故人、对待丧葬礼仪、对待名物制度的观念形态。

除以上所述之外，随着多年来学者对碑刻墓志的广泛深入研究，碑志所具有其他方面的价值越来越受到重视[12]。如碑志中记录的墓主人卒葬、迁葬、陪葬地能够透露出重要的考古信息，特别是详细的埋葬时间为考古遗迹、墓葬等文化遗存提供

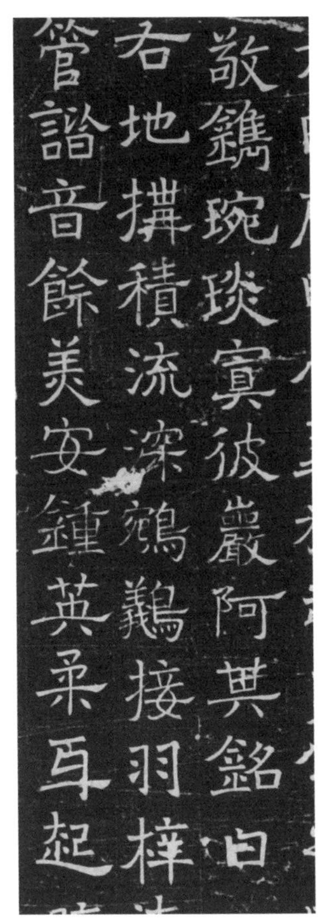

图6 《娄黑女墓志》局部

图7–1 北宋《赵君墓志》侧四灵祥云图案（线描图） 白虎

图7–2 北宋《赵君墓志》侧四灵祥云图案（线描图） 青龙

图7–3 北宋《赵君墓志》侧四灵祥云图案（线描图） 朱雀

图7–4 北宋《赵君墓志》侧四灵祥云图案（线描图） 玄武

了断代依据。碑志中还有许多反映古人的思想观念和墓主人身份等级的雕刻艺术装饰图案，比如龙凤、十二生肖、四神及花草瑞兽等（图 7），为研究中国古代雕刻艺术提供了准确的时代特征。总之，碑志中有些记录在正史中难以备载，非常珍贵，本文限于篇幅，不再赘述。

[1]（宋）司马光. 资治通鉴［M］. 长沙：岳麓书社，2009：800–803.

[2] 拜根兴. 七世纪中叶唐与新罗关系研究［M］. 北京：中国社会科学出版社，2003.

[3]（北宋）王谠. 唐语林［M］. 上海：上海古籍出版社，1978.

[4]（南朝宋）范晔. 后汉书·郭有道传［M］. 北京：中华书局，1965.

[5] 韩理洲. 新出土墓碑墓志在唐代文史研究方面的学术价值［J］. 西北大学学报（哲学社会科学版），1996（3）.

[6] 周敏. 韩愈碑志的创革之功［J］. 南京师范大学学报（社会科学版），2000（5）.

[7] 赵超. 汉魏南北朝墓志汇编［M］. 天津：天津古籍出版社，1991.

[8] 岑仲勉. 金石论丛［M］. 北京：中华书局，2004：209.

[9] 傅璇琮. 唐刺史考全编序［M］. 合肥：安徽大学出版社，2000：6.

[10] 黄敏. 汉魏时期新生亲属称谓略证［J］. 五邑大学学报，2005（7）.

[11] 罗维明. 中古墓志词语研究［M］. 广州：暨南大学出版社，2003.

[12] 司晓洁. 北朝至隋入华粟特人墓志研究［J］. 中原文物，2018（1）.

从河南博物院藏汉代斜索戏车画像砖谈起

郝飞雪　许小丽
河南博物院

摘要：本文以河南博物院藏斜索戏车画像砖为例，展开介绍汉代的戏车杂耍与杂技，从而了解汉代的生死观和艺术追求，为我们进一步研究汉代文化提供借鉴。

关键词：汉代；斜索戏车画像砖；汉代百戏杂技；中西文化艺术交流

一、河南博物院藏斜索戏车画像砖简介

斜索戏车画像砖，东汉砖刻，残存长62厘米、宽32厘米，河南省新野县任营村采集，现藏河南博物院。此画像砖是横长方形空心砖，画面呈横幅，右半残缺，表现的是汉代戏车表演的情景。边框饰有两方连续变形云气纹，左、下两边框饰有两方连续棱纹。（图1）此画像砖采用线面结合的手法，抓取了杂技表演高潮的瞬间状态。

此画面分上下两层，自右向左展开。（图2）下层右侧为一骑者扛旗导行，似做戏车前引，正准备上桥。上层右侧是一骑者飞马回射。上下两骑之后的画面便是戏车履索倒挂的表演。戏车前后两辆，每辆车中皆有二人一马，一人为驭手，一人为艺伎。前面的戏车，驭手驱使骏马飞驰向前，艺伎面朝后与蹲在后面马车横杆顶端的艺伎共同拉起一根前低后高的斜索。在这根倾斜度50度左右的斜索上，有一名上身赤裸、下穿宽裤的艺伎。艺伎头部前倾，口中衔着一个棍状物，一条腿优雅地抬起、弯曲，另一条腿则直立，身躯仅靠一只脚的脚尖支撑在斜索上。他一边优雅地舞动双臂，一边向斜索上端攀登。此外，前面的这辆马车，车中木杆的顶端放置一根横木。横木的右端，有一名艺伎倒挂着身体，两臂平伸，掌心向上，两掌心处各放着一个如拳头大小的圆球。两个圆球上分别是两名艺伎。左边的艺伎，叉腰半蹲在圆球上，神态悠闲，做平衡静止状。右边的艺伎，单腿立于圆球上，一腿抬起，轻松自如，做金鸡独立状；双臂半举，手拿跳丸做表演。这名艺伎不仅要注意手中的跳丸，还要留神前面那

图1　斜索戏车画像砖

图2　斜索戏车画像砖拓片

二、汉代戏车画像砖的艺术成就分析

我国很早以前就已经使用了车辆。马车的发明者，向来存有争议。现已有考古遗存证明，河南偃师商城遗址已发现早商时车辙痕迹，车辆在商代已经作为一种重要的交通工具使用。周代贵族子弟要学习“射”和“御”，驾驭战车成为人们在战争或狩猎中的一种重要技能。战国时代的强国被称为千乘之国，甚至是万乘之国。战车数量是当时诸侯国展示实力的重要标志。利用骑兵与驾驭战车成为战胜敌人的重要因素，人们通过战争的实践提高了驾驭技巧。

汉代，马匹和马车成为人们展示财富、地位、权力的象征。车辆在人们的生活和生产中广泛运用，主要作为一种交通运输工具。其中仅有极少数车与杂技相结合，成为一项富有艺术性的观赏性体育表演运动，俗称戏车，是一种难度较高的表演节目。

从以上记载可以看出，戏车是一种在车上进行多种单项的杂技节目而构成了一个表演整体，其主要特征是有车、有竖杠、有杂技或乐舞者。河南新野发现的双车联索式戏车画像砖，有斜索、平索和双索三种形态，其技巧之高超是空前

个回首射箭的骑马者。在骏马飞奔的情况下，驭手紧握缰绳，控制车速，以保证两车的移动速度同步向前恰到好处；牵拉斜索的艺伎也要保证斜索的平衡性、稳定性。攀登斜索、倒挂横木以及弄丸表演的艺伎，动作更为惊险，表演难度更大。

这幅斜索戏车图中的绝技可以说是中国杂技史上的经典绝技，可惜这项1800年前的惊人绝技现在已经失传，后人只能从这块画像砖上窥探一二。

的。戏车画像分布广泛，在河南中部和南部、山东、江苏徐州等地都有发现，说明汉代戏车活动较常见。可惜的是，这种汉代盛行的大型表演节目，后世已经绝迹。

三、汉代史书、汉赋中描绘的百戏

汉代的戏车表演，在《汉书·东方朔传》中有记载："今陛下（汉武帝）……设戏车，教驰逐，饰文采，丛珍怪。"[1] 汉武帝在长安城招待西域来的外国使者，"于是大角抵，出奇戏，诸怪物，多聚观者"。西域使者来长安城的人数不断增多，汉代把军事驭车的超乘技巧加以发展，成为戏车表演[2]。

此外，张衡在《西京赋》中也有戏车的描写："尔乃建戏车，树修旃，侲僮程材，上下翩翻。突倒投而跟絓，譬陨绝而复联。百马同辔，骋足并驰，橦末之技，态不可弥。弯弓射乎西羌，又顾发乎鲜卑。"[3] 李尤在《平乐观赋》中也有关于戏车的描写："戏车高橦，驰骋百马，连翩九刃，离合上下，或以驰骋，覆车颠倒。乌获扛鼎，千钧若羽，吞刀吐火，燕跃乌跱，陵高履索，踊跃旋舞，飞丸跳剑，沸渭回扰，巴渝隈一，逾肩相受。"[4] 其中"或以驰骋，覆车颠倒"两句值得重视。这说明驰骋中的戏车表演存在"覆车颠倒"的危险。

四、戏车表演中的高难技巧鉴赏

汉代的戏车表演中的惊险和高难技巧，在大量的文献历史资料中有相关的记载。而汉画像石（砖）中关于戏车的图像则更为直观和生动。

（一）戏车高

西汉出现的戏车高橦，就是把长橦固定在马车之上移动前进。对马车而言，长橦是固定的；但在奔跑的马车上，就整体而言，又是移动的。戏车高橦的表演者，既要经受马车奔驰时的颠簸，还要在高橦上表演各种花式动作，比起固定式长橦表演，难度自然更大。图3中的戏车高橦表演，在一飞奔移动的戏车上立一建鼓橦，四周插满装饰的羽毛，在鼓橦之上倒立一伎做各种表演。

（二）都卢寻

本幅画像是在一打桩固定的建鼓橦的两根斜绳上表演走索，是和长竿技艺结合在一起的表演。（图4）令人惊叹的是斜绳上的技巧表演：从右索看，自上而下为上端一人侧身卧，沿索下滑，第二人

图3　山东沂南北寨汉墓画像石拓片

图4　山东邹县城关画像石拓片

沿索大步走下，其下两人迎面而上，其中一人倒立在另一人肩上，其后一人双手弄五丸紧随沿索而上。从左索看，斜绳自上而下，最上端一人坐于绳上下滑，第二人大步沿索下，与第三人迎面相遇，准备擦肩而过，绳下端还有二伎着长袖丽衣，边舞边沿绳索上行。此图难度在于四伎人要坐、卧、走、舞在斜索上，于迎面而上的作双人倒立叠罗汉、弄丸的伎人索上相逢，擦肩而过，保证不掉下来，难度极大。

图5　河南南阳七孔桥汉墓画像石拓片

五、汉代杂技一瞥

汉代是我国杂技的形成和成长期，各种节目已成系列，具备了后世杂技体系的主要内容。根据目前所见的汉画像砖可以看出，汉代杂技主要包括力技、形体技巧、耍弄技巧、高空节目和马戏、幻术等。这一时期的杂技艺术表演，除了在宫廷娱乐活动中经常表演外，民间也随处可见。欣赏这些丰富多彩、五花八门的杂技节目，成为当时人们休闲娱乐生活的一个重要内容。

（一）力技

力技是以体现力量为主要表演方式的杂技，主要有弄壶、扛鼎、载竿等项目。所谓弄壶，也称耍坛子，即一个膀大腰圆的大力士，袒胸露臂，把盛酒的大壶放在一个平伸的臂上，掌握平衡而玩耍。河南南阳七孔桥汉墓画像石上，以赤裸上身的壮汉表现此技法，又有女伎表演倒立，与一长袖善舞的细腰舞女同台献技，使画面布局巧妙，生动有趣。(图 5)“这个节目可能是从古代的扛鼎发展而来的，张衡《西京赋》里提到‘乌获扛鼎’，乌获是古代著名的力士，气力非凡，力能扛鼎，这显然是一种举重运动”[5]。载竿表演者的力量也是相当惊人的。山东安丘汉墓百戏图中的载竿表演，只有 1 人举竿，竿上却有 10 人，其力量非同一般。对于这些力气表演，现代杂技中也有传承。

（二）形体技巧

汉代杂技形成了以“顶功”为中心的形体技巧表演，要求有过硬的腰功、腿功、倒立和跟斗基本功，这种传统一直延续至今。汉代表现顶功技巧的画像砖石很多，以倒立表演最为典型。倒立在全国各处汉画中多有出现。有在酒樽沿上倒立，有在方形座上、地上、物上、头上顶碗倒立，等等。山东嘉祥武氏祠画像砖（图 6）所展示的画面即为

图6　山东嘉祥武氏祠画像砖拓片

图7 山东微山县两城汉墓画像石拓片

图8 山东沂南北寨村汉墓画像砖拓片

图9 南阳王寨画像石拓片

一人足部朝天，手臂在下，支撑全身的重量及脚上的另外一个人。山东微山县两城汉墓画像石（图7）中艺人的倒立，则是呈侧体交叉状，体态更为柔软，姿势更为优美。

（三）耍弄技巧

汉代的跳丸、飞剑等经常表演的节目，即是耍弄技巧中的重要内容。跳丸属于抛掷类杂技，“表演者将两枚以上的球状物连续向空中抛掷，边接边抛，球不坠地，在空中形成一串类似流星的景观”[6]。跳丸有孔，抛出时可发出响声，因此，也叫“跳铃”。飞剑和跳丸大同小异，只是抛接的物体不同而已。飞剑是耍弄抛掷剑器，剑刃锋利，接时更易伤手，其表演难度和惊险度更大，也更具有观赏性。（图8）至于跳丸，当多个跳丸在空中飞舞时，金光闪闪，令人目不暇接，很能增加舞台气氛。（图9）在南阳王寨汉画像石墓的百戏图上，左起的第二个人，高鼻凸起，过去误为戴假面，假面无法准确观看跳丸。该画上左边四人应全为古罗马杂技演员，据《魏略》《后汉书》等记载，这些古罗马演员表演的正是他们拿手的跳丸之技，体态生动夸张，动态十足，具有开张扬厉之美。跳丸、飞剑表演约在东汉安帝以后才形成高潮，而上述形象资料主要是东汉晚期的[7]。

（四）马戏

我国古代的马戏，是以人骑马的超常骑术及驯化马和各种动物来表演各种技艺的百戏项目，又被称为“兽戏”，与其他杂技项目并列于百戏之中。马戏主要包括驯马表演和马技两种。驯马表演现在也常常出现在马戏团中。马技是人在奔驰的马上表演各种技巧动作的一种活动。马戏在汉代已经相当成熟，汉画像石中有许多表现马戏的画面。河南嵩山三阙之一的少室阙画像上的两位马戏演员，一人在马上倒立，一人在马上舞蹈。山东临淄文庙的汉代马戏画像砖（图10），是集体马戏的表演。图中有两匹马，一辆车。前一匹马向前飞奔，马上坐有一人，双手举起。马前有一人双手平伸，似是接住此马。马后还有两个人，一人身躯腾空，恰好拉住骑马者之手；另一人腾身跃起，

图10　山东临淄文庙画像砖拓片

手挽马尾。后一匹马拉着车，马头部有一人横着飞起，马背部有一人双手前后上举，双腿做行走状；车厢上坐四个乐人似是演奏乐器；车后还有一人纵身欲上。

（五）幻术

幻术即魔术，幻术演员在汉代称为幻人、化人、眩人。两汉时期，中西文化交流频繁，魔术随西域幻人进入中原地区不足为怪。吐火、自缚自解等著名幻术就是从域外传来的。幻术在中古时期已经发展到相当高的水平，除隐形术外，还有断舌连续、移物、吞刀吐火等多种杂技幻术。汉画中的幻术画像就是对当时情况的真实记录。

六、汉代戏车画像砖题材盛行的社会背景

汉代戏车杂技的流行与表演技巧的高超，来源于多元文化的交流。第一，汉代与匈奴连年交战，主要用骑兵对付北方草原民族的骑兵。卫青、霍去病所率领的骑兵，马上功夫必然训练有素，因而培养出一批优秀的骑艺高超者，从而产生了马术。第二，张骞通西域后，开通丝绸之路，西方的幻术、跳丸等诸多杂技艺术与体育比赛及娱乐技巧传入中国，这些技术又与中国先秦以来的杂技、百戏等互相交流融合，从而产生了百姓喜闻乐见的杂技形式[8]。这种杂技节目，逐渐成为广大城乡百姓与官僚地主们在节庆时的必备节目，这也是戏车杂耍流行的又一大原因。第三，由三代的质朴，经秦代的劲健，汉代的造型艺术发展到一个高峰，体现了艺术的包容、浪漫与雄浑精神。汉代社会经济发展，生活较富足。尤其在东汉时，南阳为帝乡，山东、江苏等地经济也较发达，观念也充实饱满。人们在生前喜欢观看乐舞百戏，死后也想继续观看这些技艺的精彩表演[9]。所以在当时“事死如事生”丧葬思想影响下，汉画像砖、画像中石墓出现戏车杂技等生动有趣的题材。总之，汉代人社会经济较发达，人们不仅追求长生不死，还要追求文化艺术的享受，所以各种娱乐节目便应运而生，因此我们才能看到如此丰富的画像砖。

---

[1]（东汉）班固. 汉书·东方朔传［M］. 郑州：中州古籍出版社，1996：854.

[2] 郑红莉. 陕北汉代画像石中的“胡人”形象［J］. 中原文物，2018（4）.

[3]（东汉）张衡. 西京赋［M］// 文选. 北京：中华书局，2008.

[4]（唐）欧阳询. 艺文类聚［M］. 上海：上海古籍出版社，1999.

[5] 吕品，周到. 河南汉画中的杂技艺术［J］. 中原文物. 1984（2）.

[6] 陈高华，徐吉军. 中国风俗通史·隋唐五代卷［M］. 上海：上海文艺出版社，2001：773.

[7] 孙机. 汉代的跳丸飞剑［M］// 寻常的精致. 沈阳：辽宁教育出版社，1996.

[8] 杨爱国. 山东汉代石刻中的外来因素分析［J］. 中原文物，2019（1）.

[9] 刘尊志. 江苏徐州东沿村出土汉代祠堂画像石浅析［J］. 中原文物，2018（1）.

东魏《窦泰墓志》相关问题研究

袁鹏博　石　磊
河南博物院

摘要：河南博物院藏《窦泰墓志》，志主窦泰为东魏名臣、大将，在东魏政权的建立与巩固中扮演了重要角色。《北齐书》《北史》有传。史志相较，可补史书之缺。墓志为研究东魏政治提供了重要资料。

关键词：窦泰；墓志；娄氏；东魏

《窦泰墓志》出土于安阳，现藏于河南博物院，这方墓志为研究东魏史提供了重要资料。（图 1）本文就志文所涉及的相关问题略作考证。

墓志形制较大，呈正方形，边长 97 厘米，志盖缺。墓志共 38 行，满行 41 字，全文 1500 余字，基本完好。墓志字画丰腴，书体纯一，结构严密，是北齐书法佳品，被赵超编著的《汉魏南北朝墓志汇编》收录 [1]。志主窦泰，《北史》[2]《北齐书》[3]均有传，两传完全相同，扼要记录了窦泰生平事迹，但过于简略，可见因窦泰英年早逝，关于他的相关资料保存较少，唐人为他作传时已鲜有资料可考。此志记载翔实，足以补正史之缺。窦泰为北魏末年、东魏时期人，亲身参与了这一时期许多重大事件，对东魏的创建起了重要作用，《北齐书》列窦泰传于诸臣传之首，我们从他的经历中可以窥见北魏末年及东魏时期的政治特点。兹分别考释如下。

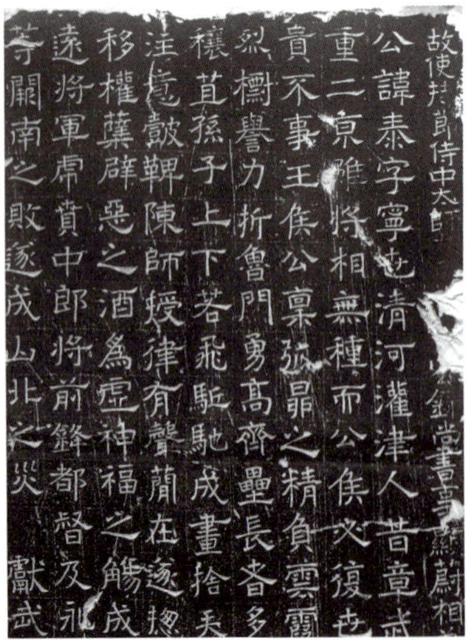

图1　窦泰墓志

一、窦泰的家世及少年窦泰

《北齐书》有关窦泰的家世，记载较为简略，称窦泰为“大安捍殊人也”。窦氏出于清河郡观津县，窦泰祖名窦罗，因任统万镇将而举家迁到北方。父亲窦乐，为怀朔镇将杨钧 [4] 部下，在与破六韩拔陵军的战斗中死去。由此推测，窦泰家族到了北方后，先居于统万镇，后又因任职变动迁往怀朔镇。

墓志中详述窦氏在两魏时期声望之隆，表现窦泰家世的显赫。对于窦泰祖、父两代的情况，墓志也略有介绍：“皆才雄北边，有声燕代，志骄富贵，不事王侯。”窦泰家世与其他东、西魏将相极为相似，即祖上便迁徙到六镇地区，世代为将，家中较为富有，有较深的社会根基，窦泰家族属于鲜卑化的北边汉人贵族。

北魏末年，随着中央王朝日益腐败和对北镇控御能力的急剧减弱，六镇潜伏的巨大军事潜力转而成为威胁北魏政权难以抵御的压力。窦泰就生活在北镇这样尚武的军官家庭中。苏小华的《北镇势力与北朝政治文化》[5]一书对“北镇的军事潜力”做了详细讨论。

窦泰少年的情况，《北史》介绍极为简略：“及长，善骑射，有勇略。”我们从中看不出与其他人的差异。墓志则进行了详细论述：“公禀孤昂之精，负云霞之气，容表环雄，姿神秀上，英规杰量，无辈一时。少以剑气有闻，长以侠烈标誉，力折鲁门，勇高齐垒。长者多游其室，少年时借其名。历寻经史，不为章句之业，偏持三韬六略，好览穰苴、孙子。上下若飞，驱驰成画，舍矢如破，命的必中。赋骐骥以摅愤，叹鸿鹄以明志。”可见窦泰也是侠烈少年，有英雄气概，很多人都很欣赏他。在学习能力方面，窦泰不拘泥于书本，喜读兵书，勤学武艺，抱定决心一定要做出一番事业来。

二、窦泰从军、历官

关于窦泰从军，史书未提及。志文记载：“属猃狁内侵，疆场外骇，注意鼓鞞，陈师授律，有声简在，遂总兵车。起家为襄威将军帐内都将。”唐长孺、黄惠贤的《试论魏末北镇镇民暴动的性质——魏末人民大起义诸问题之一》[6]对北镇北魏军人世袭情况作了探讨。生长在北镇军官世家的窦泰成年后也加入到六镇守边将士中，他的第一任官职是襄威将军帐内都将。这一时期正处于北魏末年，北方烽火迭起。《北史》记载：“泰父兄战殁于镇，泰身负骸骨归尔朱荣。”因六镇之乱，窦泰家破人亡，难以继续立足，被迫加入了尔朱氏阵营。

在尔朱氏阵营，窦泰跟随尔朱荣入京，参与了“河阴之变”，被尔朱荣升为宁远将军、虎贲中郎将、前锋都督。尔朱荣扶持北魏孝庄帝登上皇位后，窦泰作为尔朱荣的部下，也随尔朱荣一起加封官职，为射声校尉、谏议大夫[7]。

据《北齐书》记载，窦泰因跟从尔朱荣讨伐邢杲建立的功勋，被赐爵广阿子。高欢被尔朱荣提拔为晋州刺史以后，窦泰随高欢赴晋州，为镇城都督。从此加入高欢阵营直至去世。

北魏孝庄帝被尔朱兆杀死后，高欢阵营与尔朱氏阵营逐渐决裂。北魏普泰二年（532年）十月尔朱度律、尔朱仲远、尔朱兆会军阳平。窦泰给高欢献反间计，使尔朱度律、尔朱仲远不战而还，高欢抓住机会在广阿之战中打败尔朱兆。尔朱兆韩陵之战再败后，大势已去，窦泰率精锐部队一日一夜行三百里偷袭尔朱兆老巢秀荣，尔朱兆正在宴会，忽见窦泰军，惊惶逃走，被逼自尽。

此后随着高氏政权统治逐渐稳固，窦泰被封为抚军将军、银青光禄大夫。不久升为侍中，兼任显州刺史，增邑四百户。后转蔚州刺史。

北魏孝武帝被高欢迎立后，窦泰被晋爵为公，增邑四百户，将军仪同三司，转相州刺史。据《北齐书》记载，北魏孝武帝与高欢反目后，在给孝武帝的表中曾提到：“遣领军将军娄昭、相州刺史窦泰、前瀛洲刺史尧雄、并州刺史高隆之拟兵五万，以讨荆州。”与志文所载相合。

据志文载，东魏孝静帝被高欢立为皇帝后，窦泰重新担任侍中，领御史中尉、京畿大都督，掌管监察、京畿防卫。

东魏天平四年（537年）窦泰死后，东魏赠使持节侍中太师大司马太尉公录尚书事都督冀定并恒瀛五州诸军事定州刺史，广阿县开国公，谥号武贞。

三、窦泰其人及窦泰在东魏的地位

纵观窦泰一生，其主要活动在于军事。《资治通鉴》载：“欢自起兵以来，窦泰常为前锋，其下多锐卒，屡胜而骄……”[8] 可见窦泰是一员猛将，是高欢帐下不可或缺的臂膀。

军功之外，窦泰行政能力为史书所不载。碑文记其“威而不猛，仁而能断，示之好恶，宣以惠和。大小必清，幽明以察，囹圄虚置，桴鼓无声。民识廉耻，俗兴礼节”。由此可见，窦泰在理政方面堪称能臣。他清简自守的风格与北齐其他诸贵肆意枉法的情况迥然不同，这也是东魏定都邺城之后高欢令他掌管监察事务的原因。

《北齐书》记“(窦) 泰以勋贵居台，虽无多纠举，而百僚畏惧”。志文载：“君既属刺举，兼禀绳墨，弼回厝枉，知无不为。权豪屏息，贵戚侧视，社鼠不得成群，稷蜂无以自固。庶事咸理，内外肃然，可谓古之遗爱，邦之司直。” 可见窦泰因自身声望崇高，在任期间无人敢犯，不怒自威。这与后来高澄命崔暹任御史中尉打击权贵、整治朝纲的效果截然不同。

《北齐书》涉及窦泰的记载极少，在“祖珽传”中记了涉及窦泰的一件小事：高欢大宴群臣，喝酒所用的金叵罗找不到了，窦泰献策，请在座的人脱掉帽子，果然在祖珽头上找到。结合窦泰向高欢数次献策，可见窦泰不仅有将帅之才，更有智囊之才。志文亦记载高欢决心起兵剿灭尔朱氏后，“义动其诚，实参本□”。这里的“其”指窦泰，磨灭不清的字应为“谋”，即窦泰参与了高欢起兵剿灭尔朱氏的计划。墓志总结攻灭尔朱氏的原因时说：“功归上将，虑在中权。”充分肯定窦泰在谋划中的作用。

廖基添在《论北齐之际“河北—河南”政治格局的演变——从东魏张琼父子墓志说起》一文中谈及“高欢集团的构成及其成员分布”时指出：“其一，晋州班底。其二，从讨豆陵步番者。其三，从于信都者。其四，尔朱降将。”[9] 窦泰属第一层级。查《北齐书》，窦泰与高欢虽然都曾生活在怀朔镇，高欢在怀朔镇相善的人中并无窦泰，以窦泰后来在东魏的地位，如果两人相善，《北齐书》没有不予记录的道理，由此我们似可推测两人此时并无太多交集。六镇大乱之后，高欢先是从杜洛周，又从葛荣，最后才加入尔朱荣阵营。窦泰则在父亲被杀后直接投奔了尔朱荣。两人分别离开怀朔镇后再次同在一地，应是在尔朱荣处。他们的深入交往也应在此时，高欢在被尔朱荣任命为晋州刺史时便请求把窦泰等人带在身边，形成自己最早的班底。

《北齐书》将“窦泰传”居“皇后传”“皇子传”“亲王传”之后，诸大臣传第一位。窦泰之所以能成为东魏诸贵之一，与他和高欢的连襟关系密切相关，窦泰之妻娄黑女与高欢的结发妻子娄昭君是亲姐妹。

河南博物院藏有窦泰妻娄黑女的墓志，据该墓志记载，娄黑女死于天保五年 (554 后) ，虚岁 59 岁，则娄黑女约生于 496 年。据《北齐书》，娄昭君死于太宁二年，虚岁 62 岁，则娄昭君约生于 501 年。由此可知，娄黑女是娄昭君的姐姐，而非《北齐书》记载的“武明娄后妹”。赵芳的《娄太后与东魏北齐政治》一文对此做过讨论[10]，但未注意古人虚岁问题，导致稍许偏差，这里稍作订正。

高欢创建的东魏政权，其统治核心是以亲缘关系为纽带，形成高、娄、段、窦等勋贵联盟来维系的政权。东魏迁都邺城后，勋戚势力日益膨胀，直接威胁到东魏政权的稳定。高欢命窦泰任御史中丞掌管监察，正是利用其崇高的地位来震慑百官，使勋贵们嚣张的气焰有所收敛。同时，高欢还将京畿防务交给他，任命他为京畿大都督。京畿大都督为东魏京都地区最高军事长官，任此职的人都是地位崇高且为皇帝极其信任之人。高洋在高澄死后迅速控制东魏政局，高演等诛杀杨愔、高俨杀和士开等北齐历史上数次重大政治事件，均与发起者任此职有重大关系。高欢命窦泰任此职，可见对他的信任之深。

《北齐书》记载窦泰死之前，“邺有惠化尼曰‘窦行台，去不回’”、“(窦泰）未行之前，夜三更，忽有朱衣冠帻数千人入台，云收窦中尉，宿直兵吏皆惊，其人入数屋，俄顷而去。旦视关键不异，方知非人，皆知其必败”。窦泰将死的谣言流传于坊间，从一个角度可见窦泰在东魏影响之大。

《北齐书》记载：“(窦）泰虽以亲见待，而功名自建。”指出窦泰主要依靠自己的努力确立了在东魏北齐的名望，这与东魏其他很多勋贵迥然不同。

四、窦泰之死与窦泰墓位置

1. 窦泰之死

关于窦泰之死，史书颇见歧义。《北史》记载：“四年，泰至小关，为周文帝所袭，众尽没，泰自杀。”《周书》记载：“窦泰卒闻军至，惶遽，依山为阵，未及成列，太祖纵兵击破之，尽俘其众万余人。斩泰，传首京师。”[11]《资治通鉴》记载：“窦泰猝闻军至，自风陵渡，丞相（宇文）泰出马牧泽，击窦泰，大破之，士众皆尽，窦泰自杀，传首长安。”三种史料记载中，《北史》《资治通鉴》称窦泰为自杀，《周书》称其为被杀。《周书》多有尊周贬齐之意，《北史》《资治通鉴》论述公允，窦泰自杀较为可信。

永熙七年，北魏孝武帝西逃关中，宇文泰奉天子而讨不臣，成为高欢最大的敌人。高欢在追击孝武帝时袭破潼关，逼近华阴，但未继续进军，遣将守关而退。因内部政局未稳，高欢认为时机尚未成熟。大统元年（535 年），高欢派遣司马子如攻潼关，又攻华州。大统二年，高欢军攻陷夏州。这几次进攻都是试探性的。太平四年东魏三路大举西进，是高欢在做了充足准备之后决定的，彼时东魏实力远在西魏之上，内部政局稳定，兵精粮足，高欢的意图，在于一举摧毁西魏[12]。

据史书所载，窦泰死前未见败绩，小关一战，全军覆没。其原因在于东魏普遍存在的对西魏的轻视态度。据《北周书》记载，宇文泰在偷袭窦泰军之前，曾为众将分析原因：“(高）欢前再袭潼关，吾军不过霸上。今者大来，兵未出郊。贼顾谓吾但自守耳，无远斗志。又狃于得志，有轻我之心。”针对东魏的进攻，宇文泰决定采取集中力量歼灭东魏最精锐的窦泰军，“且（高）欢起兵以来，(窦）泰每为先驱，其下多锐卒，屡胜而骄。今出其不意，袭之必克。克（窦）泰则（高）欢不战而自走矣”。宇文泰采取集中优势兵力歼灭敌人最精锐力量的策略，意图由此打破高欢三面合围计划，最终一击成功，将窦泰全军歼灭[13]。窦泰军的覆亡给高欢的打击很大，志文载窦泰死后“武皇奔车起恸，登城致哀”。他立即下令“撤浮桥而退”，并给转斗而前的大将高敖曹去信：“窦泰军败，人心恐动，宜速还，路险贼盛，拔身可也。”放弃了大举西进的军事计划。

他质问窦泰军监军杜弼为何没有及时劝止窦泰的冒进行动：“窦中尉此行，吾前具有法用，乃违吾语，自取败亡。”杜弼自我辩解时说：“刀笔小吏，唯文墨薄技，便宜之事，议所不及。” 可见窦泰完全未将高欢派给他的监军放在眼里。高欢虽明知杜弼无大过，还是将杜弼投入狱中，以泄一时之愤。甚至到高欢临终时，对窦泰之事专门留下遗言：“贻训魏后，加以殊数。”

小关之战的失利，不仅仅是窦泰一军之亡，更在于高欢一战定关中的计划流产。此后，东、西魏陷入旷日持久的拉锯战，最开始占据压倒性优势的东魏始终未能灭亡西魏，反而让西魏日渐壮大，并最终统一北方。

窦泰死后首级被西魏军取走，据《资治通鉴》载：“（东魏元象元年，538 年）冬，十月，魏归高敖曹、窦泰、莫多娄贷文之首于东魏。”这时候窦泰身首才得以合一。据志文记载，天保五年娄黑女去世后，天保六年，夫妻二人合葬，墓地迁到了邺城以西二十里，两人的墓志也应刻于此时。

《北齐书》只记载了窦泰死于天平四年，墓志则提供了更为清晰的亡故时间和地点：“以魏天平四年正月十七日薨于弘农镇所。”对于窦泰去世的年龄，墓志也有记载：“春秋三十八。”可谓英年早逝。

2. 窦泰墓具体位置

关于窦泰墓的具体位置，至今无确切考古成果。河南博物院藏碑刻墓志拓片参考资料中记载：“此墓志于一九一七年春出于安阳漳水之滨。”墓志记该墓的具体位置：“以齐天保六年，岁在乙亥二月壬子朔九日庚申，改窆于京城之西二十里。”又记周围环境“翟泉淄水，王侯共归，邢领瑕丘，贤明所志。左右山川，顾瞻城阙，地邻四野，道贯二都”。

据考古发掘报告，东魏北齐都城邺城位于今河北省临漳县西南约 20 公里处，南距河南安阳市 18 公里[14]。北齐皇族陵区大致分布范围相当于今磁县八里冢至曹庄村以北和滏阳河以南、大冢营至东陈村以西、槐树屯至东窑头村以东一带[15]，窦泰与娄黑女合葬墓当位于其中。

---

[1]赵超. 汉魏南北朝墓志汇编[M]. 天津：天津古籍出版社，1992：394-397.

[2]（唐）李延寿. 北史（卷 54）[M]. 北京：中华书局，1974：1951-1952.

[3]（唐）李百药. 北齐书（卷 15）[M]. 北京：中华书局，1972：193-194.

[4]（北齐）魏收. 魏书（卷 58）[M]. 北京：中华书局，1974：1303.

[5] 苏小华. 北镇势力与北朝政治文化 [M]. 北京：中国社会科学出版社，2012：27-30.

[6] 唐长孺，黄惠贤. 试论魏末北镇镇民暴动的性质——魏末人民大起义诸问题之一 [J]. 历史研究，1964（1）.

[7]杨振威.洛阳新出北魏元泰墓志考释[J].中原文物,2019(5).

[8]（北宋）司马迁. 资治通鉴（卷 157）[M]. 北京：中华书局，1956：4966.

[9]廖基添. 论魏齐之际“河北—河南”政治格局的演变——从东魏张琼父子墓志说起 [J]. 文史，2016（3）.

[10]赵芳. 娄太后与东魏北齐政治[D]. 天津：天津师范大学，2017.

[11]（唐）令狐德棻. 周书（卷 2）[M]. 北京：中华书局，1971.

[12] 马晓宁. 北齐宇文长墓志铭考释 [J]. 中原文物，2019（2）.

[13] 陕西省考古研究院. 咸阳北周拓跋迪夫妇墓发掘简报 [J]. 中原文物，2019（3）.

[14] 中国社会科学院考古研究所，河北省考古研究所邺城考古大队. 河北临漳县邺南城遗址勘探与发掘[J]. 考古，1997（3）.

[15] 沈丽华. 邺城地区东魏北齐墓群布局研究 [J]，考古，2016（3）.

数字化时代博物馆的信息共享与文化传播

马萧林
河南博物院

摘要：本文深入分析了数字化时代博物馆在文化传播、信息共享方面的新机遇与新挑战，以河南博物院为例，梳理了数字化时代博物馆文化传播与公众服务的探索、实践实例，展示河南博物院围绕探索开放融合发展方式、深入挖掘与活化文化资源、创新数字化表达形式、创新文化传播途径等方面，为提高公共文化服务能力、促进文化资源保护利用、提升文化传播能力做出的诸多有益实践。

关键词：数字化时代；博物馆；文化传播

博物馆是国家与民族文化的基因库，是保存和传承民族记忆与核心价值的主阵地，是展示和传播民族文化的殿堂。随着信息化技术的日新月异，博物馆在数字化时代面临着前所未有的机遇和挑战。本文拟谈谈数字化时代博物馆的文化传播迎来的新机遇、博物馆的信息共享与文化传播面临的新挑战，以及河南博物院在文化传播与公众服务方面的探索与实践。

一、数字化时代博物馆文化传播迎来新机遇

近年来，一些博物馆逐步建立起了以文物藏品数据为基础、以信息互联为支撑、以数字化应用和信息共享为核心的数字化管理系统。数字化技术的发展，打破了实体博物馆的时空局限，促进了博物馆传播功能的外化，丰富了藏品展陈方式，拓展了信息服务新维度，成为文化创新和文化传播蓬勃发展的新引擎。

1. 文化资源数字化建设提升了博物馆的文化传播力

伴随着博物馆信息化建设，各种数字技术在博物馆行业得到广泛应用，逐步实现了文物资源的数字化采集、规范化存储与管理。目前我国省级以上博物馆基本都已采用藏品管理系统，并逐步推进藏品信息著录工作。河南博物院 1997 年开始进行数字化建设，对文物数据进行采集与管理，研发了藏品管理系统，实现了文物数据的长期稳定保存与重复利用。经过十余年的发展，产生了海量的文物影像、视频、三维数据、展览影像、视频数据。2014 年数字资产管理系统投入运行，实

现了各项数据资源的规范化管理。其应用范围涉及馆藏业务管理、文化展示、学术研究、观众服务等方面，从根本上缓解了文物保护与利用之间的矛盾，成为支撑河南博物院发展的宝贵数字文化资源，大大提升了文化传播能力。

2. 数字技术的发展促进了博物馆与公众的信息共享与交流

数字化技术的应用，特别是互联网技术的兴起，推动了博物馆文化信息的共享，博物馆可以随时随地为世界各地的公众提供信息服务，促进了博物馆与公众的交流互动。目前，我国大中型博物馆基本都建设并开通了网站，基本陈列中都有多媒体展示，部分临展也有多媒体展示。1998年8月，河南博物院率先在全国博物馆界推出自己的网站，二十余年来，围绕公众的需求，我们不断改版与提升，为公众提供预约参观、文物欣赏、观看展览、聆听讲座等多项文化服务，成为博物馆与公众进行信息交流互动的平台，增进了博物馆与公众的文化交流。同时，互联网技术也促进了馆与馆、馆内部门与部门之间的信息共享。博物馆工作人员查询文物、展览信息更为便捷，为进一步提升科研能力、拓宽办展思路、促进文化交流合作提供了更大的发展空间。

3. 数字技术的应用增强了公众的文化体验效果

数字技术突破了传统博物馆的客观限制，博物馆的各类藏品可以借助新技术进行全方位展示，一些珍贵藏品和有特殊展示环境要求的藏品也得以向公众展出，数字技术拓展了文物展品的存在空间。比如，博物馆借助数字投影、三维扫描、增强现实（AR）、虚拟现实（VR）等新兴技术，辅之以专业的解读与呈现方式，让年代久远、内涵丰富、专业性强的藏品“活”了起来。一些沉浸式体验展让观众现场体验到文化的魅力，多样化的技术形式满足了公众不同的文化需求，使博物馆知识普及、文化传播效果大大提升。

4. 新媒体为博物馆文化传播提供了新途径

移动互联网技术的兴起促使社会进入全媒体时代。截至2018年12月，我国网民规模为8.29亿人，互联网普及率达59.6%，较2017年年底提升3.8%；手机网民规模达8.17亿人，网民中使用手机上网的比例由2017年年底的97.5%提升至2018年年底的98.6%，手机上网已成为网民最常用的上网渠道之一。新媒体时代改变了博物馆传统的文化传播模式，促使众多博物馆开通了自己的微信、微博，借助新媒体进行文化传播与文化互动，拉近了博物馆与公众之间的距离。

二、数字化转型期博物馆信息共享与文化传播面临新挑战

数字化时代，社会呈现出跨越式发展态势。数字技术不仅促进了新技术的涌现与技术迭代，还促进了社会各领域的深度融合，催生出新的协作模式，改变了人们的价值观念。与此相对应的是，数字化转型期博物馆的发展模式和发展理念相对滞后，不能满足社会公众的文化需求，博物馆面临新的问题和矛盾。

1. 博物馆文化传播的影响力不足

在全球一体化浪潮下，文化的重要性日益凸显。跨文化传播中，拥有文化传播的主导权，不仅涉及文化交流，还涉及国家安全、竞争能力、国

家影响力和话语权。全媒体时代“万物皆媒”，舆论生态、媒体格局、传播方式都发生着深刻变化。西方意识形态、各种庸俗文化，借助互联网肆意传播，宣扬各自的文化观念与价值取向，对我国传统文化造成冲击。传统文化的传承和发展是一个长期的内化过程，需要主流媒体持续不断的文化浸润，也需要博物馆发挥其应有作用，但是我国博物馆目前仍处于数字化转型期，文化传播机制敏感度不强，文化作品生产速度慢、周期长，全媒体格局之下，网络噪声大，博物馆文化传播的影响力和话语权相对较弱。

2. 文化传播与数字展示同质化现象严重

信息与文化的有机融合是数字时代的特征之一，文化传播则通过信息共享的方式来实现。在博物馆文化传播中，大多沿用的仍是文物展的老模式，以信息传播代替文化传播，缺乏对文物内涵的深度挖掘，核心理念表达不充分，文化表现创意不足，文化表达方式弱化，造成了文化传播同质化，文化精神内核与信息本体分离，文化价值被削弱，缺乏感染力。

数字化时代，增强现实、虚拟现实、人工智能、3D 打印等新技术不断涌现，虚拟博物馆、智慧博物馆、掌上博物馆等新型博物馆概念层出不穷，吸引了社会公众的广泛关注。不少博物馆试图以新奇取胜，纷纷进行文物数字化展示。然而，博物馆藏品门类众多，内涵丰富多元，过度依赖数字化技术，不足以实现有效的高质量的文化传播。由于缺乏对数字技术的适用范围、性能特点的理解，尤其缺乏对数字技术和文化价值的结合、数字化表现形式的探索，造成了博物馆文物数字化展示手段雷同，技术应用千篇一律。

3. 信息共享和文化传播创新与开放不足

数字化时代，社会各领域都在加速连接融合，寻求新的发展空间。在这方面，博物馆发展极不均衡，开放与融合程度差异很大。大多博物馆的文化传播形式仍然局限在实体展馆，依旧集中在基本陈列；文化传播渠道主要依靠传统媒体，以及自身的网站与微信等信息平台。博物馆虽然实行跨界，加强与社会其他机构的合作，构建合作共赢模式，但目前文化的跨界与融合仍处于浅表层模式，多限于形象的授权、信息的共享等肤浅层面。

4. 博物馆知识产权保护力度不够

数字技术加速了博物馆文化产品的涌现，博物馆的研究成果越来越多地以文字、图像、图形、动画、音视频、程序、软件等形式出现。博物馆公益性文化传播的属性，使博物馆的文化产品能够通过各种渠道进行传播。然而，由于博物馆对知识产权的保护力度不够，应对机制不完善，加之公众版权意识相对淡薄，互联网信息传播相关规范不完善，导致与博物馆有关的知识产权纠纷越来越多，侵害博物馆藏品、展览、商标等无形财产的事件时有发生。特别是进行跨文化交流与传播时，对于知识产权保护认知不足，也在一定程度上影响了博物馆的发展。

三、数字化时代博物馆文化传播与公众服务的探索与实践

数字化时代的最大特点是其跳跃性的发展逻辑，博物馆置身其中，首先要提升的是其面对未来的能力，增强自身的造血功能。无论未来如何

不确定，但民族文化的积淀与传承是其中的不变量。近些年，河南博物院坚持文化为魂、创意为王、科技为用的理念，积极开展文化传播与公共服务的探索和实践。

1. 探索开放融合发展方式，提高公共文化服务能力

坚持以公众为中心的共享共建理念。河南博物院作为中原地区重要的文物收藏单位，负载着华夏历史文化传播代言人的角色。在某种意义上，博物馆提供的不是单纯的物理空间，而是一个文化过程。博物馆要尊重和加强与公众平等的对话与交流，不断赋予它新的含义。

从 2013 年开始，河南博物院联合高校、媒体连续 7 年推出“中原文物网上有奖竞答”活动。活动以公众为主体，以中原文化为切入点，以开放性的互动交流为特点，通过手机微信闯关答题的形式，邀请公众对文物进行科学的猜想，活动没有标准答案，旨在鼓励多元化，激发公众对文物的思考与体验。7 年来，先后有 9 万余人参与答题活动，文化传播区域广泛，参与人员职业多样化，培育了一批中原文化爱好者，拥有了固定的粉丝群，有一部分还发展成为河南博物院《每周一品》栏目的作者，博物馆区域文化共享和集体共建的文化属性日益增强。

近年来，河南博物院坚持融合发展理念，在文化传播和公共服务方面走出了一条新路子。原创展览《鼎盛中华——中国鼎文化展》，通过博物馆与博物馆、考古机构、高校、企业、媒体，以及博物馆内部陈列、推广、社教、文创等多层次交叉融合，呈现给观众一场充满视觉冲击力、艺术感染力和学术渗透力的文化盛宴，被誉为博物馆“融合式发展”的典型案例。

河南博物院“历史教室”始创于 2009 年，它融合博物馆、学校、图书馆三方资源，借鉴“连锁经营”的商业模式，对教育项目进行公益性复制、连锁式推广，实现“连锁化”发展和“互联网 +”的“线下”与“线上”并行互动的博物馆教育体验。目前该平台已形成院内院外多地联动的连锁化发展新格局，每年开展四大版块、50 多个项目、600 多场次的互动教育活动，历史教室直接参与受众成倍增长。

利用先进的大数据分析等技术，探索数据驱动的发展路径，为博物馆的科学决策和发展助力。2011 年，河南博物院票务与观众统计分析系统投入运行，通过大数据技术，对公众群体参观路线、观展时段的数据进行归纳、整合和分析，判断展览的展示效果，并预测出公众的文化趋向，为博物馆开展多样化、差异化、特色化服务开辟了新途径。

2. 深入挖掘与活化文化资源，提升文化传播能力

深入挖掘文化资源内涵，促进核心文化理念传承。河南是华夏文明起源发展的核心区域，在中华文明中具有发端和本体地位，代表着时代文化的最高水平。近年来，河南博物院不断加强对中原文化的研究，努力打造学术精品。出版《河南博物院九大镇院之宝》系列图书，深入挖掘贾湖骨笛、妇好鸮尊等九件珍贵文物的文化内涵，将更多的文化信息呈现给观众。同时，河南博物院还参与央视《国家宝藏》栏目的录制，对镇院之宝进行深入解读与创新展示，利用该栏目热播，加大对中原文化的宣传，引发了公众争相参观博

物院的文化现象。

激活文化资源的当代价值，贴合当下公众生活。博物馆文化遗产品类繁多，内涵丰富，精神维度多元，是催生文化创意的资源库。2015 年，河南博物院联合中国丝绸博物馆共同主办的“百年风尚——旗袍与时装艺术展”,大胆地将“传统”与“时尚”两个看似对立的观念进行关联与融合，传统服装展示与时尚服装展示结合，静态展示与动态时尚旗袍秀相得益彰，并辅以一系列的公众参与活动，让一个原本内涵较为单薄的展览释放出强烈的冲击波，成为当时的文化热点，引发了观众的参观热潮。

开展文化资源融合与储备，提升传统文化的应变能力。数字技术为博物馆进行文化资源的整合利用提供了技术支撑。近年来，河南博物院从社会公众的需求出发,以专题展览的形式,有规划、有重点地对文化资源进行发掘与整理，逐步建立起特色文化资源库，以便应对社会公众的差异化需求，激发文化传播创作灵感，缩短文化产品生产周期，为寻求最恰当的呈现方式提供便利，同时也为文创产业的发展积累文化素材和要素。

3. 创新数字化表达形式，促进文化资源保护利用

创新展示手段，探索核心文化理念表达方式。数字技术有助于博物馆打破文化传播中的物化思维，用新的展示理念、新的技术手段去营造文化大视野，探索文化理念、文明演进的表达与呈现，引导公众进行深层次的交流互动，从而使公众获得更真实的文化感受，激发公众的想象力与思考力，促进公众获得思想上的启迪、精神上的陶冶，真正实现“以文化人”。

基于这样的理念，河南博物院推出“文明向心力”系列原创陈列，探索核心文化理念的表达与传承，在历史层面上前后贯通，链接当代；在精神和文化层面上提炼升华，意蕴深远；在形式表达层面，采用虚拟陈列、多媒体展示等多种手段加大文化传播的广度，与公众在展厅、线上形成互动，引导公众置身其中，获得认知提升与思想启迪。

利用数字技术丰富文化传播形式。一是利用数字技术探索文化展示的新方法。推出“智慧导览”，以智能手机移动终端为媒介，展厅导览、专业讲解轻松带领观众畅游“大象中原”。同时推出“100 件文物的老家故事”广播节目和“爱上博物馆”直播，联合影响力较大的媒体，展现院藏精文物、陈列展览、公众教育服务。二是利用数字技术探索移动互联网在线展示的新形式。以河南博物院院藏精品文物及河南境内文物保护单位为内容，推出“豫见国保”志愿者微博特展、微信网上展览、互动活动和线下沙龙等传播形式，吸引公众参与。三是利用数字技术拓展文化展示领域。探索 AR、VR、巨幕、投影大场景展示技术，重视三维展示和微观呈现。首先在展厅开辟历史教室，使观众能够近距离观摩、体验文物保护的过程，看到文物修复的细节，拉近公众与文物的距离。其次通过专题片《古代青铜器传统修复技艺》的拍摄，记录青铜器修复技艺，带领观众走进青铜器修复保护的场景之中。

利用数字技术实现创意文化的最佳表达。数字时代，海量的信息，碎片化的阅读方式，使公众的注意力成为稀缺资源。为此，河南博物院以文化为根本、科技为助力，提升文化创意传

播效果，实现文化影响最大化、观众体验最优化。2019 年两会期间，河南博物院联合“大河网”等推出了《中原藏珍》系列短视频，推介馆藏精品文物。短片一经推出就呈刷屏之势，成为“网红”产品，分别在院官方头条、官方抖音、官方微博、微信公众号、“学习强国”、“大河网”、“腾讯·大豫网”等平台上持续播出，形成社会看点。之后又推出了 10 分钟以内的《中原藏珍·讲述》系列长视频，通过专家深度讲述文物背后的故事，让文物活起来，进一步展现中原厚重历史文化。

4. 创新传播途径，营造文化传播良好氛围

创新“互联网 +”的文化传播途径，拓展宣传、新媒体、出版物等渠道，促进博物馆传统文化教育的普及转化。目前，河南博物院已经形成“互联网 +”新媒体新闻信息矩阵，通过官方网站、微信公众号、官方微博、河南博物院头条号、抖音公众号等渠道扩大文化传播。2019 年上半年，河南博物院微信公众号推出 4 个系列专题，总阅读量达 16 万人次，粉丝增长达 6 万人。官方微博自 2019 年 1 月开通以来，平均每月阅读量为 166 万人次，互动次数为 2000 余次。河南博物院头条号、抖音公众号自 2019 年 1 月注册并运转以来，半年增长粉丝 8 万人，头条号推送文物介绍 100 篇、抖音推送 78 条。新媒体使公众获取博物馆的文化信息更为便捷。

打造精品展览，探索立体化的传播模式。全方位整合藏品及相关文化资源，多视角、跨领域地打造具有人文情怀的展览品牌。近年来，河南博物院立足精品陈列，将科学研究、陈列展示、社会服务、文化传播、文化创意等进行充分结合，全方位展示传播历史文化。《谁·调清管·度新声——丝绸之路音乐文物》展览即是这一理念的探索与尝试。除了实体文物展示的创新，还采用了展演一体的模式， 在展厅专属互动区推出了“印、画、说、奏、做”系列教育活动及文创体验活动。同时，还采用了实体展览和虚拟展览相结合，在网站推出了 360 度全景虚拟展览，在微博、微信公众号开辟“丝路遗韵”专栏，推出 3 次展览讲解直播、听古乐、丝路音乐知识问答等多项互动活动，增强了文化传播的效果，使观众不受时间与空间的局限，随时可观看展览，增强展览的活力与吸引力。

构建以内容建设为核心的文化品牌传播体系。以国际化、现代化视野，创新性地策划、打造文化服务品牌，推动文化交流，让文物“活”起来。华夏古乐团是河南博物院对外文化交流的一张靓丽“名片”。围绕音乐文物，对华夏古乐原生态进行研发、复原、展演，为观众展演 12000 余场次，还频频走向社区、校园，走向全国各地，登上海外多地舞台。受文化部派遣赴美国 3 个州 5 座城市的近 10 所大学巡演；与韩国国立国乐院达成长期战略合作，两度赴韩国国立国乐院演出，并在敦煌联合召开“国际音乐考古学术研讨会”。

数字化时代，博物馆既面临新的发展机遇，也需要迎接新的挑战。在百余年的发展历程中，中国博物馆从来没有与时代联系得如此紧密，文化表达的意愿从来没有如此迫切，社会公众对博物馆的热情从来没有如此高涨。我们坚信，只要博物馆人紧跟时代步伐，把握时代脉搏，倾听时代声音，回应时代关切，博物馆的未来，一定会更好。

新时代博物馆教育做大行远的三大战略

——以河南博物院为例

丁福利
河南博物院

摘要：本文通过对中华人民共和国成立70年，特别是2008年我国博物馆实施免费开放以来河南博物院社会教育一些成功经验的梳理和探究，提出新时代博物馆教育做大行远应遵循的三大战略：一是追踪前沿更新理念；二是打造精品树立品牌；三是强化教育融合发展。

关键词：新时代；博物馆教育；发展；战略

中华人民共和国成立70年，尤其自2008年博物馆实施免费开放以来，河南博物院作为首批国家一级博物馆以及中央和地方共建国家级博物馆，其社会教育工作一直走在全国同行的前列，如每一次全国同类博物馆年度绩效考核均名列前茅；每次参加全国、全省讲解员大赛均取得优异成绩；志愿者服务屡获全国、全省最高荣誉；“历史教室”教育项目被国家文物局确定为“完善博物馆青少年教育功能试点”，被中国博物馆协会评为“首届中国博物馆教育项目优秀示范案例”；“数字教育公共服务平台”项目不仅入选国家文物局“互联网+中华文明”示范项目，而且荣获了“第四届全国十大文博技术产品与服务奖”；“历史教室数字课堂之考古知多少趣味考古系列”，荣获“2015—2017中国博物馆青少年教育课程十佳教学设计奖”；人力资源和社会保障部还被国家文物局与人社部联合授予“全国文物系统先进集体”称号。社会教育工作的大气象，使河南博物院呈现出勃勃生机、展现出多彩的魅力，为满足新时代人民群众对美好生活的需求发挥了突出作用，赢得了全国博物馆同仁的广泛瞩目和尊重。

回顾与思考河南博物院社会教育取得的成就，从战略层面探究其中做大行远的规律，不仅有益于河南博物院社会教育的可持续发展，同时对更多博物馆社会教育在新时代的发展也会有所启迪。

一、追踪前沿，更新理念，确保挺立潮头

是什么成就了河南博物院社会教育的大气象，河南博物院社会教育工作之所以能挺立潮头的主要因素是什么？笔者思考的答案是：理念引领成就了河南博物院社会教育的大气象，不断追踪前沿、更新理念才能确保永远挺立潮头。

人类历史的发展规律早已证明：思想是行动的先导；思想有多远才能走多远，思想有多高才能飞多高，落后的理念绝不可能引领出先进的实践。这

就要求我们博物馆人时刻“登高望远”，不断探究、吸纳国内外博物馆教育发展的新理念，感知博物馆教育发展的新动向，顺应博物馆教育发展的新趋势。基于这一认识，多年来，河南博物院的社会教育探索者们把博物馆教育学术研究的重点锁定在了“博物馆教育前沿”问题，针对国内外博物馆教育热点，在核心期刊和国家级专业报刊上发表了一系列研究论文，如笔者曾引发全国学术界长期关注、多次转载、转引的论文《博物馆教育的一个新使命和新机遇——关于博物馆配合学校素质教育的初步思考》《跟踪热点求发展——21 世纪中国博物馆教育应着力唱好的三部曲》《博物馆与建设社区——一个亟待探讨的课题》《大力推进志愿者工作——我国博物馆迈向国际化的一项重要内容》《强化公共服务——我国博物馆追求国际化与中国特色的双重呼唤》《论我国博物馆教育发展的新趋势》《教育、服务——我国博物馆可持续健康发展的新引擎》《博物馆教育的品牌建设之路》《试析理念创新对博物馆教育品牌可持续发展的影响》等。

研究表明，当今博物馆教育理念主要呈现出五个方面的发展趋势：一是以人为本，服务至上；二是国际惯例，中国特色；三是锐意创新，注重品牌；四是科学理性，迎合标准；五是线上线下，跨界发展。

“从实践中来，到实践中去”，“科研拉动高质量发展”。根据这些黄金定律，河南博物院多年来努力将上述不同时期研究探知的新理念，及时、系统地贯穿到博物馆社会教育的各个方面、各个环节，对实践起到了显著的引领和提升作用。用科研成果不断拉动河南博物院社会教育实践的创新发展，建构起了适应新时代需求，高质量、能引领，充满活力、称颂文博界的博物馆教育体系。

二、打造精品、树立品牌，确保做大做强

河南博物院的社会教育探索成就表明，先进的理念的确是居于引领地位的。但是，要把这些先进理念转化为现实，真正把博物馆社会教育做大做强，还必须借助正确的路径。实践证明，在众多的路径选项当中，确立“品牌战略”，着力并持续打造精品、树立品牌，则是做大做强博物馆社会教育的最佳“路径”。

河南博物院的社会教育工作在实施“品牌战略”方面，作为理论探索与自觉实践的双重“先行者”，得到了国内博物馆教育界的广泛认可。

早在 2003 年 6 月 8 日，作为当年河南博物院分管社会教育的班子成员，笔者在《中国文物报》上发表过一篇论文，题为《博物馆宣教工作也要打造精品、树立品牌》，开篇就明确提出：“在博物馆界，说起打造精品，不少人总想到陈列；说起树立品牌，不少人又都认为那是企业的专用名词。其实，博物馆各个方面的工作都需要精品意识并打造出自己的精品；市场条件下，博物馆也应当有品牌意识，并树立自己的品牌。总之，博物馆各个方面的工作都应该实施精品战略、品牌战略。因为它能够有效地带动全局的发展，这已被许多馆的实践所证明，博物馆的宣教活动也不例外。”笔者在文中不仅提出了观点，而且还提出了路径：“博物馆宣教活动如何打造精品、树立品牌，从而实施精品战略、品牌战略呢？……从各馆实际出发，找准本馆宣教活动中一两个或若干个重点环节，把它做精、做强、做大，形成局部的独特的优势和较大的影响，使之能够为本馆创造两个效益发挥突

出的作用，这就是一个行之有效的工作方法。”[1]

正是基于这样的思考，从这篇论文发表的2003年起，河南博物院的社会教育工作就自觉地步入了“品牌战略”的漫漫征途。

春去秋来16载。如今的河南博物院社会教育工作已拥有了“专业讲解”“志愿服务”“历史教室”“中原国学讲坛”“中原文化宣讲团”“暑期少儿活动节”“讲解培训基地”等一系列叫响中原乃至全国博物馆界，并深受公众欢迎、深刻影响社会的专业品牌。品牌效应赢得了政府、行业、公众、媒体的一致肯定，也牢牢奠定了河南博物院社会教育工作在全国同行中“第一方阵”的领先地位。

特别是备受国家文物局和中国博物馆协会关注的“历史教室”品牌。“历史教室”在国内率先借鉴国际博物馆教育惯例，引入国外“体验式教育”“沉浸式教育”先进理念而创建于2009年，专供观众深度体验博物馆文化，每年开展600多场次多种互动教育活动的200平方米多功能历史教室，历经十年磨剑，已冲出围墙，开始有计划地落户、扎根于大千世界，形成连锁化创新发展的大格局。目前已形成“1+8”格局，即院内1个、院外8个历史教室，博物馆、学校、图书馆三方融合发展，郑州、开封、洛阳、平顶山、商丘5地联动，以省会郑州为中心，东、西、南、北、中辐辏布局的新态势。一个中外博物馆发展历史上或许是第一个博物馆教育连锁机构的雏形已展现在世人面前。不仅如此，近年来还打造了历史教室数字课堂教育公共服务平台，为历史教室插上了“互联网+”的翅膀，实现了博物馆课程的“线上”与“线下”互动，开创了流动博物馆新形式，使历史教室用更经济、更简便、更生动的方式体现了当今世界博物馆“无边界”发展的重要理念，实现了更为灵活、机动和无限的教育覆盖。据统计，历史教室教育连锁机构在2018年累计开展四大类、50多项博物馆教育活动共计670多场次，直接受益青少年4万余人次，远远走在了全国同行前面。随着连锁机构“线上”与“线下”的双轨互动发展，预计2019年及之后的数字将大幅度刷新上述纪录。

三、强化教育融合发展，确保持续辉煌

2015年9月，联合国通过了《变革我们的世界：2030年可持续发展议程》，呼吁各国积极采取行动，用15年时间共同实现人类17项可持续发展目标。其中目标三是“确保健康的生活方式，促进各年龄段人群的福祉”。目标四是“确保包容和公平的优质教育，让全民终身享有学习机会”[2]。均与博物馆息息相关。在此背景下，“博物馆致力于社会的可持续发展”曾于2015年成为国际博物馆日的主题；该问题不仅一直是，而且还将是我国博物馆学术界热议的话题之一。那么，展望未来，河南博物院的社会教育工作将如何确保持续辉煌，从而更好地服务于社会的可持续发展呢？

首先，需要强化教育。一方面，2019年6月7日习近平总书记在俄罗斯圣彼得堡就联合国2030年可持续发展议程发表的演讲中强调，人类社会站在了历史的十字路口，可持续发展是破解当前全球性问题的“金钥匙”，破解三大主张之一便是“坚持以人为本，努力建设普惠包容的幸福社会”[3]。要落实习近平总书记对世界的这一承诺，我国的博物馆应加强社会教育，积极作为。另一方面，这也是践行国际博物馆协会对“博物馆”定义精

神，深入贯彻、落实我国《博物馆条例》之必然。2007 年国际博物馆协会对博物馆的定义首次将“教育”表述为博物馆首要职能，称“博物馆是一个为社会及其发展服务的、向公众开放的非营利性常设机构，为教育、研究、欣赏的目的征集、保护、研究、传播并展出人类及人类环境的物质及非物质遗产”[4]。2015 年 3 月 20 日开始实施的《博物馆条例》（国务院令 659 号，以下简称《条例》）总则中对“博物馆”的定义，在充分体现国际博物馆协会的定义精神基础上，结合我国国情，明确表述为：“博物馆，是指以教育、研究和欣赏为目的，收藏、保护，并向公众展示人类活动的见证物，经登记机关依法登记的非营利组织。”[5] 这就意味着，在当下和未来，“教育”已被我国国家法规确定为博物馆的首要职能及核心价值所在；这也就意味着“强化教育”是法律的责任、政府的要求、公众的期盼和博物馆的时代担当。“教育”，也必将成为推动我国博物馆事业可持续发展的新引擎。

可以预见，“强化教育”必将成为我国所有博物馆发展的优先方向和今后共同的自觉行动。因此，不进则退，河南博物院首先要比以前任何时候更加重视社会教育工作，才可能保住博物馆教育的传统优势和曾经的辉煌，并不断创造出新的辉煌，更好地服务新时代、服务社会的可持续发展。

其次还要走融合式创新发展之路。“融合式发展”的理念十多年来不仅为国防建设，也为社会许多领域的发展带来了巨大变化。河南博物院在全国文博界较早倡导并有意识地引入、尝试这一发展理念，大力实施跨界融合、开放合作、互动多赢，推动本院在陈列展览运作、华夏古乐展演等诸多方面取得了令政府、公众及国内外同行瞩目的成就。

“融合式发展”的理念经过十多年在博物馆界的探索和实践，如今形成了一些新的时代表达，如“跨界合作”“超级链接”或“无边界发展”等，但并无本质的不同。河南博物院在博物馆社会教育方面不乏“融合式发展”的成功探索，比如我们的多功能历史教室冲出围墙开创连锁发展大格局，就是大胆跨越单位、跨越领域，融合麦当劳、肯德基这样的商业连锁经营模式，融合在校教育部门、相关公共文化机构、相关博物馆、相关企业的优势，对博物馆教育品牌进行“复制”、推广、提升与共享的结果。“融合式发展”是经实践充分证明了的能够推动博物馆教育做大做强的一个新的发展理念和创新发展模式，其应用前景广阔、潜力巨大。相信我们未来的博物馆教育只要能够顺应趋势、把握前沿，大力运用“融合式发展”理念推动工作，就一定能够不断地巩固老品牌、培育和打造新品牌，使博物馆教育持续发展、长盛不衰，为落实联合国“确保包容和公平的优质教育，让全民终身享有学习机会”的倡议，为满足新时代我国人民对美好生活的向往，做出积极的、更大的贡献。

---

[1] 丁福利. 博物馆宣教工作也要打造精品树立品牌［N］. 中国文物报，2003-06-18（3）.

[2] 联合国. 变革我们的世界:2030 年可持续发展议程［OL］. 外交部官网，2016-01-13.

[3] 郝方甲，刘华. 在圣彼得堡国际经济论坛上，习近平主席这么说!［OL］. 新华网，2019-06-08.

[4] 崔波，杨亚鹏. 国际博协博物馆定义集锦［N］. 中国文物报，2017-10-25（5）.

[5] 博物馆条例（国务院令第 659 号）第一章第二条［OL］. 中国政府网，2015-03-02.

以人为本　守正创新

——河南博物院社会教育90年发展之路

林晓平
河南博物院

摘要：从隶属于保管部的宣讲员到独立的宣教组，再到集讲解接待、宣传推广、研学旅行、课程研发为一体的社会教育服务部，河南博物院4代社教人薪火相传，砥砺奋进。90年来坚持“以人为本　守正创新”，伴随着教育服务岗位从无到有，志愿者团队从小到大，教育方式从单一到多样，走出了一条具有河南博物院特色，适合省情、国情的发展之路。

关键词：博物馆；教育；创新

一、青山不老，日迈月征

从隶属于保管部的宣讲员到独立的宣教组，再到集讲解接待、宣传推广、研学旅行、课程研发为一体的社会教育服务部，河南博物院四代社教人薪火相传，砥砺奋进，90年来坚持“以人为本　守正创新”的发展之路，参与、见证了我国博物馆教育服务事业逐步走向辉煌。

二、如月之恒，如日之升

据《河南博物馆馆刊》记载，河南博物馆1927年7月创立于省会开封，当时宣传教育机构没有独立，仅在保管部设有宣传员、宣讲员，主要由雇员担任，其责任是看管展厅（室），以服务和咨询为主。当时到河南博物馆参观，需要购买门票，每年平均接待观众约10万人。

1931年1月前后，当时的河南省教育厅颁布了《河南博物馆组织条例》，进一步明确了河南博物馆的宗旨：发扬固有文化，提倡学术研究，增长民众知识，促进社会文明。

1948年11月，开封解放，河南博物馆的宣传和教育工作仍隶属于保管部。

1953年，河南博物馆被明确为地志性博物馆，这是河南博物馆社会教育工作历史上的第一个里程碑。这一时期，为适应博物馆教育工作需要，保管部增设宣教组，之后根据当时的社会实际情况更名为群工股。也就是说，从博物馆学角度来讲，河南博物馆的教育职能第一次独立出来，与保管、收藏、研究共同完成其使命。但是群工股成员主要由当时的文工团员和部分学生组成。

1961 年，河南省政府迁至郑州，河南博物馆也在郑州市人民路 11 号选建了新的馆址，更名为河南省博物馆。讲解组组员超过 80 人，大部分是从各厅局抽调的人员。这支实力雄厚的教育队伍配合“河南历史文物展览”“河南革命文物展览”两个基本陈列，为学生和现役军人等集体观众提供讲解教育服务。讲解接待量的增加无疑使讲解员面临更多的观众和专业性较强的提问，讲解员专业知识充电势在必行，为以后形成讲解员的培训机制奠定了基础。这一阶段的讲解组在保证完成讲解任务以外，有时还被调配到其他部门，比如参加文物征集以及撰写讲解词等工作。

1964 年是本馆社会教育工作的第一个高峰期，讲解组再次更名，称群工组。具有时代特点的临时性特展增多，如“河南历史陈列”“雷峰同志事迹展览”“焦裕禄同志事迹展览”等，河南省博物馆首次公开招聘、组建讲解队伍。讲解员少、观众多、展览任务重，群工组内外兼修，对内采取三班倒，对外采取预约和组织集体观众的参观办法，为所有的集体观众提供讲解服务。《河南博物馆馆刊》中有这样的记载：“讲解员讲英雄，学英雄，以实际行动为观众服务。”除耐心细致地讲解之外，还鼓励讲解员为观众做好事，群工组每天都会收到具有正能量的观众留言，累计过百。除在展厅为观众讲解外，群工组还携带小展板外出宣讲，这也是河南博物院社会教育服务部中原宣讲团的前身，“孙乐义”和“3211 钻井队”等都是外出宣讲次数较多、受群众欢迎的流动展览。然而好景不长，1966 年以后十年间，在特殊的历史背景下，群工组人员大部分被下放，群工组与展览组合并。

从 1970 年到 1978 年，河南省博物馆举办的临时展览比较多，每年平均的参观接待量达三四十万人次，以组织集体观众为主，对个体观众实行售票。讲解员仍归属展览组，主要业务是讲解，也从事编写和修改讲词、文物征集以及展览策划。

1979 年，河南省博物馆为突出教育工作，再次将社会教育功能从展览组分出，10 名工作人员组成群工部，陈东岭、张美荣先后担任主任。群工部工作任务包括讲解、卫生与展品安全，讲解员戏称自己是三大员。这一时期，入职河南省博物馆的年轻员工中，普通话标准、形象好的留在讲解队伍，原有年龄偏大的讲解员转岗到其他部室。长期一线工作经验的积累和坚持学习，分流后的讲解员后来不少都成为馆级、部门领导。这一阶段，观众年平均接待量超过 20 万人次。

三、木欣欣以向荣，泉涓涓而始流

20 世纪 80 年代，随着改革开放事业的发展，河南省博物馆先后恢复了“河南历史陈列”和“河南革命文物陈列”，开放的中国迎来了不少外宾，河南省博物馆也同样如此。群工部讲解员开始为专业团体和重要外宾提供讲解接待，甚至在下班后或休息日外宾来参观，讲解员也会牺牲休息时间，热情地为国际友人提供讲解，受到观众好评，河南省外事简报也常提名表扬。1983年，本馆以王学敏、张英群为代表的讲解员不断挑战自我，尝试撰写论文、组织对外学术讲座、参加学术研究活动。在她们的带动下，其他讲解员充分利用业余时间，以电大、夜大、自考等形式提高文化素养。河南省博物馆的社会教育队伍向着专业化、知识化、规范化方向发展[1]。

1984年河南省博物馆再次调整管理架构，群工部更名为群众教育工作部，有14名成员。教育一词在组织架构中出现，标志着河南省博物馆在公共服务以及博物馆学发展方面走在了国内同行业前列，极具引领性。为了与时俱进，适应社会对博物馆教育提出的新要求和博物馆自身发展的新趋势，群教部内部机构随之进行调整，张美荣、常俭传先后任主任。四年以后，也就是1988年，河南省博物馆在群众教育工作上做出了一系列具有开拓性的工作。一是坚持学习，提高专业水平。二是展室内明显位置设立咨询服务台。三是建立电教室，播放参观须知、展览概要，以彰显博物馆教育功能。四是总结吸取国内外博物馆的运行经验，组建博物馆之友。五是主动邀请新闻部门及有关单位参观新展览。六是增加博物馆简介、展览图录、专业书籍、饮料销售等服务项目，亦堪称较早的博物馆文创衍生品。

1989年，群众教育工作部更名为社会教育部，负责对观众的宣传、联络及参观、讲解、教育活动的组织工作，博物馆社会教育功能进一步凸显。王学敏担任主任，丁福利、毛宝枝、赵红霞先后担任副主任。根据工作需要，部门下设讲解咨询组、电化教育组、宣传联络组。河南省博物馆的社会教育工作由以讲解为主的单一型向宣传联络、讲解咨询、电化教育、社会教育等多面型展开。尤其是进一步加强管理，以坚持业务考核、专业训练为具体措施，狠抓讲解服务水平和讲解的积极性，使讲解队伍成为一面服务社会、展示河南历史文化的旗帜。其服务水平从当时的观众留言中可窥见一斑："讲解员认真细致，语言清晰，感人肺腑，催人泪下。""讲解员讲解流利、知识丰富，使我们学到了许多东西。""讲解员仪表大方，声音优美，吐字清晰，普通话标准流利。"1992年，在"河南文博系统首次讲解比赛"和"全国文博系统讲解比赛"中，河南省博物馆选送的赵唯唯分别获得第一名和优秀奖。此时，社教工作一个最大的新突破是观众宣传联络与服务工作由被动转为主动，新闻宣传报道空前活跃；通过上门、电话、发函等形式大量约请观众参观，传递资讯及活动信息。这一时期观众年平均接待量一般在25万人次。

四、蛟龙得水，及锋而试

1994年至1998年间，河南省博物馆更名为河南博物院，乔迁新址。这座国家级、现代化的综合类博物馆的对外开放，标志着河南省博物馆事业再一次走在了全国同行业的前列。崭新的河南博物院在社会上引起了广泛关注，社会教育工作也面临集体观众为主转为零散观众为主的转变。此时的河南博物院社教部沿用原名，其社会教育工作处于由教育型向服务型转变中。这一时期观众年平均接待量一般在四五十万人次[2]。

1998年到2008年之间，是河南博物院全新面世的第一个10年，社会教育硬件、软件再次得到提升，有偿讲解服务成为热点。作为河南省重要的公共文化窗口，社会教育部职能涵盖讲解咨询、接待服务、电化教育、宣传联络，负责售票、检票、讲解、咨询、宣讲、贵宾接待、馆内庆典服务，工作人员超过40位，王学敏、刘玉珍先后任主任。统一着装，佩戴标志，树立良好形象；坚持先培训后上岗，保证服务水平；提拔聘用人员担任副科级职务，为队伍建设提供动力；增设休息椅、参与厅、童车和轮椅、伞架等服务设施，融入人性关怀。这一时期，河南博物院的社会教育工作乘着国家博物馆事业大发展的东风，再攀高峰，呈现突出新闻报道、开拓观众市场、打造讲解队伍、丰富教育体验活动等鲜明特点。

除了借新闻媒体广而告之扩大影响外，河南博物院专门成立了公共关系部。社会教育部和公关部联手，采用重点突破策略，进行选择性宣传。比如，通过拥军活动争取部队官兵参观，通过减免门票吸引大学生参观，参加各类旅游推介活动并与旅行社签约，发行中小学生年票和成人年票。这些举措丰富了博物馆观众类型和年龄层次。对外发展观众的同时，也没有放松培养讲解队伍，先后获得两个全国一等奖、六个全省一等奖，柳恒、刘璐两名讲解员获得河南省五一劳动奖章。这些优秀的博物馆教育工作者立足岗位，以崇高的敬业精神和高水平的讲解为观众服务，听讲解变成了时尚、高标准接待的象征，被誉为靓丽的风景线。这一时期的有偿讲解以及讲解员聘用制、动态管理，激活了博物馆教育服务，年平均讲解超过6000批次，为解决讲解队伍不稳定、青黄不接等困扰博物馆管理已久的难题提供了新的突破。

2000年，河南博物院为满足不同层次观众讲解的需求，同时为社会提供新的教育服务形式，开始组建志愿者讲解队伍。由于社会上对志愿者这一概念还比较陌生，招募并不顺利。社会教育部主动前往省内高校，通过大学团委鼓励大学生到河南博物院进行义务讲解。大家纷纷反映“做了志愿者才知道什么是真正的博物馆教育”。吸收志愿者到博物馆讲解是一种为社会提供教育服务的重要方式，志愿者首先接受的是博物馆教育，而且是比普通观众更深入的教育形式。另外，志愿者的加入扩大了博物馆的教育队伍，同时为志愿者实现自身价值提供了空间，满足其成就感，倡导了讲奉献的社会新风尚。2004年，河南博物院引进了“古罗马文明展”，河南博物院公开招聘志愿者，这是第一次大规模招募活动，报名者络绎不绝。通过考试，从300多名报名者中选出70名志愿者进行培训。这是一支热情高、奉献意识强、文化基础扎实的博物馆教育队伍，他们成为特展讲解的主力军。以李玉凤老师为代表的第一批志愿者目前仍坚持在河南博物院服务一线，已整整15年。高效、热情、充满时代气息的志愿者讲解扩大了展览宣传，是探索博物馆社会教育工作的新途径、拓宽博物馆教育渠道的成功之举。借“古罗马文明展”之机建立的河南博物院志愿者团队，成为国内博物馆界发展较早、管理规范、贡献突出的志愿者队伍。这一时期，良好的环境、高品位的展览、优质的教育服务使得河南博物院社会教育部一次次成为社会焦点，先后荣获全国城镇“巾帼文明示范岗”、共青团中央“青年文明号”、全国“五一劳动奖”等荣誉。

五、砥志研思，守正创新

2008年至2019年，河南博物院迎来了中国博物馆事业发展的黄金时期，不仅成为国家首批一级博物馆，而且也是中央与地方共建的国家级博物馆。伴随着博物馆免费开放、主展馆提升改造、文旅融合的三大机遇，顺应国际与国内博物馆发展趋势，以全国博物馆“三贴近”试点单位要求为指针，坚持公益属性和社会效益第一的原则，注重干部队伍建设，深耕馆藏资源，强化跨界学习，河南博物院社会教育队伍空前壮大，专业博物馆教育工作人员最多时超过120人。2010年原独立的社会服务部并入社会教育部，改称社会教育服务部，这是河南博物院在博物馆学科研究与实践领域的有益尝试，也是中国博物馆突出教育服务功能的时代标识。这一时期先后任主任的刘玉珍、林晓平始终把社会教育和服务作为优先和重点发展方向，根据新形势的需要，各项工作突出特色，打造品牌，在“人无我有、人有我精”的方向上阔步发展，在为公众提供多层次、高品质、全覆盖教育服务的同时，在传承老一辈社教人优秀团队文化的基础上，先后培育出“展厅讲解”“特约讲解”“中原历史文化宣讲”“巧手绘国宝”“河南博物院志愿者团队”“中原国学讲坛”“河南讲解培训”“传统文化育苗工程”“暑期国宝特训”“连锁化历史教室”“暑期少儿活动节”等教育服务品牌，树立了良好的社会形象，产生了较强的影响力，真正实现了把当年的文物收藏地变成当地的文化客厅。2018年河南博物院社会教育服务部受到国家人力资源和社会保障部、国家文物局联合表彰，被授予“全国文物系统先进集体”荣誉称号。这一时期观众年平均接待量在140万人次，最多一年超过了230万人次，年均为社会提供志愿者服务10万小时。

新形势下，公众对博物馆提出的服务要求更具时代性，我国博物馆教育工作也呈现出显著的针对性，向着分众化发展。在河南省文物局指导下，依托河南省博物馆学会和河南博物院建立了河南讲解培训基地，这是河南省唯一一家为专门培养博物馆讲解队伍而建立的平台，成立之初就设定以“立足文博，面向社会，立足中原，面向全国”为服务宗旨，自2008年挂牌以来，围绕“专业引领、适时灵活、定制服务”之原则，迅速叫响全国，深入到税务、交通、大学、党政机关等多个领域。截至目前基地共举办全国性讲解培训班60期，培训省内外博物馆教育工作者超过3000人，覆盖我国大部分省份和自治区、直辖市。2009年，借河南博物院提升改造之机，社会教育服务部大胆创新，同时经多方论证，策划了特殊的专属教育空间——历史教室，200平方米的历史教室集文博小讲、文物保护观摩、观众自办展览、文物手工制作、图书阅览多种功能为一体，为公众提供博物馆参观深度体验。参考商界可复制、连锁化的运作理念，河南博物院历史教室走出围墙，与郑州四中、河南省实验中学、郑州市培育小学、河南省少儿图书馆、平顶山博物馆、开封博物馆、洛阳博物馆等单位联手，建立历史教室分部，形成院内、院外协同发展、共性与个性并存的合作格局。为保证连锁化顺利实施，连锁历史教室制定培训制度，建立了由专业教育员、相关领域专家、志愿者组成的教育资源库，平均每年为公众提供义务教育服务和体验活动超过400场。2014年，国家文物局将河南博物院连锁历史教室确定为“完善博物馆青少年教育功能试点”，参加中国博物馆协会举办的“首届中国博物馆教育项目优秀示范案例”评选，榜上有名。随着数字信息化的发展，历史教室于2016年着手数字化建设，其中数字课堂以历史教室课程为内核，通过“互联网+”的理念和新媒体技术支持，建成在线的博物馆文化教育平台，让河南博物院历史教室从此插上了腾飞的翅膀。

2008年至2019年，对河南博物院社会教育来说也是最具挑战性的11年，经历了两次场馆提升改造的两次闭馆，特别是2015年7月14日主展馆闭馆以后，因市政大规模施工，我院的社会教育工作面临院南大门关闭、志愿者之家关闭、观众出入改至西大门、参观线路不流畅、参观面积仅有900平方米、未成年人参与体验区设备简陋等重重困境。社会教育服务部干部员工齐心协力，砥志研思，守正创新，制定严密的计划，完美实现主展馆2015年7月14日闭馆，15日西配楼临时开放的无缝对接，并以“互联网+志愿者服务”的方式服务公众，紧抓志愿者微博、志愿者微信平台，志愿者们称“双微显神通，博物馆场馆减小，咱志愿者让它影响力不减小”。自2018年6月以来，河南博物院志愿者团队发起的“豫见国保”话题，已经连续运行18个月，推文512条，阅读量达1315.6万人次，海报、子话题等配套体系进一步完善。

博物馆教育理论和互联网发展迅速，深刻影响着我国博物馆教育工作。河南博物院社会教育服务团队深知慢进则退的道理，在完成日常工作外，潜心提升专业研究能力，在理论研究层面也收获良多，编写基本陈列、特展、临展等各类讲词300多万字，发表论文200余篇，承担厅局级、省部级各级课题18项，出版科普读物26本[3]。

以人为本，守正创新，与时俱进，争创一流。伴随着河南博物院教育工作从无到有，志愿者队伍从小到大，教育方式从单一到多样，走出了一条具有河南博物院特色、适合省情国情的发展之路。截至目前，已接待来自国内外观众近7000万人次。党和国家领导人毛泽东、江泽民、胡锦涛、习近平等及其他国家元首都曾先后来这里参观考察，并给予极大的鼓励和高度的肯定。

90年来，河南博物院社会教育工作始终贯穿“以人为本　守正创新”的宗旨，优秀的河南博物院社教人艰苦奋斗、无私奉献，不断凝聚力量，书写着流金岁月。面对公众的新要求、新期待，河南博物院社教人更加清楚地认识到：讲好中原故事，全心全意为人民服务的征程，只有起点，没有终点……

---

[1] 王学敏．河南省博物馆六十年来的教育工作［J］．中原文物，1987（7）．

[2] 丁福利．教育·服务——博物馆可持续健康发展的新引擎——以河南博物院为例［J］．中国博物馆，2015（8）．

[3] 林晓平，刘璐．默默坚守　孜孜以求［N］．中国文物报，2017-7-18.

文博类音视频课程平台开发初探

宋　华
河南博物院

摘要：新时代对博物馆的职能有了新的要求，如何让文物“活”起来，让公众爱上我们的历史文化，并且主动成为传播者，是博物馆人的工作方向。当今互联网、IA时代的新科技、新思维带给我们冲击，同时也鼓励我们积极探索创新，利用成熟的平台搭建我们与公众的桥梁。文博类音视频课程平台的开发就是一项积极的探索。本文旨在通过对文博类音视频课程产品开发的优势和劣势进行分析，提出产品架构和要素的建议，并运用具体实例进行简单的阐释。

关键词：音视频课程；互联网；新媒体；IA时代；知识付费

目前在中国风起云涌的知识服务的整体环境中，一方面知识付费已经成为一种常态，新媒体的知识付费体系正以最快的方式用互联网工具链接所有人；另一方面，国内文博行业各单位的互联网融媒体平台正在积极打造，急需补充内容，增加用户关联性。为了搭上这班高速发展的列车，跟上让文物“活”起来的时代热点，为即将到来的新一波文物网红热造势，文博行业可以开设文物故事音频课程平台，用新的话语体系定义文物知识及与公众关联的方式。该平台一经建成，将会参与到构建文博行业教育与传播功能的新模式中。本文旨在通过对文博类音视频课程产品开发的主要优势、劣势进行分析，提出产品架构和要素的建议，并运用具体实例进行简单的阐释。

一、文博类音视频课程市场前景分析

（一）外部环境发展良好

1. 习近平总书记在党的十九大报告中提出，要坚定文化自信，推动社会主义文化繁荣兴盛。他说，没有高度的文化自信，没有文化的繁荣兴盛，就没有中华民族伟大复兴。要坚持中国特色社会主义文化发展道路，激发全民族文化创新创造活力，建设社会主义文化强国。在国家的大力支持下，许多企业纷纷转向文化产业的发展，在China Joy 2018中国国际数字娱乐产业大会上，腾讯副总裁、腾讯影业首席执行官程武谈道："向世界讲好中国故事，打造出更多受欢迎的中国文化符号，不仅是企业的机会，产业的机遇，其实也是国家进一步提升文化软实力的关键所在。"

2. 外部环境对文博行业的支持可谓"一片大好"，各种文创产品应运而生的同时，与文博相关的音视频节目也在不断圈粉。《国家宝藏》等一系列的文博类综艺节目上线，引起了公众的兴趣。中信书院推出的《宋画十讲》《国家宝藏》《史记》等一系列有声书籍，喜马拉雅推出的《中国通史大师课》《马未都 X 国宝 100》等收听节目，《三联生活周刊》的音、视频 APP——中读推出的《了不起的文明现场》《宋朝美学十讲》……都拥有大批的粉丝。比如《了不起的文明现场》，3 个月时间已经有近 25000 人订阅。

3. 今年流行的一个词叫"斜杠青年"，指的是很多人可以同时在几个领域实现自我价值。随着新时代的到来，整个社会重新燃起了对知识的渴望和崇拜，这将给知识型人才带来巨大的机会。时代的发展给象牙塔里的我们带来了冲击，我们有专业知识和资源，只要以跨界为前提进行发展，将会很快和世界接轨。同时我们的资源也能开发成知识产品，迎合新时代知识型人才所需。

（二）内容专业，优势明显

1. 博物馆内容资源丰富。都说好的产品是以内容为王，文博行业是"自带 IP"的行业，上下五千年的历史，涵盖了整个社会的历史发展与演变，资源多，内容丰富，可塑造和创新性强。

2. 专家云集。文博行业专家云集，对于文物及相关学科有很深的研究。

3. 用户定位准确、忠诚度高。文博类音视频课程产品属于文化创意产品。用户驱动是重要的基础。从博物馆开馆的第一分钟开始，第一位进入博物馆的观众就成了目标客户。有博物馆的环境烘托，用户很快能够通过二维码、人工宣传等方式接收到产品信息。宣传成本低，效果显著，是文博行业最大的优势。

（三）竞争的劣势

尽管从外部环境和内部资源来说有很多优势，但是一些劣势也不容忽视。

1. 影响范围小，不够普及

尽管目前国家出台了相关的文化扶持政策，由于国家引导、政府支持、国际瞩目等多方面因素的推进，人们逐渐把目光转向了文博行业。但是，不得不承认，文博行业在众多行业中依然处于朝阳阶段，影响范围小。有人说，提起文物就三个概念，"历史悠久""贵""看不懂"。大众把博物馆视为精神殿堂，社会对文物的认知缺乏普及，文物也像隔着一层神秘的面纱。市场需要培育过程，但是如何为公众揭开神秘的面纱，用更多更好的故事吸引公众，提高大家的认知水平，是该项目团队必做的功课。

2. 自己制作，上升空间受限

博物馆是一个"五脏六腑"齐全的机构，很多博物馆都有自己的信息管理中心，拥有自己的音视频人才。但是，由于文博行业内对专业人员的评估自成体系，限制了此类专业人员的学习与发展。另外，对于音视频制作，本身是一个专业及硬件日新月异的领域，与社会上其他专业相比，我们无论从知识储备还是硬件设施上，优势很快变成了劣势。博物馆信息中心人员应该提高对本馆资源的认知，成为跨界的桥梁与守门人，借助外界的力量提高自己的专业水平。

3. 制作、运营不够专业

博物馆制作音视频平台的确是跨行业的。没有电视、广播媒体的硬件专业，没有纸质媒体的营销专业，这些都会成为这项工作中难以逾越的壁垒。同时，由于在这些方面不专业，也很容易被有经验的不良企业所诱导。另外，在市场规律的作用下同质竞争在所难免，这些都是应该注意的问题。所以在选择合作伙伴上一定要反复斟酌，建议借助已有平台进行初期开发，继而再进行深度开发。

二、音视频课程架构

对文博类音视频课程产品外部与内部环境的分析，可以更精准地整合资源，为项目做准备。下面谈一下具体的架构设想。

（一）听书产品

首先，挑选趣味性、大众化的已有版权书籍进行再加工；其次，将市面上出版的有关历史文化类的新书，进行解读，制作一份书单；最后，请作者介绍新书的思想与内容。

（二）音视频课程产品

首先，将已有的视频编辑成课程，比如将河南博物院“中原国学讲坛”等已有的音视频产品进行整理上线；其次，将每一个展览进行短片介绍；最后，将重点文物进行一一解读，比如将“每周一品”进行开发（后面将以河南博物院已出版纸质书籍《每周一品》为例）。

（三）数字阅读产品

首先，在发布音视频时编发与之相关的图文，让用户在收听、收看的同时可以进一步看到文字与图片材料，特别对于文物鉴赏来说，文物的3D效果更加直观。其次，对新出版的专业书籍或经典专业书籍可以进行简单的介绍推送，同时链接具体产品。

三、音视频课程制作的四大要素

骨架搭建是基础，关键要看核心。下面将对用户、技术、运营、内容等四大要素进行分析。

（一）用户要素

第一，在用户获取方面博物馆有自身的空间展示，让用户自觉通过广告形式下载我们的产品；第二，可以利用一些社会媒体的工具，帮助用户在利用工具的情况下，自愿地关注、订阅和下载产品；第三，我们可以通过很多内容的创意传播，比如在网站、微信公众号、微博上转发原创短视频、海报；第四，整合资源吸纳其他平台的用户，我们通过优秀产品的分发和整合，从其他产业生态的移动互联网终端整合导入用户，比如与喜马拉雅、中信书院、中读等优秀平台合作，选择他们的文化历史类等内容置换用户；第五，通过与爱奇艺、知乎、网易云课堂、哔哩哔哩、优酷、腾讯等平台合作，整合用户资源，最终把用户逐步沉淀下来。

（二）技术要素

首先，采用小程序等辅助工具，根据用户应用场景锁定用户，可以为用户提供很多免费产品，比如在旅游场所、学校、酒店等可以收听收看部分内容；其次，采用多企业架构策略，为其他平台的核心产品提供底层知识服务支持，这样我们也可以共享他们的用户，比如电台、电视台、音视频平台、有影响力的APP；最后，采用用户标签和内容标签两个系统深度开发，帮助用户寻找他们喜欢的内容，节省用户时间成本。

（三）运营要素

首先，数据驱动运营，基于用户使用行为数据分析，更好地为用户提供有针对性的运营服务；其次，推行有限开放平台策略；再次，增加用户的互动体验；最后，注重知识的趣味性、传播性。

（四）内容要素

我们是知识产权的运营者，首先要推行版权储备策略，把版权当成知识服务的底层价值；其次，在文字上有完备的三审三校、一通读一质检的严格流程；最后，我们要为用户提供体系化知识，绝不是碎片化的知识，学习时间可以碎片化，但学习结果必须结构化。

四、以河南博物院出品书籍《每周一品》为例

河南博物院《每周一品》已出版了四期，一期介绍52件文物，目前已有208件文物在书中进行了详细的解读。要考虑如何将这四本书分期进行开发，可以将课程分成几个系列，如材质、历史年代、区域……

比如青铜器课程，一期课程介绍一件青铜器，分三个部分，从青铜器的外形，到青铜器的文化解读，再到青铜器的比较研究。在语音播放的同时，可以把文物图片和课件文字一起呈现给用户。用户可以直观地了解文物，同时能够对课程内容反复学习。

课程下方可添加用户打卡记录、留言区域，增加互动性、体验性。

在课程推出同时，也可以在平台上代售《每周一品》纸质书籍。

可以组织用户与专家、作者线下见面会，进行深度交流，增加用户的关联性，为品牌塑造提供更多的外延性。

就在本文即将结束的时候，中读刚刚上线一款《我们为什么爱唐朝》的音频产品。该产品首次采用剧情式结构，10条线索立体还原盛唐风貌，邀请了11位名家，每章节后附主题书单（共50本），每章精选1～3篇《三联生活周刊》主笔相关选题报道，听课的同时延伸阅读扩宽视野。在每一章节的底部还有参与打卡后写听后感的活动，在一定时间内听完，可以领取电子证书和限定周边产品。

互联网时代给博物馆带来了很多的可能性，人工智能技术的大势将会普遍渗透、影响到每个行业。过去想要尝试一项新的技术，往往要花大价钱去购买技术，现在可以通过租赁来实现，尝试这项技术是否适合项目发展，如果不适合，取消服务，再换别的。本人认为，为搭建平台做好准备，不代表必须立刻引进技术。每一项技术都会经历一条走向成熟并被采用的曲线，博物馆只需要深挖自己的资源，搭载成熟的技术平台。如何做好产品本身，让用户喜爱历史文化并且乐于传播，是博物馆人要研究的重要课题。

河南博物院网上专题“每周一品”历程述略

张延红
河南博物院

摘要：河南博物院网上专题“每周一品”开办多年来，先后品读了260件（套）文物精品，参与写作的作者百余位。其中有文博单位的职工，也有来自高等院校的教授、学生。依托该栏目编撰的《中原藏珍品鉴》系列图书、举办的“中原文物有奖竞答活动”、拍摄的文物纪录片《中原藏珍》和《中原藏珍·讲述》受到公众的青睐。

关键词：每周一品；《中原藏珍品鉴》；趣味猜想

2019年年初，河南博物院网站的首页进行了第五次大的改版。改版后的首页页面简洁、大方而不失庄重。“本院概览”“文博咨询”“陈列展览”“典藏精品”等九大版块，宛若博物院的“九大镇院之宝”，坐镇河南博物院首页的显著位置。第四版的明星栏目“每周一品”，在第五版的首页已经不容易找到它的身影，如今它已经“退居二线”，安静地回退成了“典藏精品”栏目下的一个子栏目。

“每周一品”子栏目的内容不会再有增加，原来专门为“每周一品”量身打造的专题页面，也因为改版的缘故，成了历史的过往，只留下130位作者品读过的260件（套）文物。像网站的其他临时展览的专题一样，尽管没有了信息的更新与添加，但依然挡不住网民对它的关注与青睐。因此，很有必要回顾一下“每周一品”栏目的创建历史。

一、栏目的创建

2011年年底，运行了十多年的河南博物院网站进行了第四次大的改版，同时推出了一个全新的栏目——“每周一品”。

随着记忆车轮的回转，时间重新回到了2011年11月下旬的一个下午，时任信息管理处处长的翟红志问我：“你刚从三普办回来，对工作有什么想法?”从2008年年底起，笔者被借调到河南省第三次全国不可移动文物普查办公室（三普办）工作。

“只要不离开文物就行!”

“好！现在网站需要开设一个栏目——‘每周一品’，需要具体的策划，你出个方案吧。”

接下来的日子里，无论是在办公室，还是在路上，我一刻不停地思索着，该怎么品读文物，品读哪些文物?河南博物院是综合性博物馆，馆藏文物十多万件。文物涉及人们生活的方方面面，林林总总，无所不包。中国有二十四节气，结合二十四节气，可以展示24件文物。1月1日是元旦，2月通常是春节，还有三八妇女节、五一劳动节、六一儿童节、七一建党节、八一建军节、十一国庆节等，结合这些节日，又可以相应地品读不少的文物。还有四月份的遗址日、五月份的国际博物馆日、六月份的文化遗产日，这些与文物和博物馆息息相关的活动，又可以推出对不同文物的品读文章。于是我根据河南博物院馆藏文物情况，列出了六年的文物品读清单。从2012年元旦开始，一直到2017年年末，每年52个星期，品读52件文物。2012年春节是龙年，这一周品读“盘龙石砚”;2013年春节是蛇年，春节期间品读“伏羲女娲画像砖”；紧接着马年、羊年和猴年春节，相应地品读了“彩绘勾首马”“铜奔羊”和“白陶猴头埙”。

河南博物院副院长杜启明召集几个时任业务部室副主任出主意，想办法。陈列部副主任王景荃、藏品保管部副主任石晓霆、时任研究部副主任武玮和时任社会教育部副主任林晓平成了策划和写作主力，每人写一篇文章，对河南博物院的院藏文物进行品读。十天的写作期一到，四位主任每人提交了一篇文章。专注碑刻研究的王景荃提交了《邴法敬造像碑》一文，研究商周兵器的石晓霆提交了《漩涡纹戈》一文，林晓平提交了《石砚上的故事》一文，武玮提交了《神人手抱鱼陶器座》一文。《石砚上的故事》一文字数不多，只有1500字左右，通过“文物初始”“易趣点击”“深度扫描”“知识链接”四个部分来解读濮阳南乐县出土的盘龙石砚。《漩涡纹戈》一文中有个“知识链接”部分，简要介绍了戈的用法。

成员组综合四位作者提供的文章，经过多次会议讨论、思想碰撞，最后商定，“每周一品”栏目每周品读一件（套）文物，每周一上午十点准时在网上推出。“每周一品”品读文物与一般的论文写作的模式有所不同，品读文章的名字统一以文物名为题。文章共设六个模块，分别是：文物名片、深度品鉴、文化解读、比较研究、趣味猜想、相关链接。六个模块六个侧面，对文物的品读由表及里、由浅入深，逐层深入，引导网友朋友们一步步深入地品读文物的内涵，逐渐解读文物的历史价值、文化价值。

首先是“文物名片”，简明地说，就是文物的“身份证”。显示出给出文物的名称、时代、质地、长、宽、高、发掘地、收藏单位等信息，并且标配一张完整的清晰正面图。配合文字简述所“品”文物的基本信息，让网友朋友对文物有一个大致的了解。

接下来是“深度品鉴”。从器物的造型、纹饰、质地等信息说开去，重点品评文物的历史价值、艺术价值、科学价值等重要价值。

在“文化解读”模块，从文化的角度来解读

文物的内涵，也可以从文物发展的历史脉络说开去。文物，是历代遗留下来的在文化发展史上有价值的东西。因此，留存在博物馆中的文物，本身保留有众多的文化信息，保存有人们生产、生活中遗留下来的文化基因，记录着人们对于自然改造的智慧密码。在这个模块中，作者通过对文物本体的任何一点信息进行剖析，挖掘其中深层埋藏的文化含义和历史内涵。

每件器物的发展都有他的历程，必然有它的传承关系，有它的“亲朋故友”，有它的“兄弟姐妹”。“比较研究”模块就是为解决这个问题而专门设计的，通过品读一件文物，联系了解一类文物，“见一木而知一片森林”。

二、“趣味猜想”模块诞生记

石晓霆主任提供的《漩涡纹戈》一文中，有这样一段话：“但有一个难解之谜就是，郑州商城自盘庚迁殷之后直至东周期间再没有发现人类居住的遗存，那么这名手执漩涡纹戈、生活在商城边上的士兵守卫的是什么呢？守卫空荡荡的商代前期王城？似乎不像。如果废弃的王城需要守卫，为什么当初离开时不设立据点守卫？那这名手执漩涡纹戈的士兵到底在守卫什么呢？”问题抛出，引起了成员组的思考，大家一致认为，“每周一品”是个新开设的网上栏目，面对的群体是网民，电子邮箱的普及使用让人们的交流与沟通变得更加便捷，于是决定，“每周一品”栏目需要专设一个版块就叫“趣味猜想”，网站为此专门开设了一个邮箱 meizhouyipin@chnmus.net，用于网民反馈信息。

对于“趣味猜想”，副院长杜启明这样说，小问题折射出大智慧，“趣味猜想”一定要充满趣味性，它是整个文章的题眼，提出有价值的问题，就成功了一半。

由于“趣味猜想”模块的设置，网上电子邮箱的开设，热情的网民朋友反馈了大量的趣味答案，促成了一年一度的“中原网上有奖竞答活动”的成功举办，目前已连续成功举办了七届，活动固定在每年六月份的中国文化和自然遗产日，同时举行颁奖活动。

三、网上专题页面

为了更好地让网民了解文物，阅读文物，品读文物，河南博物院网站专门设计了富有特色的专题页面。专题页面大致分上下两部分。上部分靠左显眼的位置是 626×439 像素的文物图片，展示被品读文物的“全身照”，图片正下方是“文物名片”的部分内容，给文物一个基本的介绍，先让网民对文物有个简单直观的认识。上半部分右区五分之一宽度的部分介绍该文物的品读作者，显示作者的一方小照和简单的介绍，这样做既是对作者的尊重，又方便网民朋友联系作者。下半部分留给了“每周一品”栏目的主体部分，采用书签自动隐藏的方式，依次显示“深度品鉴”“文化解读”“比较研究”“趣味猜想”和“相关链接”的相关内容。此部分的页面是非封闭的，可以根据五个部分内容的多少自动增加长度。

“每周一品”几年来，在河南博物院的网站上制作了 260 个风格独特的展示页面。(图 1)

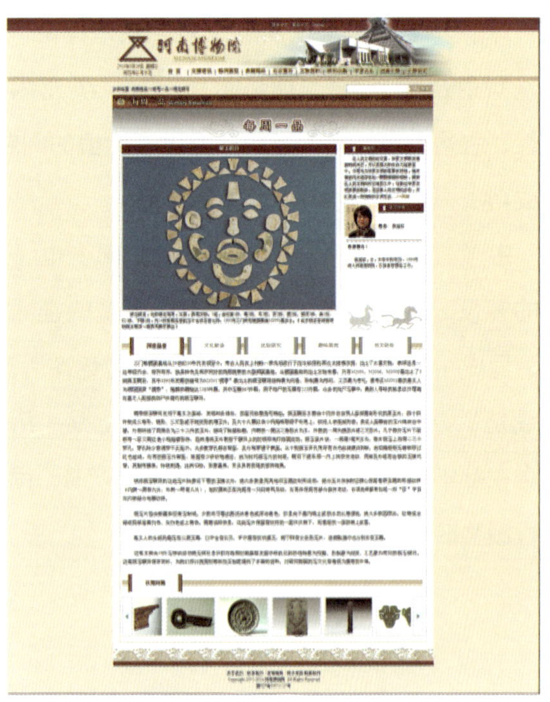

图1 河南博物院网站上“每周一品”专题页面

四、品读的文物

“每周一品”栏目持续了六年，共品读了260件（套）文物，品读的文物涵盖了中原大地出土的器物类别，包括青铜器、陶器、瓷器、玉器、石器、碑刻、木器漆、纸质文物等，在卷四、卷五中，还涉及甲骨文、丝织品、绸缎等。根据“每周一品”栏目编撰的《中原藏珍品鉴》系列丛书编撰了五卷，五本书叠加起来有十多厘米厚。卷一、卷二是中英文对照版，每一篇品读的文章都有相应的英文翻译。每卷页码均超过500页。后三本仅仅是中文的品读文章，页码都在400页左右。除卷五印刷1500册外，其他四卷均印刷了4000册。(图2)

六年来，被品读的这260件（套）文物分别被收藏在河南博物院、河南省文物考古研究院、中国国家博物馆等24家文博单位。禹州钧瓷窑址博

图2 《中原藏珍品鉴》系列图书

物馆、汝州市汝瓷博物馆的文物精品也被该馆的专家拿出来在“每周一品”亮宝。当然，河南博物院收藏的文物被品读的次数最多。

五、庞大作者群

“每周一品”自2012年1月发布，到2017年最后一品《四神柱础》，六年的时间先后品读了260件（套）中原文物。共计有130位作者参与写作，其中有65位作者直接来自河南博物院，还有65位院外作者。参与写作的130位作者分别来自36个不同的单位。其中包括17家文博单位。(表一)

表一 《中原藏珍品鉴》系列图书作者分布表

（单位：位）

中原藏珍品鉴	作者总人数	河南博物院的作者	院外作者总人数	学生	教师	文博单位作者
卷一	32	31	1	1	0	0
卷二	42	27	15	5	3	7
卷三	52	34	18	0	2	16
卷四	49	26	23	12	1	10
卷五	42	28	14	2	2	10
合计	130	65	65	20	7	38

2012 年品读的文物基本集中在河南博物院的展线上，参与品读作者以本院的工作人员为主。河南博物院的研究员郭灿江是第一批参与“每周一品”品读的作者，凭着多年来对中原瓷器的研究，他早已是国内知名的瓷器专家，对于“每周一品”有着深深的眷恋，先后品读了《五彩十二月花卉杯》《唐代塔式罐》《红釉龙头烟囱陶灶》《汝窑天蓝釉刻花鹅颈瓶》《钧窑天蓝釉瓷盘》五篇文章。还有社会教育部的蔡杰和陈列部的赵乐也连续参与了“每周一品”的品读工作。河南博物院的王景荃、顾永杰、谭淑琴、朱宏秋、张延红、古花开、黄林纳、向祎、许小丽、刘芳、杨扬等人的品读文章被《中原藏珍品鉴》收录。石晓霆、武玮、张俊儒、宋华、陶亮、邵丹、李耀华、闫睿等人的文章被收入《中原藏珍品鉴》系列图书中。

在其他 16 家文博单位中，三门峡虢国博物馆的刘社刚、李清丽是比较早参与到写作中的，他们连续参与了 2013、2014、2015 年文物的品读工作，先后对该馆文物精品“虢仲盨”“虢硕父簠”“虎鸟纹阳燧”“梁姬罐”“虢国盾牌”“龙纹白玉璧”进行了品读。还有郑州博物馆的汪培梓，洛阳博物馆的王军花、李思思，安阳博物馆的周伟、杨红梅、李晶、贾雪飞，新乡市博物馆的王元黎、姚香勤，焦作博物馆的郭继宾，平顶山博物馆的赵静等都参与了文物的品读工作。另外，还有南阳汉画馆的牛天伟、南召猿人博物馆的贾齐超也参与了文物的品读工作。

同时，“每周一品”开设多年来，也得到了河南省文物考古研究院、甘肃省文物考古研究院、郑州嵩山文明研究院等多家科研单位的关注与参与。还有两位作者来自河南省图书馆。河南省第二实验中学的关军老师，出于对文博事业的热爱，在河南博物院做了多年的志愿者，他也参与了“每周一品”的写作，写作了《乳钉纹红陶鼎》一文，与公众共享陶鼎的文化内涵。

在“每周一品”的作者群中，还有 13 所高等院校的学生参与了品读工作。首先关注“每周一品”这个栏目的是北京大学徐天进教授和他的学生们。第一位参与的是当时在北京大学考古文博学院攻读博士学位的黎海超，在 2012 年的最后一个星期，他向网民介绍了郑州商城南顺城街青铜器窖藏坑出土的“饕餮乳钉纹铜方鼎”，按照“每周一品”规定的体例进行精准解读与剖析。

“每周一品”还吸引了韩国的裴炫俊，当时在北京大学考古文博学院攻读博士学位，他通过“每周一品”邮箱递交了《银空首布》一文，对河南扶沟县出土的古钱币进行了精心解读。

曾几何时，依托河南博物院网站打造的栏目“每周一品”编撰了《中原藏珍品鉴》系列图书，一年 52 品，正好一本书，一年一本，共出版了 5 本图书。如今，以《中原藏珍品鉴》为蓝本，河南博物院又精心打造了两档视频栏目，文物纪录片《中原藏珍》和《中原藏珍·讲述》。《中原藏珍》栏目已成功推出 44 集。《中原藏珍 · 讲述》已推出 9 集。河南博物院文创研发中心以《中原藏珍品鉴》为模板，在微信公众号上开设了“品牌文物”栏目，向公众介绍河南的文物精品，征集有创意的好点子、好策略、好作品、好创意。

六年的品读时间，260 件（套）文物品读工作，尽管“每周一品”栏目不再更新了，但品读文物的工作绝没有停止，品读文物，我们永远在路上！

博物馆展览内容研究的三个维度

王思渝
北京大学考古文博学院

摘要：伴随着近年来博物馆学和博物馆自身实践的发展，博物馆展览内容研究已成为愈加不可忽视的话题。本文从叙事、信息表达和博物馆全流程这三个维度，提炼博物馆展览内容研究所形成的国内既有研究成果，以期为该领域更为独立而成熟的发展寻找方向。

关键词：博物馆展览内容；叙事；信息；全流程

对于博物馆研究而言，展览内容研究应当处于一个怎样的位置，确是值得讨论的话题。以1984年创刊的《中国博物馆》杂志为例，作为当时国内博物馆领域一次权威性的集体发声，其创刊第一期便涵盖了博物馆的主要业务职能，包括收藏、研究、展览、教育。在这当中，展览所涉及的议题除了特定的个案介绍以外，主要还是围绕形式设计层面。相对来说，内容研究的问题起步较晚。到1985年第三期的时候，才有学者专文指出展览形式与内容相统一的问题。

在此后的三十余年时间里，随着策展人制度、展览评论、独立的博物馆学研究等相关呼声愈隆，博物馆展览的内容设计日渐受到实践者和研究者的重视，关于此问题的专门研究也日趋丰富完整。但是，应当看到该问题在现实当中还存在着诸多局限，例如，博物馆展览内容设计的工作如何体现其独立性、展览内容研究到底包含了哪些范畴等一系列问题，依然含糊不清。

有基于此，本文试图对近年来国内博物馆展览内容相关研究加以回顾和整理，在此基础上进一步明晰博物馆展览内容研究的维度，并从中寻找未来的发展方向。

一、作为一种叙事的展览内容

在关于博物馆展览内容所展开的诸多研究当中，以“叙事”为核心话题的研究近年来愈发值得关注。

首先，将博物馆展览内容与叙事这一概念相绑定对于大多数博物馆从业者和研究者而言已不陌生，大量围绕博物馆展览内容所展开的研究性论述中均常提“叙事”二字，但是“叙事”概念在博物馆领域中的所指实则仍有争议。广义来说，“叙事”似乎能够在一定程度上等同于运用博物馆展览来“讲故事”，凡是传达了一定信息内核的展览均可看作是一种特定形态的叙事；但另一方面，台湾学者张婉真曾著《当代博物馆展览的叙事转向》，在她看来，并非所有的博物馆展览都是叙事，这涉及展览当中是否有特定人物的出现、一系列发展性的事件、启示性的目的等要素，方可定论[1]。

本文的目标不在于厘清二者概念所指的差异，我们关心的话题在于，在这些大量将博物馆展览内容与叙事问题相绑定的研究当中有何共性，“叙事”概念被应用（即便是一种误用）到博物馆领域时意欲解决怎样的问题。

我们发现，纵观国内“叙事”为主旨的研究，“叙事”多被理解为展览组织其内容的一种方式和架构，在这当中，策展人或策展团队秉持怎样的身份与口吻、以何作为主导性线索、在线索之下如何安排各部分的逻辑与节奏、叙事的过程中使用了哪些敏感性的符号，是通常被提及的话题，刘佳莹、宋向光[2]、许捷[3]、王思渝[4]等学者对此问题均有讨论。这类研究的意义在于，它实际上在如何才是一场“优秀”的展览的问题上，同时挑战了“精品文物”“文物研究得好，展览就能做得好”“展览就是要好看”等传统观点，强调了展览内容环节本身也是一种独特的设计过程，因而也成为展览内容能够区别于器物研究、形式设计而独立成为一个研究领域的重要基础之一。

在这当中，又尤以“符号”这一概念被进一步强调。

在叙事学的框架下讨论符号自是从索绪尔以来便既有的传统，而将其进一步引征到展览之类文化载体上，则离不开罗兰·巴特等人基于图像延伸意义、将大众文化普遍视为一种文本或话语等思想的贡献[5]。具体到博物馆展览内容上，常见的议题主要包括两个层面：其一，关注展览内容中的各个具备符号意义的要素的呈现方式和相互关系，例如展览当中的图像的选择、文字的语调或人称和对特定问题的解读角度等；其二，将展览整体理解为一种符号，以此来折射更为宏观的文化和政治问题。

关于前者，上文已提及的张婉真的研究便已在此方面做出了细致的工作。她更遵循一个严格的叙事话语分析的框架，将展览的各个单元拆解为“词汇”“命题”“序列”“策展意图”“述说方式”“交流”等要素来逐一讨论[6]。

关于后者，早在20世纪末，亨里埃塔·利奇便曾经在此思路下，以一系列人类学展览为例，试图证明展览是如何通过物件和图像的重组以实现意义的重置，其核心的理论诉求实则围绕人类学语境下的殖民化与去殖民化的问题[7]。时至今日，国内也不乏一批学者在此问题上进一步发展。例如，杜辉对台湾总督府博物馆的回顾展现了在殖民主义的框架下地方史的展示如何为文化侵略服务[8]；刘宏宇的工作围绕历史类展览，对国家博物馆、故宫博物院、首都博物馆和建川博物馆等四类展览进行解构，讨论常论的“历史真相”与背后的政治意识形态之间的关联[9]；徐玲[10]、杨瑾[11]则均是在女性主义问题的框架之下关注“她”的形象是如何被表征的。

类似的研究还有许多，但是值得注意的是，也不应将上述二者研究过分分而视之。无论是前者还是后者，在它们身上，均能找到传统叙事研究被符号学思想扩充之后的理论痕迹，均是以“诗与政治”（poetics and politics）为核心的理论诉求，将展览内容中的各个要素以及要素间关系视为一种“诗”性的表达方式，同时又强调内容设计的背后通常穿插着各类主体的“政治”性诉求。因此，在看待各个作为“表象”的要素时应当透过其现象而反思其本质。

总体来说，“叙事”问题在博物馆展览内容研究中的流行实则隐含着将展览内容设计理解为一类特定文本、一种艺术创作过程的企图。相较于文学作品、电影乃至广义的视觉文化等艺术形式而言，尤其是以历史或文物为主题的博物馆展览在叙事问题上通常被认为存在着诸多挥之不去的“习惯”。例如，通常认为，历史或文物类的展览需要隐去展览的叙事者、回避敏感符号从而使口吻显得更加中性客观，更贴近于历史真实；这类展览需使用时间线作为统领展览单元的线索，以铺陈前后贯通的历史感；在逻辑或节奏方面，也需要服从于建筑空间和展品条件的具体限制，并非由内容设计者来全部自主创作。对于博物馆展览内容的研究者而言，这些习惯为研究者提供了一个窗口，可进一步去探讨是怎样的政治、经济和社会动因塑造了这一系列的习惯，抑或仅是一种艺术风格使然；同时，习惯的存在也意味着一旦出现反习惯的做法，这便成为值得关注的研究话题。

同时，站在研究的角度上，上述这类研究的出现需要被放置在 20 世纪后半叶以来，尤其是在西方语境下呼唤将博物馆作为一种社会机构、反映当下社会冲突的背景下来看待，借此以更能理解其合理性。但是与此同时也应对此类研究保持一定的谨慎。在这类研究当中，研究者站在第三方的立场，试图透过符号分析的方式还原原本的创作者隐藏了的意图。因此，如何避免此类研究当中研究者个人的意志过重、如何确保对所谓“符号”的还原过程可以真实有效，是这类研究所需要不断面临的质疑。

二、作为一种信息表达的展览内容

在博物馆展览内容研究当中，除了如上文所述的以叙事的概念来对其加以统领之外，另一类常见的提法便是受传播学影响更深的信息论的观点。

整体而论，传播学对博物馆研究的影响早就存在。《中国博物馆》杂志从 1987 年便已有文章讨论博物馆传播学，当时便已提出“博物馆传播通常是以举办陈列展览的形式进行的”，但同时又强调“博物馆的工作都与博物馆的传播紧密相关”，将征集、展览、教育等主流业务视作博物馆传播的重要组成部分[12]。在此之后的讨论也大多继承了这种全面式的看法，但这里的“传播”仍然集中于讨论传播这种现象和行为，直接针对博物馆传播的特殊性而言，能看到传统传播学的思想，但较少对传统传播学的理论做出系统的引入。2000 年之后，陈晰[13]、杜莹[14]、高晓芳[15]、李文昌[16]等学者的讨论开始不断弥补这类缺陷，编码和解码等更为系统的传播学问题，尤其在作为博物馆展览内容设计时是需要考虑的问题。

随着研究的展开，作为一种信息表达的展览内容如何建构起自身与作为解码者的观众之间的关系，开始成为展览内容研究当中难以回避的话题。在这当中，博物馆如何组织信息才能利于观众更好地接收信息（抑或建构知识），观众又能否站在更加积极能动的立场上对信息做出反馈，成了这类研究集中的两个焦点 [17]。具体到实践领域，这意味着：博物馆的策展模式也将随之发生调整，观众和市场评估的工作不应仅局限在展览内容已设计完毕之后，而是应发生在策展的全过程当中；而当重新去评估展览内容的效果时，也不应仅局限在刻板的知识传达上，而应将观众对展览内容主观能动的建构也视为合理性的一部分。以黄洋 [18]、David Masters [19] 等人为代表的研究均指明了这一点。

在这当中，尤其是观众所具备的主观建构能力问题，伴随着更具独立性的观众研究领域的发展而成为近年来博物馆研究领域所不容忽视的分支。而信息传播的思想有效地将展览内容设计与对观众更为全面化、更强调观众主导性的趋势链接在了一起。例如,胡凯云 [20] 提出的“后博物馆”式思想中所包含的多视角、多信息层次、多参与性的观点，实则凸显了传统知识主导和专家话语权策展框架下所忽视的观众个体和感性问题的重要性；王思怡 [21] 对于具身性问题的讨论更是在展览空间下对观众的自由和开放的又一次解绑。

总体而言，上述观点与博物馆教育领域内的学习理论、建构主义思想、观众研究等观点的发展相辅相成，成了影响当下国外国内博物馆学思想的重要趋势之一，至今依然热潮不减。周婧景、严建强 [22] 所提出的纳入物、人和媒介三大要素的阐释系统概念及其对策展模式的调整可谓是对上述观点的一次总结和发展。

当然，随着信息论在以内容设计为代表的博物馆展览领域的引入，尤其是具体到“信息”要在展览内容设计当中担当起多重的比例，也曾在博物馆学领域引起一段时间的争议。严建强 [23] 率先提出“信息定位型”展览，旨在强调存在着一类与器物定位相区分、以信息传播为特性的展览，它在展览内容上从“呈现”“欣赏”转为“叙述”，如此一来在对藏品的收集和解读、辅助展品的运用等方面均应产生相应的转型，以明确的主题和传播目的、便于理解的故事线、符合认知要求的结构等作为展览内容设计的要求。实际上，这样的观点在严氏更早期的文章中便已有所体现，这一系列的做法都是服务于博物馆作为一种教育机构的这一意识当中，借用这一系列方式达到的是让传播的对象即观众，能够更好地理解信息的目的 [24]。但是，随着“信息定位型”展览观点的提出，李文昌 [25] 提出异议，一方面认为“器物”与“信息”定位的两分法不具备意义，另一方面强调博物馆藏品的征集工作应当依据自身的逻辑而进行，不需随展览而动，展览中的实物不应为了传播信息而放松对真实性的要求。在这之后，严氏 [26] 再次对此问题做出回应，陈波 [27] 等学者也加入到此问题的讨论当中。

讨论至此，一方面这些观点分歧明显，但另一方面，本质上均不动摇对展览内容设计当中的传播特性的共识，将展览内容设计看作一种信息表达方式这一命题也未曾受到根本上的挑战。学者们的纠结之处主要集中在选择具体何种表达方式、所谓“信息”的概念究竟需要囊括多大或特指多小以及由此引发的博物馆真实性等议题上。而对于展览内容研究而言，这样的讨论也充实了对展览内容当中具体作为信息要素的各组成部分的功能的反思，其裨益自是大于其所带来的困惑。

三、作为博物馆全流程中一环的展览内容

博物馆学作为一门交叉学科，上述讨论都基于叙事学、传播学等更为传统独立的母学科基础而言；然而，如果站在博物馆自身的角度而言，展览内容设计作为博物馆全流程当中的一环，它与藏品研究、形式设计、社会教育活动等其他环节均是紧密相关的，因此，诸多与这些环节相关的研究议题实际上也会反向影响到博物馆展览的内容研究当中。在这里，我们可以将这类讨论笼统地概括为博物馆展览内容研究的第三个维度。

例如，从设计流程而言，大多数学者已然承认展览内容设计与藏品研究之间的关系。内容设计当中无法回避的环节便包括了主题的提炼、选择和编排，而在这个过程中，以陆建松[28]、高红清[29]等为代表的学者们承认，对藏品的深入理解、扎实的研究成果往往是形成好的内容设计必要的前提和基础。现有较为常见的藏品研究，主要指的是将藏品放回到原有的母学科语境下，如考古学、人类学、历史学等，由此为基础所产生的对藏品的阐释与解读。但是，如何将藏品所在的母学科的内容嫁接到博物馆展览内容设计上，能否形成以博物馆自身收藏体系为主导的藏品研究等问题，依然未能妥善解决；另一方面，在如今日渐提倡博物馆展览内容设计的观众导向的同时，如何依靠展览内容设计反馈于原有的母学科成果、内容设计是否需要全力回避一切所谓“过于高深”或“有所争议”的学术热点话题，这类讨论反而在展览内容研究当中较少受到关注。

再如，展览内容设计与形式设计之间的配合历来是国内展览研究的热点。上文提及的《中国博物馆》杂志在最早介入展览内容研究问题时便是以此作为切入点[30]。发展至今，关于此问题的讨论一方面落在了围绕策展模式的争辩上，另一方面则集中于纷繁复杂的各类形式设计技术以达到何种程度可算适当的问题上。张平一[31]早在20世纪80年代提出了展览陈列工作中的“主编”这一概念，实际上已是在强调，在工作流程上设立相应的职能实现内容与形式之间的协调，避免流水线式的展览生成过程所造成的各环节之间的脱节，在一定程度上类似于今天对策展人身份的诉求。而对于形式设计的适当与否的问题，早在1997年国家文物局与中国博物馆学会所编的教材性质的《博物馆陈列艺术》一书当中便已系统提出了形式与内容之间的辩证关系[32]。在此类原则之下，与灯光、展柜、辅助展品等形式设计相关的技术，乃至于近年来日益发展的多媒体、数字化、虚拟技术，都面临着如何让这些看似炫目的技术、沉浸式的互动体验与展览内容之间保持平衡，不至于产生喧宾夺主的问题。

展览内容设计与社教活动之间的互动，即通常所谓的“展教结合”问题。宋向光[33]提出“教育性展览”的概念，有意在展览类型上做出区分的同时强调此类展览当中明确“教育对象”和实现“主题导向”的重要性。而落实到具体工作方法上，除了观众研究的相关工作之外，在展览内容上明确具体的知识点、体系和展开逻辑也是重

要的一环。郑奕[34]的工作其实在此基础上更进一步。她所提倡的“三阶段”观点将展览与教育的关系不仅局限于展览内容设计结束之后相应社教活动的配合之上，还更为直接地点明将社教问题融入展览内容设计的前期和中期过程当中的重要性。这意味着，今后工作的重点将不仅仅是根据展览内容来设计教育活动，也需要考虑如何根据特定的教育理念来调整和设计展览内容。这在诸如儿童博物馆[35]、面向青少年的展览[36]等有明确对象所指的展览当中表现得更为明显。

综上所述，只要以一种系统论的观点来对博物馆的工作整体视之，能够对博物馆展览内容设计产生影响的环节便还可以根据博物馆职能业务的扩展而不断被列举出来，从而在展览内容研究的问题上产生新的课题。这些研究还很难被理解为一种独立的研究方向，但是，越是作为交叉学科的博物馆学，越是应当对这类课题保持更加开放和兼容的态度。

四、结语

通过上述讨论，本文简要梳理了当下博物馆展览内容研究当中存在的三个不应被忽视的维度。从学科发展的阶段而言，博物馆学的独立性本身还有待质疑，博物馆展览内容研究作为其中的一支，其是否已独立于更为传统的母学科、关系紧密的相关学科，自然也更值得质疑；但是在质疑的过程当中，不应放弃对该领域的继续探索。至少从目前来看，各类思想对该领域的渗透已经使其虽未脱离“母胎”，但已在内部呈现出相应的条理和成色；因此，并不意味着上文所指出的三方面的维度已是展览内容研究当中的全部，但是至少是在其已成的“条理”和“成色”当中相较更为成熟或值得进一步发展的部分。在此基础上进一步对内容保持敏感度，博物馆展览内容研究自有远景可期。

---

[1][6] 张婉真. 当代博物馆展览的叙事转向［M］. 台北：远流出版社，2014.

[2] 刘佳莹，宋向光. 历史陈列的叙事学模型解读与建构——从内容设计到展览表现［J］. 中国博物馆，2017（2）.

[3] 许捷. 空间形态下叙事展览的构建［J］. 博物院,2017(3).

[4] 王思渝. 时间与表征：通史展览中的线与点［J］. 博物院，2017（1）.

[5] 克里斯·巴克. 文化研究：理论与实践［M］. 北京：北京大学出版社，2013.

[7] 亨里埃塔·利奇. 他种文化展览中的诗学与政治学［M］// 斯图尔特·霍尔. 表征：文化表征与意指实践. 徐亮，陆兴华译. 北京：商务印书馆，2013.

[8] 杜辉. 帝国、权力与知识——台湾总统府博物馆展示话语分析［J］. 中国博物馆，2015（4）.

[9] 刘宏宇. 呈现的真相和传达的策略：博物馆历史展览中的符号传播和媒介引用［M］. 北京：人民日报出版社，2016.

[10] 徐玲. 博物馆讲述“她”故事：博物馆与女性主题展览［J］. 东南文化，2018（2）.

[11] 杨瑾. 博物馆女性题材展览的类型与意义［J］. 东南文化，2018（2）.

[12] 董小军. 博物馆传播学浅议［J］. 中国博物馆,1987（4）.

[13] 陈晰. 博物馆传播中符号编译和控制［J］. 中国博物馆，2005（4）.

[14] 杜莹. 现代博物馆展陈中的传播学思考［J］. 中国博物馆，2006（4）.

[15] 高晓芳. 略论我国博物馆的传播过程［J］. 东南文化，2009（6）.

[16] 李文昌. 博物馆传播学解读初探［C］// 中国博物馆协会博物馆专业委员会. 中国博物馆协会博物馆专业委员会论文集粹. 2013.

[17] 乐悄悄. 关于博物馆信息传播的新思考［J］. 中国博物馆，

2006（3）.

［18］黄洋. 博物馆信息传播模式述评［J］. 博物院,2017（3）.

［19］David Masters，许捷. 意义建构：博物馆最佳传播实践的探索［J］. 东南文化，2017（4）.

［20］胡凯云. 浅析“后博物馆”的展示诠释［J］. 东南文化，2017（4）.

［21］王思怡. 何以“具身”——论博物馆中的身体与感官［J］. 东南文化，2018（5）.

［22］周婧景，严建强. 阐释系统：一种强化博物馆展览传播效应的新探索［J］. 东南文化，2016（2）.

［23］严建强. 信息定位型展览：提升中国博物馆品质的契机［J］. 东南文化，2011（2）.

［24］严建强. 论博物馆的传播与学习［J］. 东南文化,2009(6）.

［25］李文昌. 博物馆有“器物定位型展览”吗?［J］. 中国博物馆，2012（1）.

［26］严建强. 从器物定位到信息定位——对《博物馆有“器物定位型展览”吗?》一文的回答［J］. 中国博物馆,2012（2）.

［27］陈波. 展览、观众和藏品——从信息定位型展览谈起［J］. 中国博物馆，2013（4）.

［28］陆建松. 重视展览文本策划的前期准备［M］// 曹兵武，崔波. 博物馆展览：策划设计与实施. 北京：学苑出版社，2005.

［29］高红清. 博物馆临时展览工作基础实务［M］. 北京：北京燕山出版社，2015.

［30］李正光. 形式与内容的统一［J］. 中国博物馆,1985（3）.

［31］张平一. 谈博物馆陈列中的主编工作［J］. 中国博物馆，1986（3）.

［32］国家文物局,中国博物馆学会.博物馆陈列艺术［M］.北京：文物出版社，1997.

［33］宋向光. 博物馆教育性展览的特点及相关问题［J］. 中国博物馆，1999（1）.

［34］郑奕. 博物馆教育活动研究［M］. 上海：复旦大学出版社，2015.

［35］周婧景. 博物馆儿童教育：儿童展览与教育项目的双重视角［M］. 杭州：浙江大学出版社，2017.

［36］杨丹丹.《读城》：探索博物馆青少年展教结合的创新之道［J］. 中国博物馆，2017（4）.

谁·调清管·度新声

——解析“丝绸之路音乐文物展”

闫　睿
河南博物院

摘要：为全面展示丝绸之路音乐文化的发展演变历程，河南博物院联合丝路沿线数十家博物馆共同推出了“谁·调清管·度新声——丝绸之路音乐文物展”。该展览还原了一个传承千年的丝路音声世界，揭示了丝绸之路对中国音乐文化发展的重要影响。本文拟以展览标题为切入点，从“谁”“调清管”“度新声”三个层面来解析“丝绸之路音乐文物展”的展览策划理念。

关键词：丝绸之路；音乐文化；以人为本；展演一体；文化交流

两千多年前西汉人张骞凿空西域，开通了名扬后世的丝绸之路。这条东西通道，绵亘万里，传承千年，沟通了欧亚非大陆，将中原、西域与阿拉伯、波斯湾紧密联系在一起，开辟了中西交流的新纪元，是东西方经济、政治、文化交流的沟通之路、友谊之路。

音乐是人类共同的语言，是中西文化交流、民族融合的重要载体。中西音乐在丝绸之路的影响下，通过使臣、商贸、婚聘、迁居、宗教、战争等各种交往途径，产生了双向交流，相互碰撞、学习，不断从对方的体系中汲取本民族文化发展需要的养分，融合发展，创造出丰富多彩的丝绸之路音乐文化。为全面展示丝绸之路音乐文化的发展演变历程，河南博物院与洛阳博物馆共同策划，联合甘肃省博物馆、陕西历史博物馆、新疆维吾尔自治区博物馆、青海省博物馆、宁夏回族自治区博物馆、西安博物院等共同推出了“谁·调清管·度新声——丝绸之路音乐文物展”。（图1）该展览于2016年11月13日至2017年2月22日向公众展出，汇集了河南、陕西、甘肃、宁夏、青海、新疆等丝路沿线六省区的多家文博机构及中国国家博物馆的约120组、300多件音乐文物精品，展品中许多为重大考古出土的文物精华，时间跨度自新石器时代至隋唐时期。（图2）这些文物折射了文明之辉煌，诠释着文化的百态，传承着历史的记忆。这是首次将丝路沿线的音乐文物纳入一个专题性展览中进行展示，进一步推动了丝绸之路沿线地区的文化交流合作。

图1 “丝绸之路音乐文物展”开幕式

图2 “丝绸之路音乐文物展”第一部分展出实景

展览的题目往往是展览的灵魂与精髓之所在，是展览主题的深刻提炼。“谁·调清管·度新声——丝绸之路音乐文物展”的展览标题，套用了宋人贺铸的《平阳兴》一词中的诗句，十分贴切地反映了展览的主题。下文即以展览标题为切入点，分为“谁”“调清管”“度新声”三个层次来解析“丝绸之路音乐文物展”的展览策划。

一、“谁”——以人为本

“谁”即指人，人类历史从本质上说是人类文明的发展史，我们在讨论任何历史与文化时，其发展演变的历史都离不开人的作用。因此策展团队在策展过程中，尽量从物的形态展示中超脱出来，力图透过文物的表面，深挖其背后的历史内涵、文化内涵，注重以人为本，强调人在丝路音乐文化发展过程中所起到的作用。

对于“谁”字的理解有多层意思：

首先，这个“谁”是指隐藏在文物背后，在丝绸之路音乐文化发展中所涌现出的形形色色的人物，可能是达官显贵，也可能是各国使者、商人、传教士，也或许是乐人、舞者，他们沿着张骞开通的道路来往，络绎不绝，上自王公贵族，下至乞丐狱犯，都在这条路上留下了自己的足迹。频繁的人员交流，使得丝路沿线各民族音乐文化在西渐和东传中奔涌交汇。大批身怀绝技的西域乐人、舞伎相继来到中原，带来了西域的乐器、乐舞，中原音乐文化吸收了大量

图3 “王孙诰”编钟展出实景

西域音乐文化的精华，而中原人在不断流迁中也将自己的音乐文化带向异域。

在丝绸之路上往来的人群中，最具有代表性的是来自中亚地区的粟特人，这是一个以经商著称的民族，在南北朝到唐朝时期，沿丝绸之路及周边的于阗、楼兰、高昌、敦煌、武威、长安、洛阳等大小城市形成一个个粟特移民聚落。粟特民族在舞蹈、器乐、音阶调式、音乐理论等方面具有较高的艺术成就，更有大批的粟特乐人、舞伎东来华土，或擅长于歌舞，或精妙于器乐，在东方与西方音乐文化之间搭起了一座桥梁，中亚的音乐、舞蹈也由此传入中原，起到了重要的媒介作用。近些年，不断有与粟特人相关的音乐文物出土。西安、大同、洛阳等地出土的粟特人石葬具上都有十分精彩的粟特人的乐舞形象。为使观众有更直观的印象，特对国家博物馆所藏的北朝石堂进行了复原展示，以突出粟特人在丝绸之路音乐文化发展上所起的推动作用。（图 3）

其次，“谁”还指的是丝路音乐的传承者。音乐的发展是具有传承性的，通过一代代乐人的努力，不断地融合新的形式、新的乐曲，最终形成每个时代独有的音乐。因此在展览中不仅要展示古代音乐的发展，更要展示丝路音乐的传承性。通过图文表格的形式，表现魏晋旧乐对汉代乐舞的传承，隋唐十部乐的演变及所受汉魏音乐的影响等。在展览的结尾部分，还特意展出了一组复原的唐代乐器，来表现当代音乐研究者对古代音乐的研究、传承与弘扬，呈现中国古代音乐历久弥新的魅力。

再者，“谁”是参与展览中的各位观众、策展人及为展览付出辛勤劳动的志愿者和工作人员。

展览策划实施之前，要先确定展览的目标观众群体，所有的策划设计要围绕并服务于目标观众群体，这决定着这一展览的文化传播力、社会影响力等。展览是在千年古都洛阳展出，洛阳是国际著名的旅游城市，目标观众群体定位为国内外的观众，范围十分广泛，因此需要照顾各层次观众的需求。

策展团队基于对观众的参观习惯及喜好的调查与分析，在对资料的充分收集、整理与研究的基础上，从观众的角度出发，采取观众易于接受的展览表达形式与描述语言，来讲述唐代以前丝绸之路音乐文化的交流、发展及演变。展览采用以时间为轴通史性的叙事手法，将丝绸之路数千年音乐文化分为四部分进行展示，提取每个时代或地区最具代表性的音乐文化进行阐释，娓娓道来。展品选择需十分贴合展览主题，不拘泥于文物的级别，突出一些文物以往被忽视的音乐文化特性，使观众从音乐的角度欣赏到文物的不同魅力。形式设计很好地诠释了音乐文化这一主题，展厅环境设计美观雅致，简洁大气。为了在设计中表现出音乐文化的灵动，使观众观展体验舒适，设计人员将墙面色彩处理成雅黄色为主，融入不同时期的音乐文物与色彩做点缀，诠释丝绸之路发展的历史长河中不同时期音乐的特质，处处彰显着丝路文化与音乐的元素。（图 4）采用了独特的空间分割，既保证展示展览富于节奏感，又保持了主题展示的连续性。（图 5）

图4　展厅内北朝粟特人石堂拓片的复原展示

为了让观众更好地体验灿烂辉煌的丝绸之路音乐盛景，通过挖掘展品的文化内涵，策展人员还以“妙音乐舞・穿越丝路”为主题设计了多种形式的观众参与活动，旨在扩大服务受众面，强化展览的社会效益。除策展人员外，志愿者及其他服务人员通过讲解、社会教育活动、乐舞演出等工作，将策展理念转化为更加通俗易懂的语言及形式，向观众传达展品的内涵及故事，增加了与观众的互动，将展览解读得更加透彻。从而使得在整个参观活动中，观众、策展人以及隐藏在文物背后不同时期的歌乐舞群体在这个特定的环境中，完成了一次穿越时空的对话和交流。（图 6、图 7、图 8、图 9）

展览整体并非单纯强调展品，或古代乐器的简单罗列，而是从“人”出发去讲述丝绸之路音乐文化繁荣、发展、演变的历史，以人为本，从物到人，见物见人见精神，以观众的视角来进行总体的策划与设计，这样使得展览有了深刻的灵魂与内涵，能够更好地传承回响千年的丝路之声。（图 10）

二、调清管——展演一体

“调清管”从字面理解即是演奏乐器。音乐的形式特殊，它的发展是动态的、流动的，因而其展示是多方面的，不仅要有研究性的陈展，更要有立体动态的呈现。放在展柜中的乐器需要人的演奏，才是有生命、有灵性的。因此观众不仅仅只满足于安静地欣赏陈列在展柜中的古代乐器、乐俑等音乐文物，他们更好奇文物背后的历史内涵、文化内涵，比如古代乐器是如何演奏的、古人是穿着什

图5 第四部分克孜尔38窟的复原及石经幢的展示场景

图8 展览文创体验活动

图6 社会教育活动——丝路余音填色活动

图9 志愿者为观众进行展览讲解

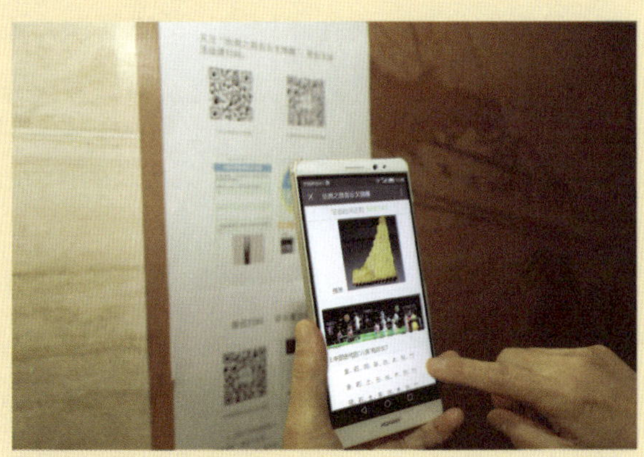

图7 展览中的多媒体互动

图10 相隔千年的凝视——观赏唐代乐舞女俑

么样的服饰跳舞奏乐、某个乐器的制作过程等。为了还原这样一个传承千年的丝路音声世界，策展团队采用了多种展示形式，使古代音乐活起来，达到视听兼备的效果。

图11 “丝路传韵 中韩人文”中韩传统音乐展演《商颂·玄鸟》

根据古代音乐文化的发展脉络，我们将丝绸之路沿线数千年音乐文化的内涵浓缩为四部分，全方位展现唐代以前丝绸之路音乐文化交流发展演变的历史。每部分由两到三个单元进行阐释，每单元自成体系，各有侧重，共同服务于中西方音乐文化交流的大主题。同时每一部分又具有各自的展示重点，形成小专题。第一部分“华夏与西域”，表现新石器时代至春秋战国时期丝路沿线各地区音乐文化的发展状态。通过展示各地出土的史前乐器、青铜时代的钟鼓磬瑟以及源自西域的箜篌，探寻丝路开通前各地区音乐的联系。（图 11）第二部分“凿空与涌流”，着重展示两汉魏晋南北朝时期，丝绸之路开通后，沿线各民族音乐文化在西渐和东传中奔涌交汇，双向交流、多元融合的特征。第三部分“百川归海”，通过丝绸之路沿线留存的众多隋唐时期的音乐文化遗迹遗物，包括乐器、伎乐俑群、壁画上各种乐舞图像等组合展示，再现这一时期中国古代音乐发展为融歌、乐、舞于一体的乐舞盛景。第四部分“天乐妙响”，以佛教及佛教艺术的东传为线索，利用实物和壁画中音乐图像的高清展示、重点石窟复原等多种形式，着重向观众阐释丝路对汉唐时期佛教音乐发展传播的影响。

在表现形式上，策展团队积极探索展览中的专业性和知识性、学术性和趣味性、科学性和观赏性有机结合，采用展演一体的方式，活化音乐文物的展示。多年来，河南博物院都将音乐考古研究作为重要的研究方向，重视音乐文化遗产的保护研究和活化工作，培养了一批音乐考古方面的研究人才，并于 2000 年组建了华夏古乐团。这不仅能够将音乐文物陈列进行动态展演，还能够对古代音乐文物进行复原研究，使得古代音乐文化遗产得以传承开发，使得此次展览展演一体的设想具有极强的可操作性。

在展厅中，配合丝路沿线六省区出土的音乐文物的展出，还设置了音乐复原演出场景的设备，这些演出都是根据音乐考古资料、编译配置的各个时代不同风格的音乐，形象地再现古代丝绸之路音乐数千年的发展与传承。将敦煌莫高窟、克孜尔石窟以及巩义石窟中的佛教伎乐形象转化成动画的形式进行播放，拉近展览与观众的距离，加强与观众的互动，视觉与听觉手段共同运用，为观众构筑一个回响千年的音乐世界。

展出期间，还特别进行了以“丝路传韵　中韩人文”为主题的中韩传统音乐展演活动。来自河南博物院的华夏古乐团、新疆哈密非物质文化遗产传承中心、韩国国立国乐院正乐团的艺术家们联袂演出，三个不同风格的艺术团体为现场观众呈现了一场美妙绝伦的视觉盛宴。（图 12、图 13）

习近平主席提出：“提高国家文化软实力，要努力展示中华文化独特魅力。”“梳理传统文化资源，让收藏在禁宫里的文物、陈列在广阔大地上的遗产、书写在古籍里的文字都活起来。”此次展览采用展演一体的模式，是使“文物活起来”的一次有力尝试，为观众提供了丰富的精神食粮，使观众在观赏古代音乐文物的同时，徜徉在悠悠的乐声之中，充分了解中国传统文化的魅力，感受先民在文化交流、包容、碰撞中所呈现出来的绚丽多彩、多层面的精神追求，从而增强文化自信。

图12　韩国国乐院正乐团表演《扇子舞》

图13　新疆舞蹈《快乐的女孩儿》

三、“度新声”——以交流促创新、促发展

丝绸之路提倡交流包容、互鉴共荣、共同发展创新的理念。此次展览的策划与实施，也充分体现了该理念。

展览要展示的是数千年来丝绸之路上音乐文化的发展演变、中西方音乐交流与融合的历史。而一个地区的文物不足以全面反映如此庞大的历史文化，这就要求策展方进行跨区域的合作，联合多家文博机构。此次共汇集了丝路沿线近 20 家文物收藏机构的音乐文物，选取了青铜、金、玉、木、陶瓷、纸等多种材质，编钟、陶俑、画像砖、竖箜篌、三彩埙、壁画等多种形制的文物，以展示丝绸之路音乐的多彩与丰富。选取的甘肃酒泉出土的魏晋时期的奏乐画像砖，

图14　甘肃酒泉出土魏晋时期奏乐画像砖

图15　新疆出土的竖箜篌

画面上乐师和乐舞所使用的乐器卧箜篌与竖箜篌、阮咸与竖笛，正是汉民族与西域民族乐器相谐和乐的情景。（图 14）新疆出土的箜篌的展示，则表明这一来自西亚地区的弦鸣乐器沿丝绸之路传播的轨迹及形制演变。（图 15）韩休墓的乐舞图壁画的复原展示，形象地再现了唐代“胡部新声”的音乐盛景。（图 16）库木吐拉石窟壁画中的中原乐器，表明佛教音乐艺术与中原文化的碰撞和融合，又反馈回西域地区。这些展品的选择都体现了中西音乐文化交流互动的双向性，和不同文化之间的共同促进与发展。

在策划展览过程中，不仅要注重各地区间的展品交流，还要注重人员及学术科研成果的沟通交流。此次策展团队中包括对音乐考古有多年研

图16 陕西韩休墓乐舞图壁画

究的专家学者、展陈策划方面的经验丰富的专家等，但每人的研究又有局限性。因此，为了保证展览的科学性、严谨性、准确性，策展团队除了对丝路沿线音乐文化的发展及内在联系进行深入研究与梳理外，还到丝绸之路沿线的文博机构进行考察，并与相关研究人员进行座谈交流，邀请音乐考古、博物馆学、展览策划等方面的专家对展览方案进行论证。在展览期间，还举办了国际学术研讨会，来自中、韩等国的音乐考古的专家学者汇聚一堂，交流研讨，并参观展览，对展览的学术性提出意见与建议。（图 17、图 18）可谓集合各方力量。在思想交流中，碰撞出新的展览创意，提升了展览的学术水平。

联合办展，实现了地区间优势资源的共享，促进了科研成果交流，给观众带来了新的观展体验，同时也推介了区域特色文化，加深了观众对于多元性文化的体会。

展览的创新，不仅在于实体文物展示的创新，还通过虚拟展览和相关出版物，来突破博物馆的围墙，使观众不受时间与空间的局限随时可观看展览，增强展览的活力与吸引力。配合展览既制作了虚拟展览，360 度全景还原展厅实体展示，还出版了《谁・调清管・度新声——丝绸之路音乐文物》全媒体图书。（图 19）与传统意义上的纸质书不同，图书编辑时，加入了二维码，将在展厅播放的乐器演奏视频、古乐演出视频等转化成网上版本，读者扫描即可观看，十分便捷，使得未能现场观看演出的读者可亲身体会古代音乐文物的魅力，这一形式新颖独特，是展览极好的延续与补充。（图 20）

图17　第8届东亚国际音乐考古学会年会现场

图18　中韩人文交流项目——“音乐考古与实践主题学术论坛”

图19　展览配套全媒体图书《谁调清管度新声——丝绸之路音乐文物》

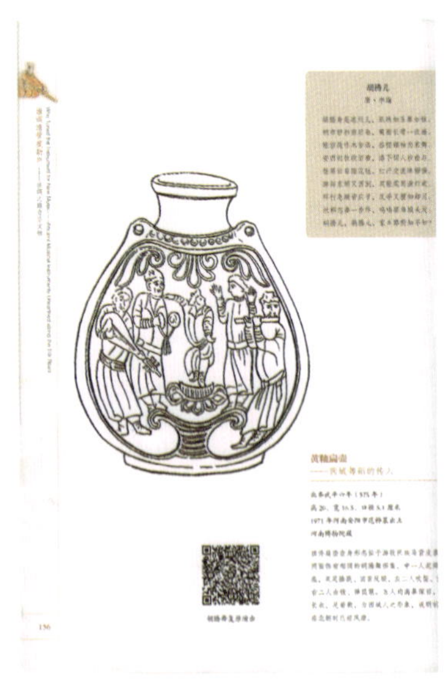

图20　胡腾舞复原演出视频二维码

该展览促进了馆际资源共享。在学术研究基础上，以实物展览为主题，以虚拟展览为延伸，以学术讲座和音乐复原展演为深化，多层次、多角度阐释了丝绸之路音乐文化的内涵和精神价值，呈现给观众一场极具视觉冲击力、艺术感染力和学术渗透力的文化盛宴。

丝绸之路的音乐文化，是一条历史的长河，从涓涓细流到波澜壮阔，其中无数创造者用智慧构成心灵的和声。丝绸之路沿线的音乐文物以其丰富性、连续性和典范性，积淀着中华民族的艺术精神。我们所努力呈现的不过是这条长河中的一朵浪花，期待有更多国家和地区的博物馆加入，共同交流研究，将丝绸之路的音乐文化更好地展示与传播，弘扬和平合作、开放包容、互学互鉴、互利共赢的丝绸之路精神。

由“金字塔·不朽之宫”展引发的几点思考

王文析
河南博物院

摘要：“金字塔·不朽之宫”展览是2014年河南博物院发起策划，并召集联合山西博物院、辽宁省博物馆、湖南省博物馆和广东省博物馆诸家省级博物馆，经过近三年共同筹备，从意大利都灵埃及博物馆引进的大型高级别古埃及文物展。本文针对展览概况和展览中遇到的问题做简要介绍。

关键词：“金字塔·不朽之宫”展；展览概况；古埃及文物展

一、展览概况

“金字塔·不朽之宫”展是2014年河南博物院发起策划，并召集联合山西博物院、辽宁省博物馆、湖南省博物馆和广东省博物馆，经过近三年共同筹备，从意大利都灵埃及博物馆引进的大型高级别古埃及文物展。（图1）展览于2017年12月至2019年3月在国内五省进行为期一年半的巡回展出。河南博物院为中国展览首站。

图1　“金字塔·不朽之宫”展在河南博物院开幕

古埃及是四大文明古国之一。古埃及人在长达数千年的历史发展中，创造了灿烂的文明，极大地丰富了世界文化宝库，深刻影响了古希腊、古罗马文明的发展，为后世西方文化的发端和繁荣提供了宝贵借鉴。意大利都灵埃及博物馆馆藏

图2　展览开幕式

埃及文物4万多件，是世界第二大埃及文物收藏机构。经过多次与都灵博物馆工作团队的深入沟通，选取了埃及历史文化中最有代表性的日常生活、宗教信仰和墓葬习俗三方面相关文物，构成展览的三大版块。围绕这三个方面的内容，我们专程前往意大利都灵埃及博物馆，进入展厅及库房，本着“代表性、历史性、艺术性、趣味性”的原则，从3万多件藏品中精心挑选出144件（组）典型文物，年代主要跨越古埃及前王朝至末朝（约公元前3500—前332年）近四千年的时间，其中包括我们期待的动物和人木乃伊、大型石刻神像、纸莎草“亡灵书”、石碑、彩绘石木棺椁、护身符及日常生活用品等，其中一些文物是首次向公众展示。

展览自2017年12月至2018年3月在河南博物院展出，其间共接待观众50多万，组织讲解500多批次，开展了近百场“古埃及”主题网络直播、专家讲座和社公教育活动。在本地公众和学生中间掀起了一场“埃及热”的学习浪潮，相信将有更多的中国观众可以近距离地欣赏曾经在教科书、影视作品中了解的神秘埃及文化，理解不同文明在人类历史发展中的异同，感受到木乃伊、亡灵书和诸神雕像带来的心灵和视觉上的震撼。（图2、图3）

图3　展厅观众参观

二、引发的问题

（一）关于出入境文物交纳关税保证金问题

展览筹备工作在2014年开始策划，中间经历多次沟通协调。在所有问题都妥善解决后，2017年12月展品即将入境之际，河南博物院面临一个引进外展都要面对的困难，就是关于入境文物交纳关税保证金问题。

根据运输计划，河南博物院作为首站，该批文物计划于 2017 年 12 月初从郑州海关入关，总保险价 23205500 欧元（约 176361800 元人民币）。按照海关关税保证金 17% 的比例缴纳，需交纳保证金 29981506 元。河南博物院是非营利性公共文化事业单位，经费均由省财政厅管理，专款专用，没有额外的经费支付数额如此巨大的保证金。

根据《中华人民共和国海关总署令》第 171 号文件中《中华人民共和国海关监管场所管理办法》第二章“监管场所的设立”第六条的描述，河南博物院具备所要求的条件，所以向郑州海关提出了进行驻场监管的申请。同时，河南省文物局也向海关总署递交了“免保证金”的申请。

郑州海关对指派专人监管须由河南博物院做到的相关条件做出了具体的建议：1. 参照《海关监管作业场所设置规范》中航空运输类海关监管作业场所设置规范，该批展品须在独立的封闭区域进行展出，与其他展品不得在同一独立的封闭区域进行联合展出；2. 如需实施海关查验，应当设置满足海关查验作业要求的场地；3. 须提供具备网络通信（有线和无线网络）、取暖降温、休息卫生等条件的海关办公场所；4. 根据海关监管需要，博物院自用信息化管理系统应向海关开放授权；5. 须建立满足海关监管要求的视频监控系统，并与海关联网，视频存储时间不少于 3 个月；6. 根据海关监管需要，应提供存放海关扣留货物的仓库。我们按照海关要求的以上条件，准备了“金字塔·不朽之宫”展场的监控视频传至海关的设计方案，并租用网络运营商长达一年的专线，安排了两间舒适宽敞的办公室，专人陪同海关监管人员每周两次的监管。河南文物局也向郑州海关出具展览保证函，确保了展品按时入境，布展准时进行。

这次与海关的合作，打破了以往缴纳保证金的先例，为今后引进更大型的外展做好了铺垫工作。(图 4、图 5)

（二）大量有机展品所需温湿度控制问题

建院以来，河南博物院多次引进过各种大小型

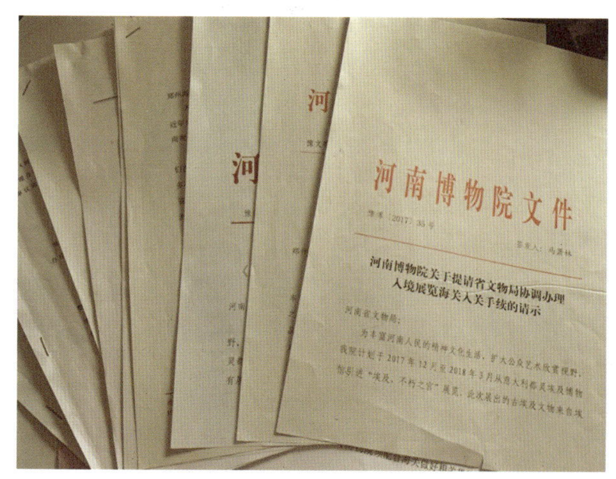

图4 相关文件

图5 海关展厅监管

外展，如：2004 年 11 月，河南博物院首次引进的大型外国文物展“古罗马文明展”;2011 年 10 月“大漠文明　丝路遗韵——新疆出土文物展”；2012 年 9 月 6 日开幕的由中华世纪坛世界艺术馆、西蒙基金会、河南博物院及国内四家博物馆共同举办的“古典与唯美——西蒙基金会收藏雕塑、绘画”展；2012 年 11 月，国内首次全面展现英国 300 年美术发展状况的“走向现代——英国美术 300 年”大型展览，河南博物院是该展览在国内巡展的第五站；2015 年 4 月 1 日，由河南博物院和捷克共和国布拉格国家工艺美术博物馆联合主办的“欧洲玻璃艺术史珍品展”等。

据了解，以往这些外展中只有“古罗马文明展”展品的象牙器和“大漠文明　丝路遗韵——新疆出土文物展”的展品中的女干尸为有机展品，数量非常少，材质简单。而“金字塔·不朽之宫”埃及文物展是建院以来有机展品数量多、级别较高、成分最为复杂（包括木、骨、人体器官、动物尸体、人体尸体）的外展。（图 6、图 7）

这次展品的特殊性，以及意方在合同中明确指出温湿度的控制要求，对于河南博物院的展厅展柜恒温恒湿的硬件设施来说是一次重大的考验。

展品在到达之前，展厅的温室度就要调整到位，展品在车内停留 24 小时后才能开箱拆封卸车。河南博物院在展厅中采用大量的微环境控制设备和温湿度、虫菌害监控设备。比如：无线联网展柜恒温恒湿控制设备、二氧化碳及温湿度一体式无线检测装置、温湿度传感器 MW301GA、微生物监测仪等，保证 24 小时监测展厅及展品的温湿度。

除了运用机器控制，人工也是每天两次两人

图6　展览文物

图7 展览展品

交叉巡视，除了用手机收集无线仪器的曲线图，还手动绘制表格记录。

三、思考和探索

（一）开展更有效率的工作

展览能顺利开幕离不开前期的多次全方位沟通，从展品的选择到展厅设计，从展台的制作到展板文字的翻译，无一例外。在布展过程中，总是会出现展台的设计不能够完全符合展品的要求的情况，也就是说，通过清单数据得到的信息跟实物会有出入。这就需要布展和施工的协作，及时、准确地改造或重新制作展台。这样就耽误了布展时间，期待有一种更有效的方法减少这样的问题出现？

对于引进外展来说，翻译也是很重要的一项工作，除了跟国外同人沟通外，展板文字信息的准确性也很重要。无论是对于国外文物的中文翻译，还是国内文物出国展出，文字是需要经过多次确认、翻译无误后再印制布展。

在布展、撤展过程中，搬动有机物展品必须使用专业的辅助工具，如塑胶手套、口罩、特殊光源手电筒等。

（二）与海关的合作

对于博物馆来说，每次引进国外展览，难免牵涉文物的出入境问题，在展览初期与海关的合作也要考虑周全。根据展览的期限、文物的地域、文物数量等提前预算出要缴纳的保证金数目，便于整体展览经费核算，或者与海关沟通，通过其他一些方法完成海关的监管工作，省去该部分费用。

在“金字塔·不朽之宫”埃及展览中，郑州海关为河南博物院开通了绿色通道，就是免于缴纳保证金，对展览实施驻场监管，这无疑有效解决了高额保证金与公益性单位的矛盾，同时也是海关对于博物馆事业所给予的支持。（图8、图9、图10）

（三）有机文物在临时展厅的保护

面对各种临时展览，河南博物院都有一套自己的文物保护方案。“金字塔·不朽之宫”是目前展览中有机展品最多的，也是对文物保护工作的一次考验。在整个展出过程中，河南博物院做足了恒温恒湿、防虫防照的工作准备充足。特别是对木乃伊的保护、木棺的保护都符合意大利的要求，对于以后的有机展品展出也积累了实战经验。（图11、图12、图13）

图8　文物保管

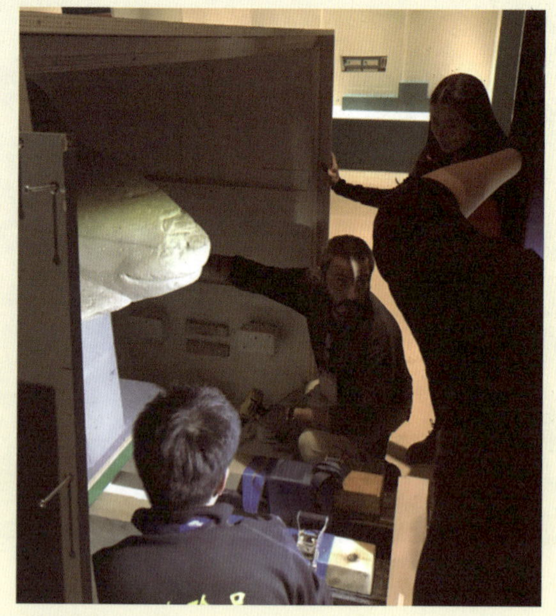

图11　布展

图9　海关人员拆封

图12　布展

图10　海关开箱检验

图13　海关最后封箱

“河南省运台古物监护委员会”简介

王佩南
台北“河南省运台古物监护委员会”

摘要：本文主要介绍了“河南省运台古物监护委员会”的成立过程及其在保护文物、文化交流中发挥的重要作用。

关键词：“河南省运台古物监护委员会”；文物保护

很荣幸透过此文，向大家介绍“河南省运台古物监护委员会”这一自发性的民间文化组织，以及它在河南文物南迁之后扮演了一个什么样的角色。

一、缘起

众所周知，中华文化发源于黄河流域，河南省地处中原，也是中华民族最早活动的区域，历史上更有多个朝代定都于河南，是文化底蕴相当深厚的地方。民国初年，当地农民常于耕稼间挖掘出先秦之古器物，例如轰动学术界的《三体石经》和《熹平石经》，也都出土在那段时期。而这些文物多为外地估客辇载他去，甚或转卖海外，殊为可惜。其中日本人尤慕中华文化，为谋中华文物，手段尽出。

1937年日本发起侵华战争，当时的河南省政府为顾及古文物安全，召集河南文化界人士开会，决定将河南博物馆之文物迁移至安全处所。博物馆整理出68箱重要文物，经郑州，复迁武汉，最后运至重庆，存放中央大学柏溪分校。1949年，当时在重庆的国民党河南省政府主席赵子立等四人，通过杭立武向蒋介石禀报，希望将这批存渝古物速运台湾。当时因时局危急，交通工具调度困难，仅运走了其中38箱文物至台湾。

二、“河南省运台古物监护委员会”沿革

河南文物抵台初期，与台北故宫博物院、台湾图书馆、历史语言研究所等文物档案，共同存放

图1　豫籍代表李敬斋、张鸿烈、董作宾、何日章

图2　2012年台北历史博物馆三楼常设展之河南古物唐三彩（张承宗摄）

图3　2012年台北历史博物馆三楼常设展之河南古物青铜器（张承宗摄）

于台中雾峰北沟糖厂仓库，并成立台湾文物联合保管处保管。其中随同文物从渝来台的河南籍人士张克明先生承联管处聘为专门委员，仍然负责监护、保管该批河南文物。

1950 年，张克明先生建议成立“河南省运台古物监护委员会”，同时，要求清点、造册，俾便保管这批河南运台古文物。于是，由在台豫籍有关人士 30 人成立了监护委员会。1950 年 4 月，联管处会同豫籍代表张鸿烈、董作宾、何日章等人（图 1），对 38 箱文物逐箱清点造册，并呈报教育部门备查。1955 年台北历史文物美术馆（现今台北历史博物馆前身）成立，台湾当时商得豫籍人士同意，将这批河南省古物计 38 箱，悉数交由该馆整理、陈列，是为台北历史博物馆最初重要之馆藏文物。（图 2、图 3）张克明先生亦随同至该馆任职，仍然负责监护这批古文物。张先生退休后仍被该馆聘为顾问直至去世，终其一生没有和他所监护的河南古文物须臾分离。“河南省运台古物监护委员会”在张克明先生去世后，于 1996 年至 1997 年要求对这批古物再做一次全面性的清点，并出版了图录一册。

三、“河南省运台古物监护委员会”现况

河南运台古物全面拨交台北历史博物馆至今已逾60年，该批古文物当年因仓促南迁，包装过于粗略且运送过程路途艰险又兼长途跋涉，导致陶器等器物破损严重。抵台后，幸经史博馆费心整理、修复、研究并展示，使更多人能了解中华文化的博大精深，深具意义。而委员会迄今仍正常运作，每年均定期召开委员会议。（图4）

监护委员会与台北历史博物馆亦始终维持良好互动。2013年，台北历史博物馆再次征得监护委员会同意，将馆藏殷墟出土之甲骨拨借历史语言研究所进行整理和研究。王行恭先生在其《河南文物入藏台北历史博物馆始末及其他》一文中说：“史博馆所藏河南文物中的甲骨资料，是现存于世中唯一未经刊布的源文件，是甲骨学界亟欲探求的知识宝库；其中任何一片小小甲片，均有可能是缀合三千年前甲骨史料的重要环节……”“河南省运台古物监护委员会”对于凡是有助于文物研究、交流与弘扬中华文化者，均乐观其成，并全力支持。两岸开放以后，监护委员会亦曾组团和河南博物院交流，冀能共同彰显中原文物价值，以及中华文化之源远流长。

图4 “河南省运台古物监护委员会”召开定期会议

河南博物院前院长田凯先生在《国宝离乱记》序言中说：“文物是一个民族文明的符号、文化的物存、精神的寄托……”其实，它也是一个民族是否长存于世、能否成为伟大民族的重要指标。

早年一批河南耆老纯因爱护中华文化，为保护中原文物费尽心血，而今日二代、三代子孙亦追随先人脚步，小心呵护这批国之重器，共同书写有关文物美丽的篇章，历史也一定会留下他们的身影。

历史的流转与离合

——河南古物迁台始末

张誉腾

台北历史博物馆

摘要：河南古物为台北历史博物馆（以下简称史博）馆藏华夏文物中的重要代表。本文旨在说明这批古物当初如何取得，如何在抗战期间颠沛流离南迁重庆，之后又如何辗转运到台湾并落脚史博，以及在我任内史博和河南博物院如何以这批文物为基础展开交流的经过。

关键词：河南古物；台北历史博物馆；河南博物院；甲骨文；唐三彩

一、前言

2010 年 1 月我接任台北历史博物馆馆长后不久，就知道馆藏华夏文物中有非常重要的一批是来自河南省。本文旨在说明这批古物当初如何取得，如何在抗战期间颠沛流离南迁重庆，之后又如何辗转运到台湾并落脚史博，以及在我任内史博和河南博物院如何以这批文物为基础展开交流的经过。

史博馆藏这批河南古物包括青铜器、玉器、甲骨、唐三彩、织锦、碑拓等，总计五千多件，主要出土地点为河南新郑、辉县、安阳和洛阳等地，因出土地点、时间与考证纪录明确，为考古和历史学界研究历史的重要一手资料。这批古物原为河南博物馆旧藏，馆址设在开封市。河南博物馆系 1927 年时任河南省政府主席冯玉祥主持下修建而成，被誉为除故宫博物院外，当时中国最重要的博物馆之一。（图 1）

1937 年 10 月 23 日，抗日战争全面爆发不久，为避免古物遭受日军掠夺，河南博物馆工作人员带着精心挑选的 68 箱古物踏上了南迁之路，由开封经郑州、汉口、宜昌、万县，最后运至重庆；1949 年重庆解放前夕，这批文物由重庆近郊防空洞内撤出，其中 38 箱于 11 月 29 日分由两架运输机运至台北，另有 30 箱未及运出。运至台北的

38 箱古物在 1956 年由史博馆馆藏。(图 2)

图1　1930年12月河南博物馆

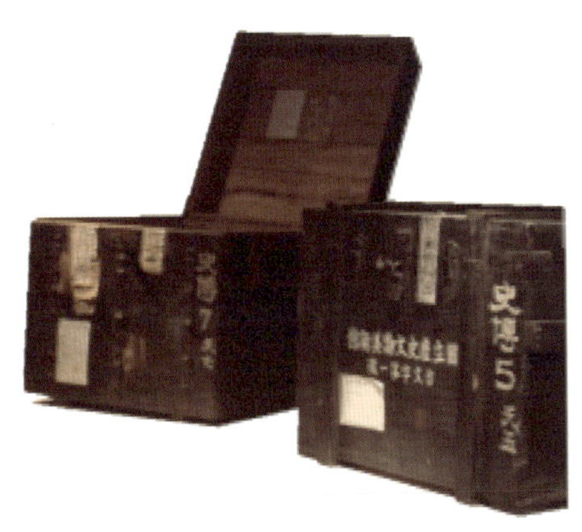

图2　装载河南古物的箱子

二、河南古物的流转

1937 年 7 月，卢沟桥事变爆发后数月，时任河南省政府主席的商震以教字第 953 号令饬河南博物馆（以下简称豫博），云：“……该馆保存之古物均为希世瓌宝，攸关古代文化，急应未雨绸缪，除经饬由本府教育厅转饬该馆妥速筹划安全保管办法呈核外，合亟令仰该馆就外县妥筹安全地点，以为必要时迁移之准备。”[1] 豫博馆馆长王幼侨接令，立即组员精选重要古文物 5678 件、拓片 1162 张、图书 1472 套（册），约 30 吨，分装 68 箱，静候待命。后来，王馆长认为汉口北有大别山，东有长江作为防线，较河南安全而呈请迁移。11 月底，河南古物由开封西行，经郑州，南下汉口暂存法租界。后因房屋进水，遂将铜器、玉器等 36 箱文物移租美国花旗银行仓库。1938 年 5 月，日军渡黄河占领开封后，又攻陷上海、南京等地，直指武汉。9 月，时任第一战区司令官兼河南省政府主席的程潜，致宛教 3 字函于蒋介石，请求核准饬交通部拨轮运渝。王幼侨前往晋见并请求蒋介石设法保证文物运渝，之后透过交通部副部长卢作孚安排，文物由宜昌运到万县，从万县再转到重庆，计 54 天。王馆长经与中央大学校长罗家伦交涉后存放在柏溪分校的防空洞里，分别由张克明（河南省参议员兼南阳县长）[2] 看管 38 箱、裴明相（河南博物馆馆员）看管 30 箱 [3]。

1945 年，日军投降，抗战胜利，河南博物馆等待复员，舟车雇到之时再行起运，然而却因历史原因，文物无法运回河南，只好仍然存放柏溪。1949 年 11 月底，国民党决定败退台湾。当时在重庆的河南省政府代表 [4] 因担心该批古物安全，请求国民党政府将这批文物运往台湾。在重庆解放前夕，国民党派

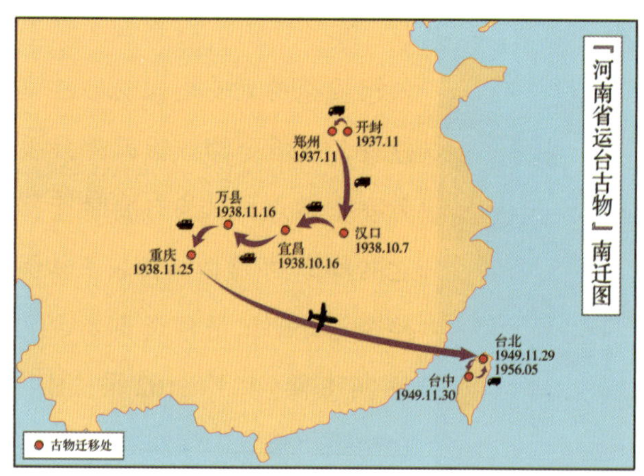

图3 “河南省运台古物”南迁图（史博陈嘉翎、河南博物院黄林纳共同绘制）

两架军机抢运河南古物 38 箱，与故宫博物院部分文物藏品一起搭空军飞机运往台湾[5]。这批河南古物运到台北松山机场后，直接运往台中，和当时已搭船先抢运来台的北京故宫文物等同时寄放在台中县雾峰北沟，由台北故宫博物院及台湾图书馆联合管理处负责集中管理。未及运台的 30 箱文物则由裴明相运至重庆朝天门码头，两天后被中国人民解放军重庆军事管制委员会封存接收。(图 3)

当年看管 38 箱文物的张克明运送古物随机来台后，被聘为台北故宫博物院图书馆联合管理处专门委员，正式成为河南古物管理人，负责清点与管理。1950 年，张克明向张鸿烈提议成立“河南省运台古物监护委员会”。于是由在台的豫籍民意代表以及学者专家，计 30 人成立了监护委员会[6]。河南博物馆存渝古物据报有 68 箱，运台之河南博物馆古物共计 38 箱，经清点分为 7 类（铜器、陶器、甲骨、织锦、古籍、玉器、文卷），由联管处代为保管。1956 年 3 月，史博开幕后，征得豫籍人士同意，于同年 4 月令联管处将代管之古物 38 箱，悉数交由该馆整理陈列，从此成为该博物馆的典藏基础与镇馆之宝。(图 4) 留存大陆的 30 箱河南古物，部分送往北京故宫博物院，部分则成为 1961 年迁往郑州新建之河南省博物馆典藏。

史博和河南博物院因为这段历史渊源缔结为兄弟馆，并从 20 世纪 90 年代起针对这批系出同源、分散两岸的河南古物展开一系列学术研究和展览交流。以下特别就我任内期间，如何运用馆藏河南古物之甲骨文与唐三彩和外界产生联结的两案做为实例说明。

三、河南古物的离合

（一）失落的环节——馆藏殷墟出土甲骨文

2010 年 4 月，中国社会科学院宋镇豪教授两次来函史博，希望借用馆藏有字甲骨，我因而知

图4 1955年创建的台北历史博物馆

道史博早在1956年开始代管一批河南省运台古物当中，就有计三千余件殷墟甲骨残片。同年10月，历史语言研究所（简称史语所）开始频繁与史博接触，洽商研究合作案，我因此更加体会史博这批甲骨的重要性。我从史语所得知，该所典藏甲骨文拓片约4万件，包含1928年至1937年间在河南安阳殷墟进行15次发掘所得2万余片及后来购藏者，为全国最大宗甲骨收藏与研究重镇。现藏台湾甲骨，除史语所外，以史博收藏为最多；现存甲骨之未做学术刊布者，亦以此为最大宗，被称为可能蕴藏甲骨文研究之“失落的环节”(missing link)，学术界早已翘首盼望。(图5)

图5　台北历史博物馆馆藏甲骨文举隅（典藏编号ar30211-223）

然而，过去数十年来，史博这批珍贵馆藏因极为脆弱残破，整批典藏于库房，且因预算与人力限制，未得以进一步结合学术研究，甚是可惜。如果史博能够出借这批馆藏于史语所，一方面可开发其学术能量，促进甲骨文研究与数据库之完整性；另一方面也可将它们全面整理、摹拓、摄影、释文、编辑、数字化，不仅有利于汉字申遗和后续推广，对展现与诠释国家文物也有重大贡献，意义非凡。经过近两年努力和协调，遇到许多前所未料的波折，史博与史语所终于在2013年8月27日完成“殷墟甲骨文整理研究合作案”签约，透过当代最新技术与研究视野给这批馆藏甲骨之最新利用，使之有效提升为重要世界遗产，这是全球甲骨文研究的一大盛事。(图6)

图6　2013年8月27日，台北历史博物馆”与史语所“殷墟甲骨文整理研究合作案”签约记者会

归纳言之，本案社会效益有四：1.出版史博甲骨文专书：本批甲骨文收藏约三千片，以彩色照片、拓片、摹本、释文并呈方式，预期将出版10册或8开3巨册专书。此将是甲骨文学术界一大盛事；2.确认史博甲骨文的文化资产价值：史语所将对本批甲骨之学术价值进行研究鉴定，确认此批甲骨之文化资产价值；3.举办史博甲骨文专题展览和学术研讨会，本批甲骨研究成果出版专书后，可配合举办新书发布会，规划于史博举办“历史博物馆收藏甲骨”专题展览，并由史语所配合规划甲骨文国际研讨会，彰显其学术研究和社会教育意义；4.史博甲骨文数字资源云端化和国际化：史语所甲骨文数据库收录甲骨数据高达两万余片，是甲骨数字化中最为丰硕的成果。将来史博甲骨整理研究后，将汇入史语所既有甲骨文数据库，一方面增益数据库内容，一方面也让史博甲骨借由此一数据库，能被世界各地研究者广为使用，进一步让史博甲骨文国际化。

史博的甲骨收藏五十余年来未曾整理研究，

图7　2016年1月19日史博与河南博物院进行文化交流签约仪式

图8　2016年1月29日河南博物院前院长田凯先生与史博前馆长张誉腾先生共同参观“盛世风华——两岸唐三彩交流展”

借此合作研究计划得以最新技术、方式全部刊布，深具学术文化意义。

（二）盛世风华——两岸唐三彩文物合

唐三彩的出土发端于20世纪初期，一直是近代陶瓷研究领域热门的探讨对象。史博馆藏唐三彩文物质量精良、品类多元，主要为1949年从重庆辗转运台的河南文物，并于1956年交予史博，成为馆藏重要基础。基于学术研究与充实馆藏需要，历年来史博以接受民间捐赠、机关移拨和购藏方式持续在三彩品类上有新入藏，至今累计超过120余件。

2015年适逢史博建馆一甲子，为配合60周年馆庆，分别在史博本馆与姊妹馆河南博物院同步举办“盛世风华——两岸唐三彩交流展”和“盛世风华——洛阳唐三彩特展”，将两岸精彩代表性唐三彩文物同时呈现，展览主轴以异时限与同时限兼容视野、历史性与工艺面并具旨趣，揭秘唐三彩发现始末，叙述唐三彩人文风情，描绘唐三彩异域色彩，体现唐三彩工艺风华。为了配合在史博展览，河南省文物局、河南博物院和洛阳博物馆特别安排将大陆60件唐三彩馆藏运来台北，为史博60周年馆庆祝寿。

为此，史博投桃报李，规划了在河南博物院举办“穷古通今——两岸唐三彩暨低温釉陶学术研讨会”，并在郑州召开的学术研讨会上提供馆藏10件唐三彩给学者专家作比较分析之用。（图7、图8）这是运台古物首次跨海回到大陆，在促进两岸唐三彩学术研究和文物交流史上具有开创性意义，也是开放馆藏、活化利用的最佳实例。

---

[1]包遵彭.台北历史文物美术馆筹备概况[M]//教育与文化.台北：商务印书馆，1956：2，34-35.

[2]任常中.河南博物馆文物南迁记[M]//古都郑州.郑州：郑州市文物局，2011：51-55.

[3]杭立武.文物“拾遗”[M]//中华文物播迁记.台北：商务印书馆，1980：65-68.

[4]河南博物院编著.组织机构沿革略述[M]//河南博物院80年（1927—2007）.郑州：大象出版社，2007：24.

[5]张克明.忆往事谈文献[J].台北历史博物馆馆刊.1978（3）.

[6]张誉腾.失落的环节——史博馆殷墟出土的甲骨收藏[M]//大宝库的小角落.台北：台北历史博物馆，2015：12.

古都郑州与“天地之中”的文化渊源

张得水
河南博物院

摘要：郑州作为我国八大古都之一，它的发展与“天地之中”观念有着密切的关系，是古人“择中建都”的具体实践。“天地之中”是历史演进过程中自然地理、天文、政治、经济、宗教、文化等多种因素综合而形成的一种人文观念。

关键词：郑州；都城；嵩山；天地之中

在“郑州商都3600年学术研讨会暨中国古都学会2004年年会”上，与会专家发表共同宣言，郑重宣布：郑州与西安、北京、洛阳、开封、南京、杭州、安阳七大古都一起并称为“中国八大古都”。郑州作为“八大古都”之一，可以说是实至名归。考古发掘表明，郑州地区在中华文明起源与发展的过程中，扮演着十分重要的角色与地位。在前期进行的中华文明探源工程中，九项工程郑州就占据五项，其中有巩义花地嘴夏代城址、郑州大师姑城址、新密新砦城址、登封王城岗城址、登封南洼遗址等。根据第三次全国文物普查的数据，郑州地区登记在册的文物保护单位有1万余处，其中旧石器时代遗址、地点达400余处，新石器时代中期裴李岗文化遗址60余处，新石器时代晚期仰韶文化遗址200余处，龙山文化遗址200余处，夏代遗址150余处，商代遗址100多处[1]。这些遗址和考古发现，是郑州地区乃至人类文明起源、文明发展的重要见证，也是郑州古都地位的重要实证。郑州地区登封王城岗城址的发现，证明了中国第一个奴隶制王朝夏都“禹都阳城”的存在；始建于公元前1600年左右的郑州商城，是我国商代前期的政治、经济和文化中心，不仅在中国古代历史发展的长河中占有重要地位，即便在世界文明史上也占有重要的历史地位。郑州小双桥商代遗址，被认为是一代商王仲丁所迁的隞都；西周初年，周武王灭商，建立周朝之后，封其三弟管叔鲜于管，建立管国，其地望即今郑州市管城，管城区由此而来，为当时周朝之东方重镇。春秋战国时期，郑、韩两国先后在新郑建都，长达500多年。秦汉以后，郑州地区设郡置县，并于隋开皇三年（583年）改荥州为郑州，一直成为区域的政治和文化中心。郑州历史上的辉煌，与其地处中原腹地，形势居“天地之中”的区位优势是密不可分的，既有天然的地理优势，同时又有丰厚的人文资源优势。

一、郑州地区的地理优势

郑州市横跨中国第二级和第三级地貌台阶，

西南部为嵩山山脉，属第二级地貌台阶前沿，东部黄淮平原为第三级地貌台阶后部的山地与平原之间的低山丘陵地带，构成第二级地貌台阶向第三级地貌台阶过渡地区。康熙《郑州志》记载：“西望太室，东临巨薮，梅峰峙其南，汴水环其北，通衢四达，冠盖络绎。”属于伏牛山系的嵩山，东西横卧，雄峙中原，古时曾称外方、嵩高、崇高。其主脉在登封境内，连绵60多公里，是黄河流域与淮河流域的分水岭。主要的河流在境内有伊洛河、汜河、颍河、贾鲁河、双洎河（古溱水、洧水）等，分属于黄河和淮河两大水系，自西向东、南、北方向分流，并有许许多多的支流汇入，形成了河谷交错、密集的水系。气候上属北温带季风型大陆性气候，受蒙古冷气压、热低压、极地大陆高压和冷暖气团、太平洋副热带气团影响，四季分明。夏季炎热多雨，冬季寒冷干燥，春季雨少风多，秋季昼暖夜凉。光热资源丰富。年平均气温14.4℃，年平均降水为604.9毫米，无霜期220天。这里的土壤处于棕壤向黄棕壤过渡的褐土地带，复杂多样的中山丘陵地貌和河川交错的地形，形成了极为丰富的土壤类型，其中有山地棕壤、褐土、砂姜黑土、潮土、水稻土等。从古生物地理来看，在当时这里是森林与森林草原的过渡带，处于亚热带的森林边沿，因此出现了喜暖湿的植物和耐寒耐旱的植物并存现象。这里有十分丰富的亚热带植物和动物种类。动物群中，既有麂、野猪等出没于森林，又有鹿类、野兔等追逐于草原之上，并可放牧黄牛、山羊等；湖沼之内可供麋、獐、貉、鹤、龟、鳖、鳄、鱼、蚌、螺等水生和喜湿动物活动与生存[2]。中山、低丘、盆地、谷地、平原等多地貌类型，温暖湿润的气候、星罗棋布的河汊湖泊、肥沃疏松的黄土地以及处于亚热带边沿的生物地理特征，既有益于聚落的发展，又有利于农业的产生。早在八千多年前的裴李岗文化时期，这里已成为农耕文化的中心，也因此成为人类早期理想的居住场所。

二、在郑州地区形成的“天地之中”天文观

登封“天地之中”历史建筑群成功申报世界文化遗产，吸引了世人的广泛关注。普遍认为，嵩山历史建筑群是中国古代礼制、宗教、科技和教育等各种主要建筑类型的代表作品，集中反映了中华民族对“天地之中”的认定、信仰和崇奉，凝聚了中华古老文明的精髓，成为东方传统文化的典型物化代表，具有全球突出普遍价值。新闻媒体更是旗帜鲜明地以“世界遗产展现中国文化概念”为标题进行宣传报道。然而，也有一些文化学者对“天地之中”这一概念产生疑问或异议，甚至认为“天地之中”成为世界文化遗产，则是对文化的一种嘲讽。的确，从现代科学技术的角度来看，“天地之中”是一个伪科学、伪命题，宇宙间并不存在所谓的天地中心。然而，从历史发展的角度，古人对宇宙万物的认知客观上存在着一个渐进的过程，现代理论结构的形成是人类经过数千年乃至上万年的实践不断获得的。其中，“天地之中”观念是古人宇宙结构理论的重要组成部分，反映的是中国古代先民对宇宙的阶段性认识。

天文学是我国古代最发达的自然科学之一。中国自古以农立国，为了农业的需要，对农业丰收的祈求，转变为对天文的关注；对天文的关注，又深刻地影响到人文观念，如取象于天、天人感应等。而郑州地区优越的自然地理条件，促使它较早奠定

了深厚的农业经济基础，并成为农耕文化的中心。

郑州大河村遗址出土的太阳纹、日晕纹彩陶片，表明早在距今5000多年前的仰韶文化时期，就已经有了观测天象的记录。郑州大河村遗址曾发现有日、月、星辰、星座、日晕（月晕）、日饵以及由太阳光芒纹演变的彩绘图案，这些图案是古人观测天象的真实记录，尤其值得注意的是在大河村四期的彩陶中，还发现了绘有星座图的残片，说明当时已经有了对天体运动的观测活动[3]。更值得惊喜的是在郑州荥阳市的青台遗址，近日发掘出“北斗九星”遗迹。初步确认为五千多年前仰韶文化中期的天文遗迹，是内地考古发掘出的最早的也是最为完整的北斗九星遗迹。其中有7个大小不一的罐子按北斗七星的形状排列，其余两个罐子放置在两侧。专家指出，青台先民已具备了一定的天文知识，形成对北斗天体的崇拜，也可能形成了一套隆重的祭祀仪式，可以观察节气、祈祷丰收等[4]。

商代，甲骨文中有很多天文的记载，涉及商代天文观、天学体系、天象观测和历法编算等内容，且已有了四方和相关神的观念[5]。战国秦汉时期形成了以历法和天象观测为中心的完整体系。在长期的生产实践中，先民们形成了认识天地的宇宙结构理论。其中，影响最大的就是“盖天说”和“浑天说”。然而，无论是“盖天说”，还是“浑天说”，或者是浑盖之争的相当长的历史时期内，天文大地测量一直是天文学研究中的一项重要工作。其中最著名的是以八尺圭表测量。从“盖天说”到“浑天说”，从周公测景到一行的测量子午线，以及元代郭守敬的“四海测量”等，可以看出人们对天体、对天文不断认识的过程。在这一认知过程中，郑州地区同样扮演了重要的角色。

首先是周公测景。西周初年，周公基于天圆地方的认知，以土圭测景以定地中。他是如何做到的呢？《周礼·大司徒》有明确记载：“以土圭之法测土深。正日影，以求地中。日南则景短多暑，日北则景长多寒，日东则景夕多风，日西则景朝多阴。日至之景，尺有五寸，谓之地中。”即以圭表测得的夏至时日影长度为一尺五寸来定义地中。据郝本性先生等人研究，殷周时期的古“中”字的构形，便是一种最古老最原始的天文仪器，即萧良琼先生所说的“圭表”，通过它可以测量方位和四时的变化[6]。以现代科学的角度来看，用这种方法测得的“地中”不止一个，而是无数个。然《周礼·大司徒》又说：“日至之景，尺有五寸，谓之地中。天地之所合也，四时之所交也，风雨之所会也，阴阳之所和也。然则百物阜安，乃建王国焉。”这样，“地中”的测量，不仅具有天文学上的意义，同时又加进了人文的因素。《周易》说：“天地絪缊，万物化醇，男女构精，万物化生。”东晋郭璞《古本葬经》：“夫阴阳之气，噫而为风，升而为云，降而为雨，行乎地中而生气。”天地、阴阳交合是万物发生之源，天地、阴阳交合的地方（地中）乃万物发源之地，同样也是文明社会的发源之地，建王国之地，即政治的中心。可见周公测量“天中”，是通过天文、地理环境、气候、生态、政治（建王国之地）等综合考量的结果，说明“地中”的观念源于古人对天体结构的认识，但并不仅局限于此，从一开始它就是天文和人文观念结合的产物。

周公测得的地中，一说在洛邑（今洛阳），一说在阳城（今登封告成镇），而以阳城说者居多。东汉郑玄、郑众，唐代贾公彦等注疏《周礼》，均以阳城为周公所定的“地中”。贾公彦疏云：“周公度日景之时，置五表。五表者，于颍川阳城置一表为中表，中表南千里又置一表，中表北千里又置一表，中表东千里又置一表，中表西千里又置一表。今言日南景短多暑者，据中表之南表而言，亦昼漏半，立八尺之表，表北得尺四寸景，不满尺五寸，不与土圭等，是其日南，是地于日为近南。景短多暑，不堪置都之事北。云‘日北’者，据中表之北表而言，亦昼漏半，表北得尺六寸景，是地于日为近北，是其景长多寒之事也。”在所置的五表中，只有在阳城能测得一尺五寸的表影，而五表中置于阳城的为中表，处于居中的位置。《隋书·天文志》记：“昔者周公测影于阳城，以参考历纪。……先儒皆云：夏至立八尺表于阳城，其影与土圭等。”

现位于登封告成周公庙内的周公测景台，是唐代开元十一年（723 年）太史南宫说根据诏令，仿土圭旧制，在原地重新刻石立表。《新唐书·地理志》“河南府河南郡阳城”条下记载：“(阳城）有测景台。开元十一年，诏太史南宫说刻石表焉。”此台为青石雕刻而成，由覆斗状台座承载表柱，结构简洁。元初天文学家郭守敬组织“四海测验”，曾在阳城建台立表，实地观测。阳城作为一个重要的测验点，至今仍保留有郭守敬所建的登封观星台遗址。

由此可见，郑州地区古人观象授时，源远流长。历经千百年历史发展、文化的碰撞，积淀了根深蒂固的中华传统文化因子，“天地之中”观念也正是其中的代表。

三、“天地之中”观念与中国古代的山岳崇拜

郑州地区除了上述中国古代天文活动外，还包含了源自远古的天神和山岳崇拜、嵩山地区华夏文明之源和核心地位以及政治上“择天下之中而立国”的传统建都理论等。

中国古代的山岳崇拜作为自然崇拜之一种，由来已久。《墨子·天志下》云：“故昔也三代之圣王，尧、舜、禹、汤、文、武之兼爱之天下也。从而利之，移其百姓之意焉，率以敬上帝、山川、鬼神。”又如《尚书·尧典》记载舜在接受禅让的时候，“肆类于上帝，禋于六宗，望于山川，遍于群神”[7]。在万物有灵观念的支配下，古代先民基于对大自然的敬畏和对自然现象的模糊认识，于是产生了原始的山岳崇拜。《韩诗外传》曰：“山者，万民之所瞻仰也，草木生焉，万物植焉，飞鸟集焉，走兽休焉。生万物而不私，育群物而不倦，出云导风，天地以成，国家以宁。”[8] 然而，原始先民对山岳的崇拜，也并不是逢山必拜，逢山必祭，而是祭拜与本部落本部族生存发展密切相关的山岳。《国语·周语上》曰：“昔夏之兴也，祝融降于崇山；……商之兴也，梼杌次于丕山；……周之兴也，鸑鷟鸣于岐山。”韦昭注云：“融，祝融也。崇，崇高山也。”崇高山即嵩山。《淮南子·地形》高诱注曰：“少室太室在阳城，嵩高山之别名。”嵩山及其周围地区是夏部族聚居的地方，也是文献记载的“禹居阳城”的地方。《史记·夏本纪·正义》引《括地志》云：“阳城县在嵩山南二十三里。”春秋战国时期的阳城遗址，就在今登封告成镇。尤其自 1977 年以来，在靠近阳城遗址的地方发现登封王城岗大型龙山文化城址，多认为与禹都阳城有关。至于商王朝兴起的丕山，据郑杰祥先生考证，丕山即今河南荥阳的大伾山，“早在先秦时期，人们已经明确地认识到商王朝兴起

和建都之地，当在丕山，即今河南荥阳大伾山的周围地区。郑州商城作为商代最早的王都亳邑正位于此山东侧不远的地区”[9]。周族兴起的岐山，文献记载和考古发掘资料相互印证，是自古公亶父以来周族兴起并不断发展壮大的聚居地。从三代时期对山的崇拜来看，夏人以其核心聚居区内的嵩山为崇拜和祭祀对象；商人以亳都附近的丕山为崇奉对象，迁都之后，也是在所控制区内祭祀山神。殷墟卜辞中有大量的“燎于山”“岳燎”等记载，就是有关商代晚期山岳崇拜的珍贵材料，其中有贞问吉凶、收成、求雨止雨等，所祭的山当然距商王或贵族不会太远，至少是在商王朝控制的核心区域内。郝本性先生考证，殷卜辞中的岳神，缘自嵩岳。据对殷卜辞的整理，关于岳的贞问有566条，其中46条是作为人名而用的，其他皆用来指称殷人祝祷的对象——岳神，也即金文中所称的“天室山”。至于周人，最初崇奉岐山，如《周易·升卦》六四爻辞云：“王用享于岐山，吉，无咎。”武王伐纣，取得中原地区的统治权后，占据了“有夏之居”，开始崇奉嵩山。其中，最为典型的例子就是西周青铜器《天亡簋》铭文中记载的周武王登天室山举行祭祀大典的重要历史事件。铭文记载:“乙亥,王又（有）大豊（礼）,王凡（般，盤）三（应为“四”，脱落了一画）方。王祀于天室。降，天亡又（佑）王，衣（殷）祀于王不（丕）显考文王，事喜（饎）上帝……”[10]《天亡簋》所记实为武王在克殷后返周的途中到嵩山顶上举行的一次祭祀活动，希望依托嵩山的护佑而永保天命。天室即太室山。由此看来，早期人类所祭祀的山，首先是在本部族或政权的中心区域，其次是认为所祭祀的山与本部族、本统治政权休戚相关。山是最接近天神的地方，是人与天神沟通的媒介。“在传统文化中，山被普遍认为是世界的中心，是最便于人神沟通与交流的地方。在殷周时期，中心又被赋予特别重要的内涵，而嵩山正是担当了中心这样一个举足轻重的角色”[11]。夏商周三代均有祭祀和崇拜嵩山的传统，这是因为夏商周三代王朝均以嵩山及周围地区为聚居中心，同时也是政权的中心。这个传统，到后期仍有延续。秦汉之后，帝王祭祀嵩山连绵不断。嵩山成为历代帝王接天通地、永固江山、昌盛国运的祭祀、封禅对象。据统计，从周武王开始至清末，历史上有史可查的巡狩、祭祀、封禅嵩山的帝王就有68位。从文献记载来看，古人不祭拜自己辖区外的山，也是有一定依据的。西周以前有“祭不越望”的礼制，《论语·八佾》就记载了鲁国季孙氏旅祭泰山而为孔子所讥的故事：“季氏旅于泰山，子谓冉有曰：‘女能救与?’对曰：‘不能。’子曰：‘呜呼！曾谓泰山不如林放乎?’”祭祀泰山是天子和诸侯的专权，季孙氏只是鲁国的大夫，他竟然也去祭祀泰山，所以孔子认为这是一种僭越行为。《史记·封禅书》引马融注曰：“旅，祭名也。礼，诸侯祭山川在封内者。今陪臣祭泰山，非礼也。”又如《公羊传·僖公三十一年》云：“诸侯山川有不在其封内者，则不祭也。”诸侯在自己的封内祭山，天子在疆域内祭山，所以就有了武王伐纣获得胜利后的首次封禅嵩山。不去祭祀自己控制范围之外的山，一是力不能及，二是失去了祭祀的意义。祭祀的目的是得到山神的保佑，并以祭祀的形式达到天人相通。嵩山之所以得到三代的崇拜和祭祀，是与嵩山地区位于河洛间“三代之居”的地位分不开的。正像林沄先生所说，“当时人心目中真正的‘中’，实际上是指阳城和洛邑之间的那座太室山。因为它是传统的通天圣山，故被认为是‘天下之中’的标识”[12]。

四、“天地之中”观念与郑州地区的华夏文明源头地位

考古研究表明，嵩山是全国旧石器时代晚期地点分布最为密集的地区，也是研究现代东亚人起源的重要地区。其中位于嵩山东麓的荥阳织机洞遗址，是中国北方地区目前发现规模最大、遗存最丰富的2万到10万年前古人类居住的洞穴遗址，具有旧石器文化南北交流甚至哺乳类动物南北迁徙的“驿站”作用。荥阳奶奶庙遗址，距今约4万年，为认识中国境内及东亚地区现代人类及其文化起源与发展等重要史前考古的关键课题提供了非常重要的新资料。地处嵩山东麓低山丘陵地区的新密李家沟遗址，距今约1万年，为中国旧、新石器时代过渡等学术课题提供了十分重要的考古学证据；进入新石器时代以来，裴李岗文化—仰韶文化—河南龙山文化—二里头文化是嵩山地区文化发展中的链条，环环相扣，自成序列，并在长期的发展中充分体现了史前文化的融合性和核心地位。距今9000年至7000年的裴李岗文化时期，在这一地区已开启了农耕时代和定居生活。目前在河南发现的裴李岗文化遗址有150余处，其中60余处在郑州地区，特别是在嵩山周围地区最为密集。到了距今7000年至5000年的仰韶文化时期，这一地区在物质文化、精神文化等领域的发展表现得更为突出。以大河村遗址命名的仰韶文化大河村类型集中分布在郑州地区。郑州西山遗址，发现了迄今中原地区最早的史前城址，距今约5300年至4800年。城墙采用先进的方块板筑法，是当时国内发现年代最早、建筑技术最为先进的早期城址，它开启了后世大规模城垣建筑规制的先河。郑州大河村遗址，发现有保存完好的仰韶时期的连间房屋建筑，遗址中出土完整或可复原的陶、石、骨、角、蚌等各类遗物约五千件。其中，大量精美的彩陶，表面多饰白、红陶衣，彩绘内容有几何、动植物、天文等30余种纹饰，形象生动传神。尤其是那些描绘大自然的太阳纹、月亮纹、星座纹等纹饰为全国新石器时代遗址中所罕见。此外，遗址中还发现了属于东夷文化体系的大汶口文化，以及属于苗蛮文化系统的屈家岭文化遗存，显示了中原古文化与邻境诸原始文化之间的交流与相互关系，也是我国古代文化大融合的考古学见证。这一时期，也正是古史传说中黄帝部族活动的时期。史书记载黄帝都有熊（今河南新郑），以河南新郑为中心的河南中部地区是黄帝族的发祥地。至今，在河南新郑、新密以及其他地区，仍有与黄帝有关的传说或史迹。步入距今4600年至4000年之间的龙山时代，聚落社会出现了分化，部族之间的纷争也频繁发生，聚落中心城址相继出现。目前已经发现有10座中原龙山文化时期的城址，其中嵩山地区就有3座。嵩山东麓的新密古城寨城址，至今仍较好地保存着三面城墙和南北相对两个城门缺口。城址面积17.6万平方米，城墙现存高度最高处达十五六米，规模宏大，墙高沟深，气势雄伟。南、东、北三面有护城河，西面以溱水为自然屏障。城址内还发现一组规模较大、分布密集的夯土建筑基址群，其中一座廊庑式夯土高台建筑，面积达383.4平方米，可称为后世大型宫殿和廊庑式建筑之滥觞。新密新砦城址，是一处龙山文化晚期和新砦期的大型城址，发现有城垣和外壕、城壕、内壕三重防御设施，以及大型建筑基址，出土有铜

容器残片等高规格的遗物。根据文献记载，该遗址很可能与夏代早期都城夏邑有关，或为夏启之居。位于登封市告成镇五渡河与颍水交汇处的王城岗遗址，是古文献记载的“禹都阳城”的地方。城址面积达 30 万平方米，城内发现有夯土基址、祭祀坑、青铜器残片、玉石琮、白陶器等遗迹遗物，都说明遗址应为嵩山东南麓颍河上中游重要的中心聚落之一。据文献记载和传说，嵩山一带是夏族先公建立夏王朝的主要活动区域，王城岗古城可能是夏鲧之城，后为禹都阳城。王城岗高耸的城墙，已经跨进了文明社会的门槛。位于郑州市西北郊的荥阳大师姑遗址，发现有二里头文化中晚期的大型城址，总面积约 51 万平方米，由城垣和城壕两部分组成，城址在商代早期继续沿用。郑州商城与偃师商城作为嵩山周围的两座商代城址，是商汤灭夏后建立的早期都城，因此而成为夏商的分界。郑州小双桥、荥阳关帝庙是另外两处重要的商代城址，是商代文化在嵩山地区发展的重要见证。最近在荥阳赵沟，又发现了东周时期、二里头文化时期和新砦期大、中、小三座城址，遗址包含从龙山文化到东周多个时代，延续时间长，年代序列相结完整，为夏商时期年代谱系的研究提供了新的资料。前已述及，武王伐商后曾在嵩山举行祭祀或封禅活动，这与周人“因有夏之居”是密切相关的。周人之所以选择嵩山地区“定天保”“依天室”，同样是与这里深厚的文化根脉分不开的。由此可见，从旧石器时代人类在嵩山地区的繁衍生息，到新石器时代文化的继承与发展，最终在嵩山地区诞生了中国历史上第一个奴隶制国家，其文化核心、文明核心的地位，无疑是“天地之中”观念形成的一个重要因素。

自进入文明时代以来，中国早期的国家政权始终是以嵩山地区为核心建立起来的，而郑州的地位则举足轻重。前已述及，新中国成立以来，登封王城岗城址、新密古城寨、新密新砦城址、郑州商城、郑州小双桥遗址、郑州大师姑城址、新郑望京楼城址、郑州东赵城址等一系列考古发现，使人们对夏商周三代都城有了更新的认识，进一步证明三代时期政治中心的选择、都城的建立是紧紧围绕嵩山而展开的。“天地之中”观念在嵩山地区的起源与形成并不是孤立的，它是在历史演变过程中涵盖了天文、地理、政治、经济、文化等多种因素综合而形成的一种人文观念，这种观念一旦形成，势必对整个社会历史、人们的行为模式产生深远的影响。其中，“择中建都”便是这一观念的集中体现。

---

[1] 顾万发. 文明之光——古都郑州探索与研究 [M]. 北京：科学出版社，2016：10.

[2] 张居中. 环境与裴李岗文化 [M] //. 环境考古研究（第一辑）. 北京：科学出版社，1991.

[3] 彭曦. 大河村天文图像彩陶试析 [J]. 中原文物，1984（4）.

[4] 温小娟. 荥阳青台发现“北斗九星”天文遗迹 [N]. 河南日报，2019-06-22.

[5] 胡厚宣. 释殷代求年于四方和四方风的祭祀 [J]. 复旦学报（人文科学版），1965（1）.

[6] [11] 郝本性. “中”字的构成及早期的含义 [M] // 古都郑州. 郑州：郑州市文物局，2002.

[7] 尚书·尧典（卷 1）[M] // 孙星衍. 尚书今古文注疏. 北京：中华书局，1986：38-41.

[8] 韩婴撰，许维遹校释. 韩诗外传 [M]. 北京：中华书局，1980：111.

[9] 郑杰祥. “丕山”所在与商都亳邑 [J]. 中国历史文物，2010（6）.

[10] 王辉. 商周金文 [M]. 北京：文物出版社，2006：35.

[12] 林沄. 天亡簋“王祀于天室”新解 [J]. 史学集刊，1993（3）.

河南密县“新砦”“双洎河”称名辨异

李维明
中国国家博物馆

摘要：考古报告所见河南省密县（今新密市）“新砦”应为“新寨”，流经该遗址南部的“双洎河”应为“洧水”，“双洎河”可能为“双泊河”误写。

关键词：新寨；新砦；洧水；双泊河；双洎河

考古报告所见河南省密县（今新密市，下同）“新砦”及遗址南部“双洎河”称名一直沿用至今。有材料显示，这两处名称因存异说还有商讨余地。

一、是“新寨”，不是“新砦”

1979年春，中国社会科学院考古研究所河南二队在河南密县东南22.5（或23）公里处新砦遗址进行考古调查和试掘，获得一批从龙山文化到二里头文化阶段遗存，称为“新砦遗址二里头文化”。

1999年秋至2000年春夏，北京大学考古文博院等单位为配合夏商周断代工程新增设“新砦遗址分期与研究”专题项目，再次对新砦遗址进行复查和发掘。确认该处为介于龙山文化晚期和二里头文化早期之间具有过渡意义的“新砦二期”遗存。

2002年至2003年，中国社会科学院考古研究所河南新砦队为配合中华文明探源工程预研究“新砦遗址聚落布局与内涵研究”项目，继续在新砦遗址展开考古调查与发掘，揭示遗址的聚落布局，提出“新砦期聚落”的概念。

迄今，“新砦”作为探讨当地龙山文化晚期与二里头文化早期的演变关系和早期夏文化的重要遗址之一已为业内学者熟知。

然而，20世纪80年代河南省测绘局、密县地名办公室编印的《密县地图》显示，该遗址所在地点标名“新寨”。

浏览以往发表的考古报告，不难看出“新寨”被“新砦”统一取代的过程。

《河南文博通讯》1980年第3期刊发的《密县古文化遗址概述》一文，介绍二里头文化“新寨遗址”、龙山文化遗址“新砦”，从而出现“寨”“砦”异字现象。

《考古》1981年第5期刊发的《河南密县新砦遗址的试掘》一文，介绍1979年春新砦遗址考古试掘收获时，行文统一为“新砦”“新砦遗址”。

1999年以来发表的相关考古报告，一律沿用“新砦”“新砦遗址”称名。如文物出版社2008年出版的《新密新砦——1999—2000年田野考古发掘报告》。

查阅密县地方史志编纂委员会编的《密县志》，

20世纪50年代可见“新寨乡”称名，与西北方向的“老寨乡”相应。由于1936年“老寨”曾为密县第三区大隗镇下属的一个联保，估计“新寨”称名会随之提早。依据田野考古调查对遗址按其所在地居民点名称或该地点专门名称命名的方法，联系20世纪80年代考古报告“新寨遗址”称名与河南省测绘局、密县地名办公室编印《密县地图》显示“新寨”地名一致的事实，判断“新寨”称名因符合所在地名而为是，“新砦”称名因与所在原地名不符而为误。

二、是“洧水”，不是“双洎河”

20世纪80年代以来考古报告报道，“双洎河”自密县西南部至东南部经“新砦”（正确称名应为“新寨”，下同）南部流过，遗址东部还存有“双洎河故道”。然而河南省测绘局、密县地名办公室编印的《密县地图》显示，自密县西南部至东南部经“新寨”南部流过的是“洧水河”。

1. 流经密县西南部至东南部的是“洧水”，不是“双洎河”。

考古报告介绍“双洎河”发源于密县西南部或登封东北部，自西向东南方向流经密县东南部。

《密县古文化遗址概述》：“县境西北部有绥水，西南部有洧水，东流至超化公社相汇，组成双洎河。”

《河南密县新砦遗址的试掘》：“河南中部的双洎河发源于嵩山的东麓，流经密县、新郑、长葛、鄢陵诸县，至周口镇注入颍河。”

《新密新砦——1999—2000年田野考古发掘报告》：“新砦遗址所在的双洎河源于登封市东北部塔水磨，东南流经新密市、新郑市，在新郑市南部流入长葛市……”

文献记载“洧水”发源于密县西南部或登封东北部，自西向东南方向流经密县东南部。

东汉许慎《说文解字》十一上，水部：“洧水出颍川阳城山东南入颍。”

北魏郦道元《水经注》：“洧水出河南密县西南马领山”；“亦言颍川阳城山”；“洧水东流，绥水会焉”；“洧水又东迳密县故城南”；“洧水又东南流，溍水注之”；“洧水又东南迳郐城南”；“洧水又东迳新郑故城南”；“洧水又东南，分为二水也，其枝水东南流注沙，一水东迳许昌县”；“洧水又东迳隐陵县故城南”；“洧水又迳……扶沟之匡亭也”；“洧水东南至长平县入颍者也”。

唐《元和郡县图志》河南道“新郑县”“长葛县”“许昌县”“鄢陵县”“扶沟县”“西华县”均有洧水。

元《金史·地理志》，开封府“新郑县”“长葛县”“鄢陵县”“扶沟县”均有洧水。

清《明史·地理志》，开封府“密州”“新郑县”“西华县”均有洧水，“至西华县合于颍”。

民国《清史稿》“河南·密”“洧水源出登封马岭东北，流迳县东南，绥水注之。又东流溱水注之。又东入新郑……”

笔者注意到，民国时期出现将“洧水”与“双洎河”称名等同现象。

1936年刊行（后经修订）《辞海》：“洧水，即今双洎河。自长葛县以下，故道原经鄢陵、扶沟两县南，至西华县西入颍水。”

大概后世有学者忽略文献记载的延续性，误将“双洎河”与“洧水”作等同置换，从而将“双洎河”源头前推至密县西南部或登封东北部。

据此判定，河南省测绘局、密县地名办公室编印的《密县地图》所绘起于密县西南部，自西向东南方向流经密县东南部的“洧水河”，因与文献记载大致相符而为是，考古报告所言“双洎河”为误。

2．流经“新砦”南部的是“洧水”，不是“双洎河”。

文献记载，“双洎河”称名至迟见于民国时期，源起溱、洧二水在密县东南与新郑交界合流处。

1928年刊印的《清史稿》“河南・开封府・新郑”：“洧水自密会溱入曰双洎河。”

1931年出版的《中国古今地名大辞典》载：双洎河“在河南。上游为溱、洧二水，合流为双洎河。东南流，经新郑洧川、鄢陵、扶沟诸县，合于贾鲁河”。

文献记载，溱水源出新郑西北部，经密县东北部南流，在密县东南部与新郑交界处入洧水。

周《诗经・国风》载郑国“溱洧”郑笺：“溱作潧，云潧水出焉。”

东汉《说文解字》十一上“水部”：“潧水出郑国。”

北魏《水经注》：“潧水出郑县西北平地……又东南流，迳郐城西……东过其县北，又东南过其县东，又南入于洧水。”

清《读史方舆纪要》“河南・开封府・新郑县”：“溱水在县北，源出密县境，一名浍水，东北流至县界与洧水合。”

显然，文献记载“溱水”与“洧水”交汇处位于考古报告“新砦”以东。密县地方史志编纂委员会编《密县志》所附《密县政区图》明确标明流经“新寨”南部的是“洧水”，“双洎河”起始于“新寨”东南方向密县与新郑交界处。故流向东南的“双洎河”不可能逆向经过考古报告所言的“新砦”。

三、“双洎河”可能为“双泊河”之误写

民国时期出现将“双洎河”与“双泊河”称名等同现象。

1915年出版（后经修订）的《辞源》载：“双泊河，河名。一作双洎河，在河南省。上游为溱、洧二水，至密县二水合流为双泊河，经新郑、鄢陵、扶沟等县，入贾鲁河。”

是“双洎河”还是“双泊河”？同时期另有材料明确显示为“双泊河”。

1915年编成的《中华大字典》载：“洧水出今河南登封县阳城山。经密县，至新郑县，合溱水为双泊河。至西华县入颍。”

更早的清代文献记载为“双泊河”。

清《说文解字注》载：“溱水在河南开封府密县。东北流经新郑县西北，南流合洧水为双泊河。”

清《读史方舆纪要》“河南二・开封府・新郑县”：“洧水……经密县而东流入县境，会溱水为双泊河。又东经长葛至西华县入颍水。”

由于《读史方舆纪要》作者顾祖禹是明末清初人，故“双泊河”称名出现时间或可上溯至明代晚期。

笔者以为，“洎”“泊”两字，字形相近而音义不同。晚出的“双洎河”称名如果不是清末或民国初政府正式更名所为，则可能为“双泊河”之误写。

说《蔡侯申盘》的“陟祏”

涂白奎
河南大学

摘要：《蔡侯申盘》铭的“陟祏”一词一直未能得其正解。本文将其与《尚书·立政》“亦越成汤陟丕釐上帝之耿命”句比照，以为“陟祏”与“陟丕”为一词，当读作“勑丕”，义为“恭敬小心地遵奉”。如此解，则盘铭及《尚书》句皆豁然贯通。

关键词：《蔡侯申盘》；陟祏；《尚书》；陟丕；勑丕

《蔡侯申盘》铭云：“蔡侯申虔共大命、上下陟祏，擸敬不惕，肇佐天子。”此数句总括之，言其继承侯位，愿与群臣恭敬谨慎地辅佐天子。（图 1）但是，若细审其义，则学界于“陟祏”一词似未能得其实际。

学者疏解《蔡侯申盘》，于“陟祏”一词多缺释，而流布较广的《商周古文字读本》则云：“陟祏：陟，上升，此指位尊者。祏，从示，否声，通‘否’，与陟相对，指位卑者。”[1] 案，此说不确。若解“陟祏”为尊卑，则与“上下”词义犯复。“上下”指君臣，“陟祏”如果亦为此义，则所谓“上下陟祏”义为“上下尊卑”或“君君臣臣”之类，显然不辞。

近时，冯时先生著文对“上下陟祏”句提出新解，以为“上下”指“天地”；陟为祭天之名；隶“祏”字为从示从音，读为醽，乃“剖牲以祭四方”，为祭地之名。[2] 笔者以为冯说亦未妥。“上下”虽然可以代指天地，但在本铭与语境不协。蔡侯欲长在侯位肇佐天子，必有臣子拥戴方可，故所谓“上下”还应如旧说指君臣。《中山王方壶》云“遂定君臣之位，上下之体”，堪为比照。

“陟祏”之“祏”，从否声，可读作“丕”。出土先秦文献中尚不见“丕”字形，所谓“丕”字多写作“不”。如器铭中大量的用于称颂先祖考的修饰词“丕显”皆作“不显”，因此“不”“丕”为一字。“不”字又与“否”相通，或说“丕”字与“否”字相通的例证于传世典籍中亦多见。高亨先生在《古字通假会典·不字声系》列举了大量“不”与“否”或“丕”与“否”通假的书证，现采掇数例以为说明：《易·否·上九》“先否后喜”，汉帛书本“否”做“不”；《易·遯·九四》“好遯，君子吉，小人否”。《音训》“否，晁氏曰‘案古文作不字’”；《战国策·燕策二》“或从或不”，鲍本不作“否”。此外，作为偏旁相通的例子则有《山海经·海内北经》：“蛇巫之山上有人操柸而东向立。”郭注：“柸或作桮。”[3] 又王辉先生《古文字通假字典》录例，春秋时期吴国太宰嚭，典籍多从喜从否，而《楚辞·九思》篇则从喜从丕写作“嚭”，更是力证[4]。由此，我们读“陟祏”为“陟丕”应该是没有问题的。

“陟丕”一词，见于《尚书》。《尚书·立政》记周公曰：“亦越成汤，陟丕釐上帝之耿命，乃用三有宅，克即宅；曰三有俊，克即俊。”孙星衍《尚书今古文注疏》解“陟丕釐上帝之耿命”句云：“丕，语词；陟，同勅。《皋陶谟》‘勅天之命’，《史记》作‘陟’。”又于《尚书·皋陶谟》“帝庸作歌，曰‘勅天之命，惟时惟几’”句云“敕天之命，一作‘陟天’。《释诂》‘假、陟，陞也’。陟、假同义，谓荐禹于天而告之。经文作‘勅’，同‘敕’。敕者，《释诂》云‘敕，劳也’，又云‘劳，敕也’。《广雅·释言》‘敕，谨也’”。

孙氏所谓“敕天之命”，一作“陟天”，见于《史记·夏本纪》。文记禹受舜帝命治水成功之后，舜集众臣论治民之策，君臣相得，“于是夔行乐，祖考至，群后相让，鸟兽翔舞。箫韶九成，凤凰来仪，百兽率舞，百官信谐。帝用此作歌曰：‘陟天之命，惟时惟几。’”

相关文献中的“陟”，学者一般认为属“今文”系统，在“古文”系统中多写作“勅”。除上述例之外，又如《史记·封禅书》：伊陟曰“妖不胜德”，《集解》引徐广曰：“陟，古作勅。”

图1　《蔡侯申盘》以及铭文

知“陟”“勅”相通可互用，则可讨论盘铭及《尚书》句了。盘铭之“上下陟丕”当读作“上下勅丕”，《尚书》句“陟丕釐上帝之耿命”可读作“勅丕釐上帝之耿命”。

孙氏虽注意到陟、勅的相通以及《广雅·释言》“敕，谨也”之训，但他在读《尚书·皋陶谟》的“敕天之命”为“陟天”时，引《释诂》“假、陟，陞也”。认为陟、假同义，“敕天之命”句谓“荐禹于天而告之”，不免皮傅，再以此句与“陟丕釐上帝之耿命”句联系，距其本义就越来越远了。

《史记·夏本纪》“陟天之命”句，阮刻《十三经注疏》孔氏传本作“勅（同敕）天之命”，勅下注“正也，奉正天命以临民”。以“正”释“勅”，自无不可，但“奉”字无着落。此外，日人白川静解《蔡侯申盘》“上下陟丕”为奉戴神意，也与其本义近。但都还有一间之隔。实际上，“勑”除如《广雅·释言》“敕，谨也”之义外，还含有“敬”义。《汉书·礼乐志》录《安世房中歌》第三章颂臣子致诚慤云：“我定历数，人告其心。敕身齐戒，施教申申。”颜师古注引应劭曰：“敕，谨敬之貌。”但是，孔传说及颜注并未为学界用来联系“陟丕”句。白川静的“奉戴神意”说也因未展开讨论且为日文版，因此也没有引起国内学界的注意。

由于孙氏误释了“陟”字，因此“丕”字也难得其解。孙氏说“丕”为“语词”，自非达诂。晚近治《尚书》者不得已将“陟丕”一词割裂，读“亦越成汤，陟丕釐上帝之耿命”为“亦越成汤陟，丕釐上帝之耿命”。以为“成汤陟”，是说“成汤登上了帝位”，“丕釐上帝之耿命”义为“大大地得到福运，获得上天的明命”或“大受上帝的明命”。但是，据《尚书》的文例，若言登上帝位，应如《尧典》文，帝尧曰舜“汝陟帝位”。因此,将“陟”字上读为“亦越成汤陟”,以为“成汤登上了帝位”，显然是曲说。

“丕”有遵奉义，见《汉书·郊祀志》引今文《尚书·太誓》“丕天之大律”。颜师古注“丕，奉也。律，法也……是则奉天之大法也”。如此，则“陟丕”一词，可训为“谨敬地遵奉”。作此解，还有文本本身的内证。《立政》在“亦越成汤，陟丕釐上帝之耿命，乃用三有宅，克即宅；曰三有俊，克即俊”句前云：“周公曰‘古之人迪惟有夏，乃有室大竞吁俊，尊上帝，迪知忱恂于九德之行’。”句后又云：“亦越文王、武王克知三有宅心，灼见三有俊心，以敬事上帝，立民长伯。”将相关字句提炼出来，为：有夏尊上帝，成汤陟丕釐上帝之耿命，文王武王敬事上帝。此言夏王尊上帝、文武敬事上帝，则“陟丕”无疑与“尊”“敬事”为近义同。

综上，知《蔡侯申盘》的“陟祏”与《尚书·立政》的“陟丕”为一词，皆当读作“勑丕”，词义为“恭敬小心地遵奉”。“祏”之从“示”，以遵奉的对象为天、上帝，故增示旁以致诚慤焉。

---

[1] 刘翔，陈抗，陈初生，董琨. 商周古文字读本［M］. 北京：语文出版社，1989：163.

[2] 冯时. 蔡侯盘铭文札记［C］// 古文字研究（第三十辑）. 北京：中华书局，2014.

[3] 高亨. 古字通假会典［M］. 济南：齐鲁书社，1989：429.

[4] 王辉. 古文字通假字典［M］. 北京：中华书局，2008：46.

古艺新生　匠心传情

——河南博物院文物保护工作70年

刘　康　赵　直
河南博物院

摘要：中华人民共和国成立 70 年也是河南博物院文物保护工作从无到有、从弱到强，从传统修复技艺到文物科技保护，从文物本体修复到预防性保护以及文物影像数据采集和人才培养等方面不断发展的 70 年。本文从河南博物院文物保护工作发展的几个重要阶段，多方面介绍了文物保护工作发展的基本情况、实际工作和文物保护科学研究方面取得的重要成绩，明确了今后一个时期需要加强、完善和继续提升的主要问题，对未来河南博物院文物保护工作继续更好、更快地发展具有重要的意义。

关键词：河南博物院；文物保护工作；70 年

文物是历史的见证，蕴含着人类的智慧，体现着人类的创造力，演绎着人类社会发展的轨迹，是先辈留给我们的宝贵财富。它代表着过去，不仅属于现在的我们，更属于我们的子孙后代。采取各种方法对文物进行科学保护，以延长其保存时间和寿命，是博物馆一项重要工作，也是文博工作者义不容辞的责任。中华人民共和国成立 70 年来，河南博物院的文物保护技术人员做了大量卓有成效的工作，用不变的匠心和高超的技艺，化腐朽为神奇，使数以千计的残损文物重新焕发生机。取得的多项成果获国家及省级奖励，“文物古籍精品保管柜”项目获得国家发明专利和实用新型技术专利，并获得第三届全国十佳文博产品及服务大奖；“四神壁画”保护修复项目、“干燥变形漆木器润胀复原关键技术研究”项目获得国家文物保护科技创新二等奖；被国家文物局授予首批可移动文物保护优质服务单位；“传统书画装裱技艺”和“古代青铜器修复技艺”被列入河南省非物质文化遗产名录，被河南省文物局授予“金属文物重点科研基地”和“纸质文物保护与培训重点科研基地”。

一、修复技艺，有序传承

1927年河南博物馆创建之初，虽然还没有设立修复室，也没有固定的修复技术人员，但是文物保护修复工作从有藏品开始就不断地进行着。如新郑一批青铜器入藏后，曾委托罗振玉代聘山东著名技工王寿芝、李郁文来馆修复，先后修复青铜器93件。1930年至1935年，曾请来传拓技工田玉芝、禹秀棠等人对殷墟出土的刻辞甲骨、石刻等进行了认真的传拓。以后又请人对辉县琉璃阁甲乙墓及汲县（今卫辉市）山彪镇出土的青铜器进行修复。在这段时间，虽然没有固定的工作人员，但青铜器传统修复技艺却在河南博物馆不间断地进行着。本时段主要以集体传承为特色，以博物馆业务开展为对象。

1952年正式成立文物修复室，由王云逵、王长青专司此职，不仅负责文物的修复，还负责藏品的复制、仿制、传拓，囊匣、盒套的制作等。1964年以后，藏品修复工作主要由王长青承担。王长青师傅在多年的工作实践中积累了丰富的藏品修复经验，全面掌握了各类藏品的修复技术，特别是对青铜器的修复，他总结了一整套行之有效的修复技法。如焊接、补缺与配件、錾花、薄胎铜器补块的打制、鎏金、金银错与镀银、镶嵌绿松石、铜镀铜、失腊铸件与支钉的制作方法、去锈、着色等种种技术，均已达到了炉火纯青的地步，成为全国同行公认的文物修复专家。1978年，河南淅川下寺春秋楚墓出土了一大批青铜重器，大多残破，有的甚至是一堆碎块。如其中的云纹铜禁（图1），出土时严重变形，破裂为一堆碎块，王长青师傅经过认真的研究和分析，摸清了云纹铜禁的整体结构和铸造方法，采用矫形、补配、粘接、铸接、加固等多种传统修复技法，带领修复技术团队历时3年终将其成功修复。经王长青先生修复过的青铜器数量无法统计，云纹铜禁的修复是其中难度最大、历时最长，也是老先生最感骄傲和自豪的事情。修复后的云纹铜禁于2002年被国家文物局列为首批64件禁止出国（境）展览珍贵文物之一，被评为河南博物院九大镇院之宝。1980年前后，一些年轻同志先后进入修复室工作，他们有的是王长青的亲传弟子，有的是接受过专业修复技术培训，有较全面的修复技术，并各有专长，较好地承担并完成了本院的藏品修复工作。1997年河南博物院新馆建成开放后，文物修复条件得到了很大的改善，修复工作室的面积扩大，专业技术人员增加，又引进了一批现代化的仪器设备，使藏品保护修复工作迈上了新的台阶。几十年来，

图1　云纹铜禁

文物修复室修复过上千件馆藏青铜器，修复过的国宝级文物有镇院之宝——莲鹤方壶（图 2）、云纹铜禁等，重要的一级文物有“王子午鼎”、龙耳方壶、“司母辛”四足觥、“妇好”夔足方鼎、“妇好”方尊、“妇好”夔纹提梁盉、青铜神兽等，馆藏精品“祖辛”铜卣、“父乙”铜角、窃曲纹铜簋、镶嵌绿松石方豆等。

在古代书画装裱修复技艺传承方面，河南博物馆于 1962 年成立书画装裱室，并先后两次派人赴北京荣宝斋学习书画装裱与古旧书画的揭裱技术。通过长期实践，技术人员熟练掌握了清洗、漂洗、去霉、泛铅去墨等技术，同时也逐步掌握了绢本、纸本等古旧字画的揭取方法和修补、全色技术。技术人员除完成陈列展览中的装裱任务外，主要担负起馆藏书画的装裱与揭裱任务。河南是华夏文明的重要核心区域，历史上文人墨客聚集，书画名家辈出，而伴随着中国书画艺术应运而生的传统装裱修复技艺也同样拥有着辉煌的业绩，装裱艺术上著名的“宣和装”便是北宋（宋徽宗）时期在中原大地诞生的装裱款式，河南博物院在继承传统装裱修复技艺各家流派特点的基础上，形成了独具中原特色的装裱修复技艺，在全省传统中国书画装裱修复领域有着广泛的影响力。尤其搬入新院址后，在院领导的大力支持下，技术人员不断增加，结构更加合理，工作环境得到改善，现代化仪器设备也不断增加，从而使书画装裱修复保护工作迈上了新的台阶。经过长期的实践，书画装裱技术人员不但将南北装裱技艺之长灵活加以运用，而且又不墨守成规，大胆进行了探索创新，解决了一个个技术难题，并先后成功地对收藏的《芦雁通景屏》《朱元璋画像》，以及文彭、文嘉、董其昌、郑板桥等人的书画进行了揭裱修复，已成功修复书画及其他纸质文物千余幅。除此之外，他们还承担了全省文博单位书画装裱技术的培训辅导任务。几十年来，在河南博物院经过专业系统培训的传统装裱修复技艺的学员遍及全省及周边省份。值得一提的是，最近几年，河南博物院传统中国书画装裱修复技艺的技术传承已经突破国界，与日本、法国、德国、意大利等国家都有广泛的交流及探讨。

图2　莲鹤方壶

二、信息采集，留存历史

藏品摄影是河南博物院一项重要的业务工作，

它为我们日常的征集收藏、保护管理、陈列展览和研究出版等工作提供了最为直接、可靠的原始图像信息。河南博物院的摄影工作，伴随着博物院的建设步伐，从无到有，从小到大，经历了逐步发展壮大的成长过程。在建馆之初，摄影技术刚刚传入中国，博物馆人就对此有着深刻的认识并充分运用于工作的各个方面。

从 1927 年至中华人民共和国成立前夕，因条件所限，拍摄工作多是由各部门懂摄影者自行拍照，他们多次为田野考古发掘、自然标本的调查采集等进行拍照，并留下了许多极为宝贵的资料，如现在我院保存的 1300 多块玻璃底版，就是那个时期留下的，时至今日仍在使用。但当时重要书籍的照片，多是委托社会上照相馆从业人员予以拍照。如关百益编著的《新郑古器图录》，就是请北平铸新照相馆的摄影师来馆拍照的。中华人民共和国成立初期，由于机构不健全，业务部门职能不完善，所以摄影方面仍然没有固定的编制和专职人员。

1961 年 2 月，河南博物馆由开封迁到郑州后，随着机构的调整，照相室正式成立，并调配专职人员，负责拍照和照片洗印工作。当时由于经费有限，照相室的条件比较简陋，摄影器材也很落后，主要用原始的木制干版座机。后逐步添置了禄莱、苏联基铺、捷克双反等照相设备。随着各项业务工作的增多，为了工作的开展，也曾聘请新华社河南分社、河南日报社等单位的专业摄影人员来馆协助拍摄。1971 年，河南省博物馆与河南省文物队两家单位合并，摄影室的工作从人员到技术都得到了加强。在此期间，照相室增加了碘钨灯和一台日本产玛米亚 120 单反相机。1981 年以后，由于博物馆事业的不断发展，专业摄影力量和技术的加强，摄影工作有了长足的进步。为了配合博物馆藏品总登记账及藏品档案的建立等规范化管理的需要，为了藏品的安全和科学保护的需要，摄影工作重点也随之转移。

1998 年，河南博物院迁入新址，摄影工作的环境与条件得到极大改善。1998 年，购置了被称为拍摄文物利器的“林哈夫”专业技术相机和与之配套的瑞士产的世界名牌 “爱玲珑”灯具以及其他的辅助装备。随着信息时代的到来，近年又配置了“哈苏”相机及其他数码摄影器材。摄影工作者在完成本院藏品信息化、文物保护、陈列展览等拍摄任务的同时，还为本院图书的编辑出版提供高质量的图版照片。2010 年河南博物院对内设机构进行调整，文物保护研究中心升格为副处级部门，专门设立了影像信息研究室，专业方向也从单一的文物摄影向摄影技术和影像载体的保护研究转变，并取得了可喜的成绩。特别是近几年来，照相室人员技术水平有较大提高，已经逐步成长为河南这一专业领域的领军人物。例如，我院藏有 1300 多块玻璃底片，其所承载的影像内容从来没有被完整系统地整理和考证过。文物保护研究中心影像信息研究室从 2012 年开始对这批玻璃底片进行抢救性科学保护研究工作，为了尽可能地保护玻璃底片和所负载的图像信息，课题小组对玻璃底片保存环境、现状进行了科学分析，进行基本信息采集和病害调查评估，制定了科学严谨的《河南博物院院藏玻璃底片保护方案》，报河南省文物局审批通过。经过四年的工作，已对全部底片进行了科学保护处理，以尽可能地延长玻璃底片的保存时间。与此同时我们还使用高像素数码相机对玻璃底片的图像信息进行了翻拍提取，初步实现了图像信息资料的数字化保存。这批玻璃底片的保护研究分为两个部分，其一是从摄影发展进程对玻璃底片拍摄、制作图片、玻璃底片保护方法的研究，其二是对底片所拍摄内容的解读，拍摄时间、地点、内容等影像信息的明确，才能提升玻璃底片的价值，玻璃底片才能最大限度地发挥作用，这是研究保护工作的一项重要内容。经过保护整理的玻璃底片已经具有文物价值，现已作为馆藏文物移交文物库房永久保存。

三、科技支撑，融合发展

河南博物院藏品的科技保护工作始于1956年，当时由于人员少，设备简陋，只是做一些简单的青铜器除锈和铁器养护工作。1970年，正式成立了文物保护化验室。化验室人员曾先后主持和参与了对信阳长台关出土的泡水漆木器脱水定型、洛阳龙门石窟岩体开裂的加固抢救、登封少林寺千佛殿壁画的揭取复原保护工作。1984年，化验室文物保护人员增加，并开展了对青铜器粉状锈、陶器粉化、瓷器脱釉的研究，发表了多篇论文。其中《非金属材料复制青铜器工艺技术研究》获1989年国家文物局科技进步四等奖，《复合阻断型青铜器保护剂研究》获1999年国家文物局文物保护科学和技术创新四等奖。

1997年，院办组建了文物保护技术研究中心。2000年2月，日本政府无偿援助5000万日元的分析仪器扫瞄电子显微镜加能谱（SEM－EDX）、X－射线衍射分析仪（XRD）运抵实验室并安装调试完成。同时，还购置了X－射线荧光分析仪（XRF）、等离子体发射光谱分析仪（ICP－AES）、傅立叶变换红外光谱仪（FTIR）、气相色谱质谱联用分析仪（GCMS）等。2010年新的文物保护研究中心成立以来，又陆续配置了激光拉曼光谱仪、显微红外光谱仪、金相显微镜、偏光显微镜、字画清洗机、文物高清摄影修复工作台等检测分析仪器和文物保护修复设备，建立了文物真空充氮消毒室。这些由一系列科学仪器和先进设备装备起来的实验室、修复室，为我院文物保护工作提供了科技支撑，初步实现了文物传统修复技术和科技保护的融合发展。

多年来，文物保护研究中心的技术人员在现有条件下做了大量卓有成效的工作，开展了“西汉柿园墓‘四神云气图’壁画综合保护研究”“青铜器腐蚀研究”“绢本重彩画作修复中色彩的保护研究”“书画修复用宣纸的性能检测与分析研究”“干燥变形漆木器润胀复原关键技术研究”等研究工作，主要研究领域涵盖了可移动文物保护技术，壁画的揭取和保护，古字画、纸本、绢本文物的揭取、修补、全色技术，漆木器、纺织品的保护等多个学科，取得多项成果，也多次获得国家及省级奖励。特别是文物保护研究中心技术人员主持完成的永城“西汉柿园墓‘四神云气图’壁画综合保护研究”项目，成效显著，影响巨大。该项目把文物保护理念和实践相结合，出色地完成了保护和展示的全过程。2003年2月，在鉴定验收会上，壁画保护效果受到与会专家一致认可，2004年获国家文物保护科学和技术创新二等奖。

四、与时俱进，任重道远

河南博物院珍藏有17多万件珍贵文物，代表着河南各地不同时期的技术水平和风格特征，具有很高的科学、考古、历史和艺术价值，是我国历史、考古等研究的重要实物佐证。由于年代久远、制作工艺、年代和埋藏环境的差异，一些珍贵文物存在严重病害，并继续发生、发展，文物保护工作任务艰巨。客观地说，就文物保护观念而言，无论把它提到何种高度都不过分；而就文物保护研究和实施的过程来看，把它的困难强调到什么程度，同样也不算夸张。面对文物的病害，保护环境的手段有：温湿度控制、空气净化与过滤、灯光控制、紫外线滤除；保护方法有：缓蚀、加固、渗透、转化、激光、等离子、氢还原、电化学还原等；应用手段有：紫外、红外、荧光、质谱、光谱、能谱、波谱、傅立叶变换、扫描透射电镜、激光拉曼、工业 CT；采用的保护材料有：有机、无机、高分子、天然、合成、复合材料、航天材料，一应俱全。然而，迄今为止人类尚不具备可以保证文物永远不会损毁消失的保护方法和技术。减缓文物蜕变的速度，尽量延长文物存在的时间，这就是文物保护的根本意义所在。

随着文物保护意识的不断加强，以文物信息提取、文物本体保护及预防性保护等为代表的新兴技术，已经成为推动我国文物事业发展的重要因素。在此背景下，借助于自然科学的方法，进行多学科融合，全面做好文物的保护研究是今后文物事业科学发展的客观要求。通过新的科技手段的不断引入，加快现代科学技术在文物保护方面的应用体系建设，提高文物保护的多学科合作和综合研究能力，推动文物保护科学化、规范化、标准化的发展需求。

根据院党委关于文物保护研究中心“从基础科学研究向应用科学研究”转型的指示精神，结合现有人员、设备等实际情况，未来文物保护研究中心亟待在以下几个方面加强工作。

（一）建立和完善文物保护环境监测预警和控制系统，提升文物“预防性保护”能力。1930 年，在意大利罗马召开的关于艺术品保护的国际研讨会上，首次提出了文物“预防性保护”的概念，在全球范围内初步达成了文物科学保护的共识，具有里程碑意义。所谓“预防性保护”，就是通过现代科技手段对文物保存环境实施有效监测和调控，使文物存储和展示环境处于相对“稳定、洁净”的状态，从而达到保护文物的目的。河南博物院作为国家和地方共建的国家级博物馆之一，在预防性保护环境监测分析能力和库房、展厅文物保存环境控制上显得薄弱，文物预防性保护能力急需提升。逐步建立和完善河南博物院文物保护环境无线监测和控制系统，实现对展厅、库房文物保存环境中影响文物保存的因素进行科学监测、适时调控，以期实现提高文物保存环境的控制水平，为科学的文物保护提供基础依据。

（二）逐步建立文物健康状况评估体系，提升文物检测分析及病害成因解析能力。文物健康评测的目标不但要对文物病害现状做出整体评估，还要对病害原因做出分析。河南博物院珍藏着 17 多万件珍贵文物，文物门类较为齐全。由于年代久远、制作工艺、年代和埋藏环境的差异，一些珍贵文物存在严重病害，并继续发展。体现在文物保护上就是文物病害种类繁多，现象复杂。针对这一现状，为进一步做好我院的文物保护工作，亟需对院藏青铜文物、石质文物、彩陶文物、纸质文物、漆木竹器文物等进行保存现状综合评估，利用仪器设备进行检测分析，查找不同文物病害的形成原因，解析文物病害的程度，确定文物健康状况等级，建立文物健康状况档案。将文物按病害程度分类为轻度、中度、重度、濒危等级别，根据病害紧急程度，为亟需进行保护的文物制定科学的保护修复方案，并开展抢救性保护修复工作。

（三）逐步完善保护修复实验室建设，提升文物保护修复能力。开展传统保护工艺技术、现代科技在文物保护中的应用研究是保护工作的核心内容之一。科技保护在传承与改进部分传统技术方面，特别是在提炼核心技术、提升理论高度等方面，能够归纳总结出科学的规律与方法，进一步推动文物保护传统工艺技术的科学性，提高文物实验室保护修复及文物抢救性保护能力。重点围绕金属文物、纸质文物、陶瓷文物等实验室建设，根据不同质地文物保护修复工作需要，有针对性地配置便携式检测分析和保护修复设备，实现检测分析和保护修复一体化作业。

（四）建立文物影像数据采集系统，提升文物信息提取能力。文物是国家和民族的宝贵精神财富，具有唯一性和不可再生的特点。任何材质的文物都有其生命周期，随着时间的推移和病害的侵蚀破坏，文物消失的危险时刻存在。采用现代技术在不损伤文物的前提下全面采集文物信息，让人类瑰宝永久保存已经成为文物保护的迫切需要。通过三维扫描技术留存文物精确的几何信息、建立文物三维数据模型，是目前文物保护领域广泛运用的技术手段，在文物受损后的修复过程中具有重要的作用。

（五）完善人才培养体系，提升专业技术能力。文物保护是多个学科交叉的综合学科，对从业人员的知识结构与灵活应用能力都有较高要求，涉及化学、物理学、生物学、材料学、历史学、考古学、环境学、科技史等学科，它要求从业人员具有较高的专业水平。在科研条件提升的基础上，增大高素质科技人才比例；加强以优秀创新人才为主体的科研团队建设，形成高素质、多层次、结构合理的科研创新团队，逐步成为推动文物保护科技进步的核心力量。

人才是一切工作的基础与重点。未来几年内，要抓好人才培养和队伍建设，有计划地引进高层次的科技保护人才，加强科技支撑力量；逐步增加编制，力争使文物保护研究中心专业保护人员数量达到40人左右。重点培养与引进保护修复工作急需的中青年科技人才，重点支持科研技术骨干成长，通过以老带新、委托培养等方式，逐步形成科学研究、检测分析、方案编制、保护修复等系统化的人才配置格局，建成老中青相结合、科技保护与传统技术融合发展的人才梯队。

通过建设，逐步实现对文物保护环境监测预警和控制、文物健康状况评估定级、文物本体保护修复和文物影像三维数据采集、整理及永久保存，建立河南博物院完善的文物保护体系。努力提高文物保护技术水平，积极打造和培育科技创新人才，为我院逐步实现“国际化、现代化、社会化”的发展目标，建设成为国际一流博物馆做出新的贡献。

桥式有机硅用于陶质文物的保护研究*

陈　熄　韩向娜　赵文华
北京科技大学科技史与文化遗产研究院

摘要：本研究提出分子层面上的有机无机杂化材料桥式有机硅作为陶质文物的加固材料，对双三乙氧基硅乙烷（BEQ）和双三乙氧基硅辛烷（BOQ）加固陶胎前后的物相、形貌、色差、强度和耐盐性能进行仔细评价。结果表明，桥式有机硅分子内的烷基为陶胎提供了优良的耐盐腐蚀性能，6个硅氧烷基团提供了良好的加固能力，是一类有潜力的新型陶质文物保护材料。

关键词：有机无机杂化；桥式有机硅；陶质文物保护

古陶器由于烧成温度低，孔隙率较高，强度差，出土时普遍存在残断、酥粉和盐害等病害。除了残片黏结，陶质文物保护最主要的需求是对脆弱本体进行加固。常用的陶器加固材料有：以B72为代表的丙烯酸类及其改性材料 [1]、聚氨酯类 [2]、含氟聚合物 [3]、聚乙烯醇缩丁醛（PVB）和硅溶胶共混体系 [4] 等。总体来看，陶质文物保护材料以高分子材料为主。高分子材料存在与陶器本体相溶性差、易滋生微生物和老化变黄等问题 [5]。通过无机纳米粒子改性得到的有机无机杂化材料通常是采用物理共混的方式获得，容易出现相分离和渗透速率不一致的问题。

有机硅材料与陶质文物具有较好的相溶性，被认为是比较理想的陶质文物保护材料。桥式有机硅是由有机桥联基团和两端功能化的硅氧烷组成，经过水解缩聚生成的桥联聚倍半硅氧烷，最终产物中含有独特的有机桥联和无机 Si–O–Si 结构，可以形成梯形、笼形或者无规则的网状结构，在光学、催化、涂层、介孔材料等方面有着广阔的应用前景 [6]，在文物上曾被用于琉璃瓦保护 [7]。桥式有机硅分子通式为：(R’O)3–Si–R–Si–(OR’)3，其中R’为烷基，R是作为“桥联”的有机功能性基团，其分子内既含有“有机组分”，又含有“无机结构”，是一种真正意义上的分子水平上的有机无机杂化材料，因此在使用时不会出现相分离的问题，有希望成为新型陶质文物保护材料。

本研究选择两种含短链烷基桥联结构的桥式有机硅作为陶质文物保护材料，并与具有相似分

* 本文受北京市自然科学基金（2194080）、中央高校基本科研业务费（FRF-TP-18-034A2）、国家留学基金委员会资助。
通讯作者：韩向娜副教授　jayna422@ustb.edu.cn

子结构的正硅酸乙酯和三乙氧基硅辛烷进行保护效果的对比实验，测试了加固前后陶胎的一系列物理化学性能，并进行了耐盐性实验。本研究是从分子层面设计兼具有机无机材料优点的新型陶质文物保护材料的积极探索。

一、实验样品、器材和方法

（一）实验样品

采用自制的模拟秦俑酥粉陶胎样品来代替文物样品。将取自秦始皇陵园北侧附近的黄土，过40目筛子，压成20厘米 ×5厘米的砖块，先在110°C烘箱中干燥5小时，再在干燥器中冷至室温，最后在700°C下烧制，得到模拟陶胎样品（以下简称陶胎样品）。将陶胎样品切割成10毫米 ×10毫米 ×10毫米小块用来测试吸水率和抗压强度，40毫米 ×40毫米 ×2毫米薄片用于色差测试，15毫米 ×15毫米 ×150毫米试样进行动态弹性模量测试，20毫米 ×20毫米 ×20毫米小块进行耐盐性测试。

（二）材料和仪器

1. 材料。正硅酸乙酯（TEOS，分析纯，上海凌峰），双三乙氧基硅乙烷(BEQ，美国Gelest)，双三乙氧基硅辛烷(BOQ，美国Gelest)，三乙氧基硅辛烷(C8，美国Gelest)。

2. 仪器。X射线衍射仪（日本Rigaku D/Max-2200 PC型），Cu 靶，管电压40 kV，管电流40mA，扫描范围2θ 为5°~80°；TXY-250陶瓷吸水率测定仪（湘潭湘仪）；CM-700d 分光测色计（日本Konica Minolta）；Instron-5500R万能材料试验机（德国）；DTM-II动态弹性模量测试仪（湘潭湘仪）；G12数码相机（日本Cannon）；恒温恒湿箱（ESPEC，SETH-Z-022R）；S-4800扫描电镜（日本HITACHI）；静态接触角测量仪（上海中晨，JC2000C）。

（三）加固剂使用方法

将TEOS、BEQ、BOQ和 C8分别溶解于无水乙醇中，得到8.83%（W/W）浓度的加固剂溶液，将陶胎样品浸泡于该溶液中24小时，再放置于恒温恒湿箱中养护7d。恒温恒湿箱温度设定为25℃，湿度设定为80%。在同样的温湿度条件下制备干凝胶。桥式有机硅的溶胶凝胶过程如图1：

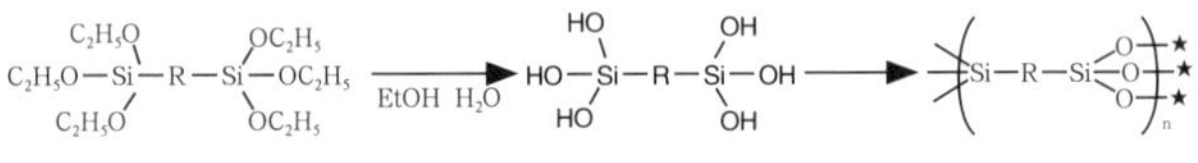

图1 桥式有机硅的溶胶凝胶过程

Fig 1: Sol-gel process of bridged siloxanes

（四）保护效果评价方法

吸水率。根据国家标准GB/T3810.3-2006陶瓷砖试验方法第3部分：吸水率、显气孔率、表观相对密度和容重的测定法测试。采用真空法，在TXY-250陶瓷吸水率测定仪上测定。

色差。使用CM-700d 分光测色计，选择陶胎试样的同一个测试点分别在材料处理前后测试，每个试样选择3个不同的测试点测量，取平均值。采用CIE L* a* b* 色空间，色差值用E*表示，计算公式为：ΔE* = (ΔL*2+Δa*2+Δb*2)1/2。

抗压强度。根据国家标准GB/T8489-2006精细陶瓷压缩强度试验方法测试。使用Instron-5500R万能材料试验机测试，横梁位移速度为0.5毫米/min。试样尺寸为10毫米 ×10毫米 ×10毫米，每组试样数量不少于5个，求平均值，单位MPa。

动态弹性模量。根据国家标准GB/T3074.2-2008石墨电极弹性模量测定方法，取15毫米 ×15

毫米 ×150 毫米长方体的陶胎样品，称取样品重量，精确到 0.0001 克，测量样品的长宽高，精确到 0.05 毫米。用动态弹性模量测试仪 DTM－II 进行测试，相邻两个面各测试三次，取平均值，符号 Ed，单位 GPa。动态弹性模量测试可以跟踪同一个样品在加固前后的模量变化，避免了样品不均匀带来的干扰。

耐盐性。硫酸钠耐盐性试验采用标准 BS EN 12370 Natural stone test methods-Determination of resistance to salt crystallization 记录陶胎样品干重，将样品浸泡在 14%（W/W）的硫酸钠溶液中 2 小时，再放置在 105℃烘箱中干燥 16 小时，取出后在 2 小时内冷却至室温，称其质量。如此反复循环，记录试样外观变化，包括病害类型及程度，称重时不要去掉风化产物和碎片。

二、结果与讨论

（一）干凝胶的表征

TEOS、BEQ 和 BOQ 完全固化后形成干凝胶，C8 在两个月内都没有凝胶。前三者干凝胶的 XRD 图谱见图 2，可知 TEOS 和 BEQ 干凝胶是典型的无定型结构，2θ 在 22° 附近的包状峰是由于无定型 SiO_2 非晶的长程有序造成的。BOQ 在 2θ 位于 20° 附近处出现了尖锐的峰，说明干凝胶里面有结晶度较好的结构，有可能是形成了整齐的中空刚性笼型结构。图 3 是 TEOS、BEQ 和 BOQ 干凝胶的扫描电镜照片，TEOS 的干凝胶呈现出排列紧密的颗粒状，BEQ 的干凝胶是玫瑰花状，BOQ 的干凝胶是块状且平整致密无开裂。

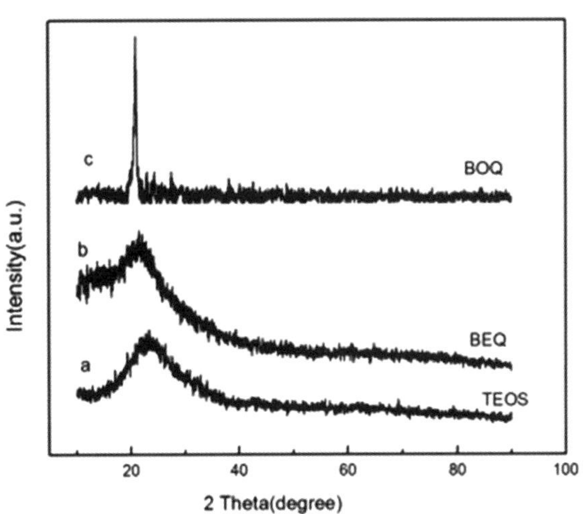

图2　干凝胶的XRD谱图

Fig. 2 XRD patterns of xerogels

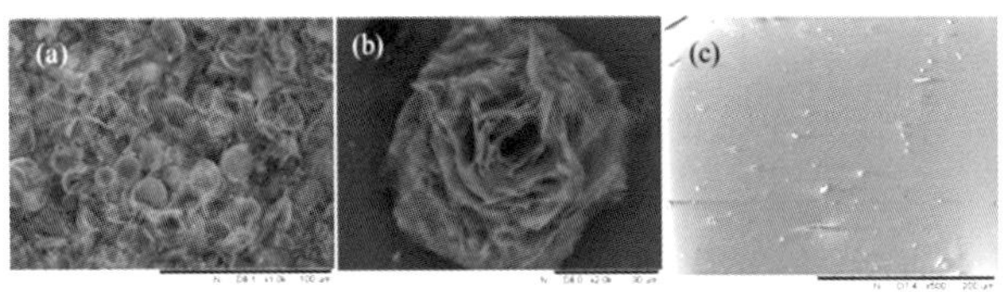

图3　干凝胶SEM照片 (a) TEOS；(b) BEQ；(c) BOQ

Fig.3 SEM images of xerogels. (a)TEOS；(b) BEQ；(c) BOQ

（二）保护效果评价

表 1 是加固前后陶胎样品吸水率和色差数据，所有处理后陶胎样品的吸水率 W% 均有所下降，以 C8 降低最多，BEQ 和 BOQ 处理样品次之，TEOS 处理样品降低最少。说明桥式有机硅加固材料具有一定的防水性。所有处理后的陶胎样品的 ΔE* 均较小，属于样品外观变化肉眼不能分辨的范围，说明桥式有机硅不会改变文物外观。

表 1　陶胎加固前后吸水率 W% 和颜色变化 ΔE*

Table1 Water absorption (W%), color change ΔE*of untreated and treated pottery samples.

	Untreated	TEOS	BEQ	BOQ	C8
W(%)	25.3	23.2	18	16.2	12
E*	0	1.07	0.33	1.07	0.54

图 4 是模拟陶胎样品的 XRD 图谱，分析可知，其矿物成分主要包括绢云母、石英、钾长石、斜长石、角闪石、方解石、高岭石和伊利石等。处理后

陶胎样品衍射峰的 2θ 位置没有变化，说明保护材料的引入没有改变陶胎样品的物相成分。

模拟陶胎样品的扫描电镜照片如图 5(a) 所示，可以看出：烧制的陶胎样品基本上是由黏土矿物的颗粒、碎屑和孔洞组成。TEOS、BEQ、BOQ 和 C8 处理后陶胎的扫描电镜照片中没有发现保护材料的痕迹，可能是因为使用的保护材料剂量较小。处理后陶胎的微观形貌、组织结构和孔隙尺寸都没有改变，依然保持着组织结构较为松散，矿物颗粒间结合不紧密，存在较大孔洞，并且孔洞分布不均匀的特点。

陶胎样品的抗压强度和动态弹性模量如图 6 所示。TEOS、BEQ 和 BOQ 处理后陶胎样品的抗压强度都有所提高，其中以 BEQ 处理后提高最多，而 C8 处理后样品的抗压强度反而下降，原因尚不清楚。BEQ 分子中比 TEOS 多 2 个硅氧烷基团，加固效果优于 TEOS；BOQ 分子中桥联部分和 C8 分子中烷基部分具有相同的碳原子数，BOQ 比 C8 分子多 3 个硅氧烷基团，但是处理后对陶胎力学强度的提高远远高于 C8，显示出桥联结构有机硅在加固上的优越性。图 6b 显示 BEQ、BOQ 和 C8 处理后陶胎的动态弹性模量值均得到提高，但是 TEOS 处理后陶胎的动态弹性模量基本没有变化。结合抗压强度和动态弹性模量数据，可以证明桥式有机硅在加固能力上具有优良的性能。

硫酸钠被认为是产生盐害最严重的盐类之一，常被用来快速评估多孔建筑石材的耐久性。图 7 和图 8 分别是 5 次硫酸钠盐老化实验后的照片和 9 次硫酸钠循环过程中陶胎样品质量变化情况。未处理样品和 TEOS 处理样品的硫酸钠盐害最严重，出现颗粒状粉化和层状剥蚀现象。BEQ、BOQ 与

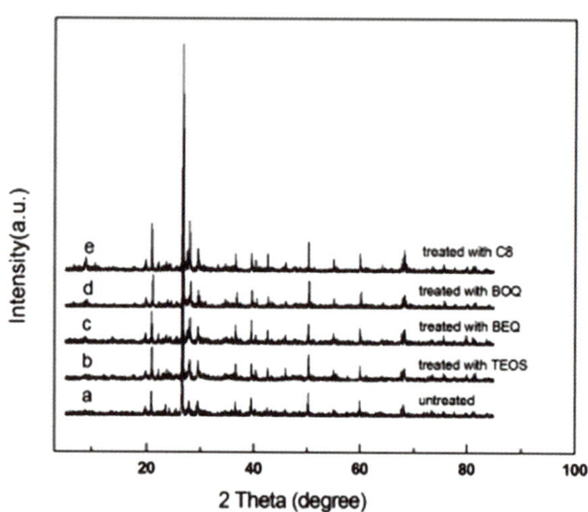

图4 XRD图谱：a.未处理陶胎样品；b.TEOS处理陶胎样品；c.BEQ处理陶胎样品；d.BOQ处理陶胎样品；e.C8处理陶胎样品

Fig.4 XRD patterns of untreated and treated samples: a.untreated; b.treated with TEOS; c.treated with BEQ; d.treated with BOQ; e.treated with C8

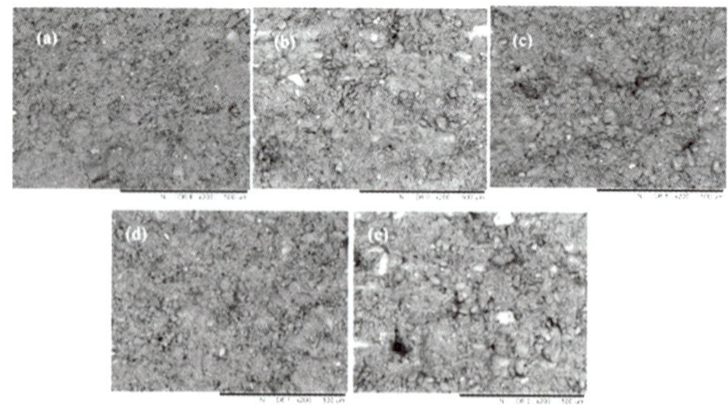

图5 SEM照片：(a)空白陶胎样品；(b)TEOS处理陶胎样品；(c)BEQ处理陶胎样品；(d)BOQ处理陶胎样品和(e)C8处理陶胎样品

Fig.5 SEM images of untreated and treated pottery samples: (a)Blank; (b)treated with TEOS; (c)treated with BEQ; (d)treated with BOQ; (e)treated with C8

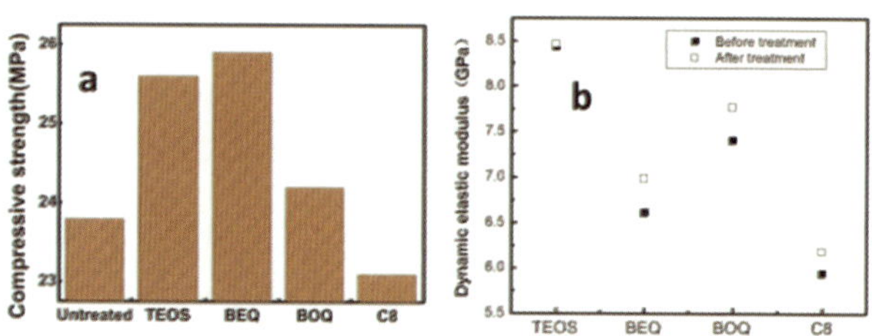

图6 未处理陶胎样品和处理陶胎样品的抗压强度（a）和动态弹性模量（b）

Fig.6 Compressive strength (a) and dynamic elastic modulus (b) of untreated and treated pottery samples

C8处理样品在表面累积了少量白色盐结晶颗粒。图8质量损失图上，BEQ、BOQ和C8处理陶胎样品没有出现硫酸钠造成的质量损害，说明这三种材料具有优异的抗硫酸钠腐蚀能力。未处理样品和TEOS处理样品在前5次盐循环中质量有轻微增加，是因为表面累积的盐颗粒被一并称重，后期随着盐循环实验的推进出现了明显的质量损失。

（三）硫酸钠盐结晶形貌及其破坏机理探讨

为了探讨硫酸钠盐破坏的机理，对硫酸钠盐循环实验后陶胎表面的结晶产物进行了扫描电镜分析，如图9所示：在未处理陶胎表面，硫酸钠

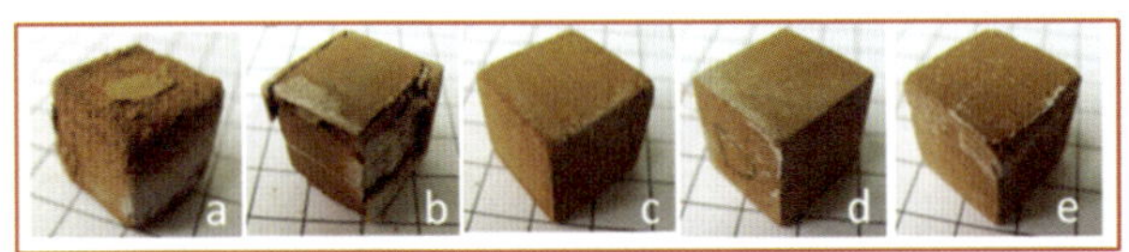

图7 5次硫酸钠盐老化循环后陶胎样品状态

a.未处理样品；b.TEOS处理样品；c.BEQ处理样品；d.BOQ处理样品；e.C8处理样品

Fig.7 The damage phenomenon of pottery samples after 5 cycles of sodium sulfate artificial ageing tests

a.untreated; b.treated with TEOS; c.treated with BEQ; d.treated with BOQ; e.treated with C8

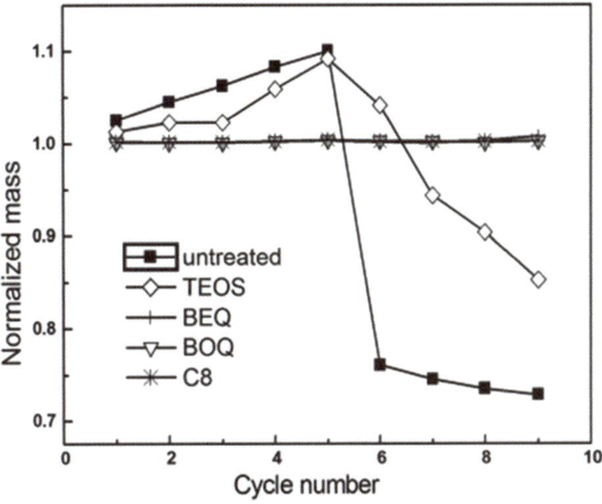

图8 硫酸盐老化实验中陶胎样品质量损失百分比图

Fig.8 Normalized mass loss of pottery samples, during artificial ageing tests in sodium sulfate solution

晶体的形貌是不规则的多边形，是十水芒硝，而在BEQ处理陶胎表面，硫酸钠晶体则呈现出棕榈树叶状，这是无水芒硝。N. Thaulow [8] 将混凝土盐害物理侵蚀破坏机理归纳为三类：1. 固相体积膨胀理论，无水 Na_2SO_4 转化为 $Na_2SO_4 \cdot 10H_2O$ 将产生约314%的固相体积增加 [9]；2. 盐的水化压假说，无水 Na_2SO_4 吸水溶解过程将产生压力引起基底破坏 [10]；3. 盐结晶压假说，盐溶液中因过饱和结晶析出，晶体生长过程将产生结晶压 [11]。有人认为盐结晶压力破坏是引起多孔材料发生物理侵蚀破坏的主因 [12]。在盐老化循环实验中，陶胎样品浸泡在硫酸钠溶液中，由于陶胎表面的亲水特质，盐溶液进入多孔陶胎内部，在较大的孔隙内部达到饱和；烘干时，陶胎样品内部的水分快速蒸发，Na_2SO_4 快速结晶析出，产生结晶压和体积膨胀，进而压迫孔壁迫使孔壁扩张，挤压周围碎屑和矿物颗粒；Na_2SO_4 晶体溶解后，释放压力，如此反复作用，导致陶胎内部孔隙扩大，矿物颗粒之

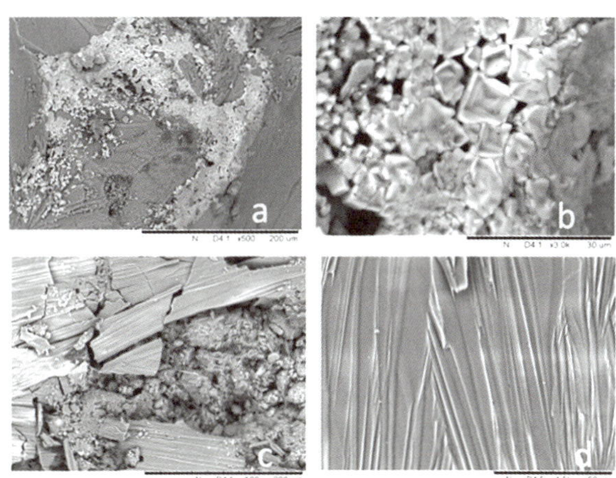

图9 5次硫酸钠盐老化实验后陶胎表面结晶产物的扫描电镜照片

a、b 未处理样品；c、d BEQ处理样品

Fig.9 Scanning electron microscopy micrographs of crystals on the surfaces of pottery samples after 5 cycles of sodium sulfate artificial ageing tests. a、b: untreated, c、d: treated with BEQ

间本就很弱的结合力进一步下降，陶胎表面碎屑颗粒脱落，造成酥粉。快速干燥时，盐富集在接近表面的亚表层，在表层底下几毫米的界面处（水盐界面）反复结晶，造成表面层状剥离的病害。而BEQ、BOQ和C8处理后使陶胎表面变成憎水性，盐溶液不能够浸润陶胎内部，只是覆盖在样品表面形成没有破坏作用的表面盐结晶。桥式有机硅对陶胎表面的疏水改性是提高其耐盐性的内因。

三、结论

桥式有机硅是一类分子层面上的有机无机杂化材料，兼具有机物高疏水性和无机物高强度的特点。本研究中两种短链烷基桥联结构的有机硅BEQ和BOQ分子中6个硅氧烷基团起到了增加交联密度，增强陶胎强度的目的；烷基桥链实现了憎水效果，赋予了陶胎优良的耐盐性，经过保护处理后陶胎样品的物相、微观形貌等几乎没有变化。BEQ和BOQ对陶胎表面憎水改性是防止盐害的关键。在本次实验中，桥式有机硅较高地表现出分子结构和功能实现的一致性，预示着未来从分子层面上设计特殊构效关系的保护材料是有可能的。

---

[1] 康明大，马艳. 青州香山汉墓出土彩绘陶马的修复与保护[J]. 丝绸之路，2011（16）；王丽琴，杨璐，党高潮. 改性B72文物保护材料耐光老化性能研究[J]. 西北大学学报（自然科学版），2006，36（5）；李晓溪，王丽琴，李伟东等. 脆弱硅酸盐质文物保护用纳米级SiO_2–丙烯酸酯复合材料的性能[J]. 精细化工，2011，28（10）.

[2] 何秋菊，王丽琴，吕良波. 纳米材料改性彩绘陶器文物保护材料MDI型聚氨酯的研究[J]. 精细化工，2008，25（1）；杨璐，王丽琴，黄建华，唐丽琼. 改性MDI型聚氨酯文物保护材料耐光性能研究[J]. 文物保护与考古科学，2010，22（1）.

[3] 和玲，姜宝莲，梁国正. 含氟聚合物用于陕西户县出土新石器彩陶的保护研究[J]. 文物保护与考古科学，2003，15（3）.

[4] 袁传勋. PVAc和PVB改性硅溶胶加固保护陶质文物的研究[J]. 文物保护与考古科学，2003，15（1）.

[5] 杜维莎，杨晨，张秉坚，容波，周铁. 陶质彩绘文物保护材料有效寿命预测方法的探索性研究[J]. 文物保护与考古科学，2018，30（03）.

[6] Kanamori,Kazuyoshi;Ueoka,Ryota;Kakegawa,Takayuki;Shimizu,Taiyo;Nakanishi,Kazuki,Hybrid silicone aerogels toward unusual flexibility,functionality,and extended applications. *Journal of Sol-Gel Science and Technology*,2019，Vol. 89（1），pp. 166–175.

[7] 韩向娜，黄晓，罗宏杰. 用于紫禁城清代建筑琉璃瓦保护的桥式硅氧烷的制备及性能研究[J]. 无机材料学报，2014，29（6）.

[8] N.Thaulow and S.Sahu,Mechanism of concrete deterioration due to salt crystallization,*Materials Characterization*,2004,53(2).

[9] R.J.Flatt and G.W.Scherer.in MATERIALSRESEARCH SOCIETY SYMPOSIUM PROCEEDINGS.29-34（Cambridge Universtity Press）.

[10] S.Chatterji and A.Jensen,Efflorescence and breakdown of building materials,*Nordic concreteresearch*,1989,（8）.

[11] R.J.Flatt,Salt damage in porous materials:how high supersaturations are generated,*Journal of Crystal Growth*, 2002, 242（3-4）; N.Tsui,R.J.Flatt and G.W.Scherer,Crystallization damage by sodium sulfate,*Journal of Cultural Heritage*,2003, 4（2）.

[12] 杨全兵，杨钱荣. 硫酸钠盐结晶对混凝土破坏的影响[J]. 硅酸盐学报，2007，35（7）；邓德华，刘赞群，刘运华. 关于"混凝土硫酸盐结晶破坏"理论的研究进展[J]. 硅酸盐学报，2012，40（2）.

关于构建黄河生态博物馆体系的思考

薛　华
黄河水利委员会新闻宣传出版中心

摘　要：本文借助新的博物馆理论与实践，从黄河流域的实际出发，首次在博物馆界提出了构建黄河生态博物馆体系的构想，并对体系实施的价值与意义、基本目标与总体框架及相关问题进行总体描述，对生态博物馆在我国的全面发展有一定指导意义。

主题词：黄河；生态博物馆；体系

生态博物馆是有别于传统博物馆的“新博物馆”，或是博物馆发展的新的理念与实践。生态博物馆兴起于20世纪70年代的欧洲，后延伸扩展到世界各地。1986年中国引入了生态博物馆的概念与理论，1995年正式在贵州创建了中国第一个生态博物馆，至今在贵州、广西、云南、内蒙古等地形成了一批生态博物馆。笔者认为，要加强对生态博物馆的推广，尤其在中国历史文化悠久的黄河流域构建黄河生态博物馆体系尤为重要。

一、黄河生态博物馆体系实施的价值与意义

（一）典型性

黄河是中华民族的母亲河，黄河流域是中国古代文化最为发达的地区，尤其是关中地区与河洛地区，长期为中国古代的经济、政治与文化中心，具有悠久的人类居住与开拓史，也有较为持久的农业经济发展史。黄河流域是中国文化的核心区，因此从文化生态的角度而言，更具有代表性，也更具有典型意义。

（二）多样性

1. 地域的多样性。黄河流域有高原、沙漠、绿洲、丘陵、山地、平原等多种地貌，这里有干旱地区，还有温带湿润区。（图1）其东部地区开发频度较大，但仍保存有原始的生态林区；西部地区则更具荒漠化，因此从地理景观而言，这种多样化其实也是典型性的另一种表现形式。

2. 民族的多样性。在流域东部以汉族居住为主，西部则是少数民族居住区，有回族、土族、撒拉族、藏族、东乡族、哈萨克族、蒙古族等数十个少数民族。民族的多样性，其实也是文化多样性

图1　黄河湿地

然生态环境的优美，在选择生态馆时，要注意选取较为优美的环境，使良好的生态环境构成生态馆的最基本的要旨。

2. 民族与生态的结合。黄河流域民族的多样性，是中国多民族国家的直接体现，要选择具有代表性的民族，并在体系的构建中形成若干个民族的代表性，从而使体系更为丰富多彩。

3. 民俗与生态的结合。民俗风情的基底是民族与地域，民俗从而成为不同文化生态的具体表现，因此要特别注意这种原生态的民俗文化。

4. 黄河与生态的结合。这是黄河生态博物馆体系的核心，在生态馆"点"的选择时，要注意它们与黄河的关系，以及与黄河的互动，这也是形成生态馆"面"（体系）建构的关键要素。

（二）基本目标

用 3 ～ 5 年时间，在流域内构建一个最具文化代表性的黄河生态博物馆体系，使中国的生态博物馆建设，实现由西南地区向中北部地区的转移，由单纯少数民族地区向汉族—少数民族复合区域的转移，由边远文化地区向传统文化核心地区的转移，由单体生态馆建设向生态博物馆体系建设的转移。

（三）总体架构

形成"1 + 5"的基本架构，即 1 个龙头生态

的前提。

3. 文化的多样性。立足于民族多样性基础之上的文化多样性，不仅表现在典型的中原文化的特色上，而且也表现在西部少数民族文化风情之中，将农耕文化、游牧文化有机地进行融合。

4. 进程的多样性。黄河流域从东到西，各个地区社会发展的时间进程有较大差异。山东为沿海发达地区，河南、山西为中部发展地区，而青海、宁夏、甘肃则为西部欠发达地区，各个地区面临的问题不一样，而关键是社会发展的时段不同。因而，这种多样性实际上正是中国当代社会发展进程不平衡的具体体现。

二、黄河生态博物馆体系实施的基本目标与总体框架

（一）基本原则

1. 环境与生态的结合。生态的直接体现是自

博物馆，5 个具有代表性的生态博物馆的支系，并以此形成以黄河为特色的生态博物馆体系。

1. 以黄河博物馆为黄河生态博物馆体系的龙头。黄河博物馆始建于 1955 年，1957 年在郑州建成具有欧式风格的馆舍，为适应形势要求，将用三年时间建成独具特色的黄河博物馆新馆，并将成为我国首座现代化、多功能的水利行业博物馆。新馆将陈列黄河自然史、黄河文明史、黄河水利史与现代治黄史，是黄河生态博物馆体系的资料展示中心，也是整个黄河生态博物馆体系的龙头。

2. 支系之一。黄河上游的生态博物馆建设，以青藏高原环境、藏族或其他少数民族居住风格、游牧文化为基调，以沙漠或荒原、干旱环境、回族居住风格、农牧文化为基调。选择与黄河有关的文化特色，形成较有代表性的村落，作为生态馆进行建设。

3. 支系之三。黄河中游的生态博物馆建设，以黄土高原、干旱环境、汉族窑洞居住风格、农业文化为基调。

4. 支系之四。黄河中下游的生态博物馆建设，以黄河附近的中低山区、汉族民宅大院、农商文化为基调。

5. 支系之五。黄河下游的生态博物馆建设，以黄河冲积平原、汉族聚落、农业文化为基调，选择与黄河有关的文化特色，尤其是要找到旧有村落保存相对完整，新的村落展现着较高的现代化风貌，即新旧并存的村落为代表，作为生态馆进行建设。

实际上，黄河生态博物馆体系一个开放性的，相关的工业遗存、水利设施，以及其他农业村落、商业小镇都可以作为支系，使体系不断地充实与丰富。

三、黄河生态博物馆体系建设中需要关注的几个问题

（一）实施政府主导、专家指导、村民参与的策略，是实施黄河生态博物馆体系建设的关键

生态博物馆建设在国外与国内有着不同的模式。在国外，建设的主体是社区的居民；在国内，建设的初衷在于外部。由于中国特有的国情，政府主导与专家指导应该是生态博物馆建设的必由之路。

政府主导，更多地体现在生态博物馆的建设之前与建设初期，即在政府的主导之下，实施生态博物馆计划，并在资金、政策等方面予以倾注。

专家指导，则强调这是一项文化含量极高，具有规范要求与标准的文化工作，必须在专家的悉心指导下进行，计划拟订、人员培训、工作指导等都离不开专家指导。由于这是一项国际化的工作，在实施过程中，国际专家的指导也是很有必要的。

村民参与，是生态博物馆行动的最终落脚点，也是实施生态博物馆计划的最终目的。在当前，由于国民素质等因素，村民的主动性尚需有计划地培养，但是培养的最终目标，是村民形成自觉的保护文化、保护环境的习惯，其实这也是国民素质提高的途径之一。

（二）充分利用西部大开发的政策优势，充分发挥黄河水利委员会的行业优势，是实施黄河生态博物馆体系建设的必要条件

西部大开发是中央实施的强国富民的重大战

略举措。西部大开发，核心是国家加大对西部基础设施的投入，加大对西部的环保支持力度，因此这是西部地区经济社会与自然生态环境改善的重大契机。在构建黄河生态博物馆体系时，要特别利用这样的机会，把生态博物馆建设纳入西部大开发的战略之中，以保证资金的投入，同时也与退耕还林等环境保护举措相协调，为黄河生态博物馆体系建设创造良好的外部条件。

黄河水利委员会（简称黄委会）是水利部直属的黄河水利专职管理机构，不但对黄河水资源进行统一调度，也对小流域治理起着十分重要的作用。黄委会应加大对黄河生态博物馆体系建设的协调，并将小流域治理与黄河生态博物馆体系的建设有机地结合起来，使黄河生态博物馆体系建设，成为黄河水资源保护与管理的新举措、新亮点。

（三）生态保护与经济发展的有效对接，是实现黄河生态博物馆体系建设与巩固的内在动力

生态博物馆以地域、遗产、居民的新元素，取代了传统博物馆的建筑、收藏、展示的旧形态。在中国特定环境下，文化生态的保留并没有形成居民的自觉，在走向现代化的进程中，生态被破坏时有发生。而最关键的问题，是将村民的致富目标与文化生态的保护有机地结合起来，使居民们在致富的过程中有效地保护自身的文化。

文化在于展示，以展示的形式吸引外来的游客，并让这些游客体验这种原汁原味的文化，生态博物馆不要排斥这种展示，尽管由于商业的因素，展示有可能对文化生态构成破坏。从贵州生态博物馆群的经验来看，这种文化生态的保护与展示，尽管是矛盾的，但同时也是统一的。著名的《六枝原则》所提出的“当旅游和文化保护发生冲突时，应优先保护文化”的原则，是黄河生态博物馆体系建设应遵循的原则。它的另一个原则，即“在不损害传统价值的基础上，必须提高居住于此的居民的生活水平”，也应该是构建黄河生态博物馆体系的目的。因此，我们在构建黄河生态博物馆体系时，必须将文化生态的保护与展示有机地结合起来。

四、结语

生态博物馆在我国已有十余年的实践，为我国少数民族文化提供了生态保护与展示的经验。从我国经济社会发展的态势来看，在黄河流域实施生态博物馆体系建设，不但具有更大的挑战性，而且也更具有价值与意义。